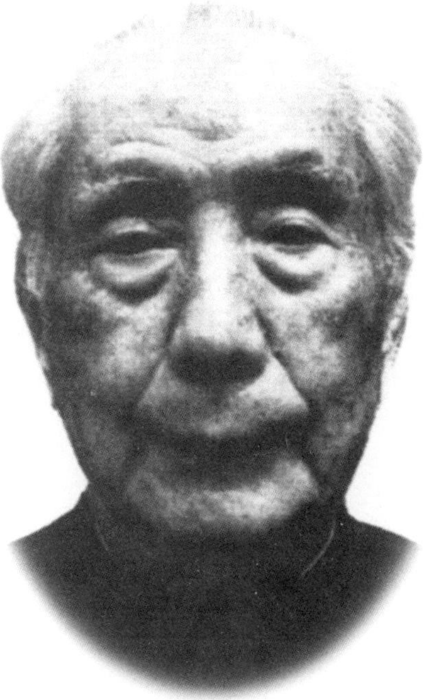

**楚图南**

(1899—1994)

著名的文学家、书法家、学者

曾任全国人大常委、副委员长，全国政协常委，

中国民主同盟中央委员会主席

楚图南铜像

文山楚图南故居

楚图南题赠文山青年

楚图南接见文山青年

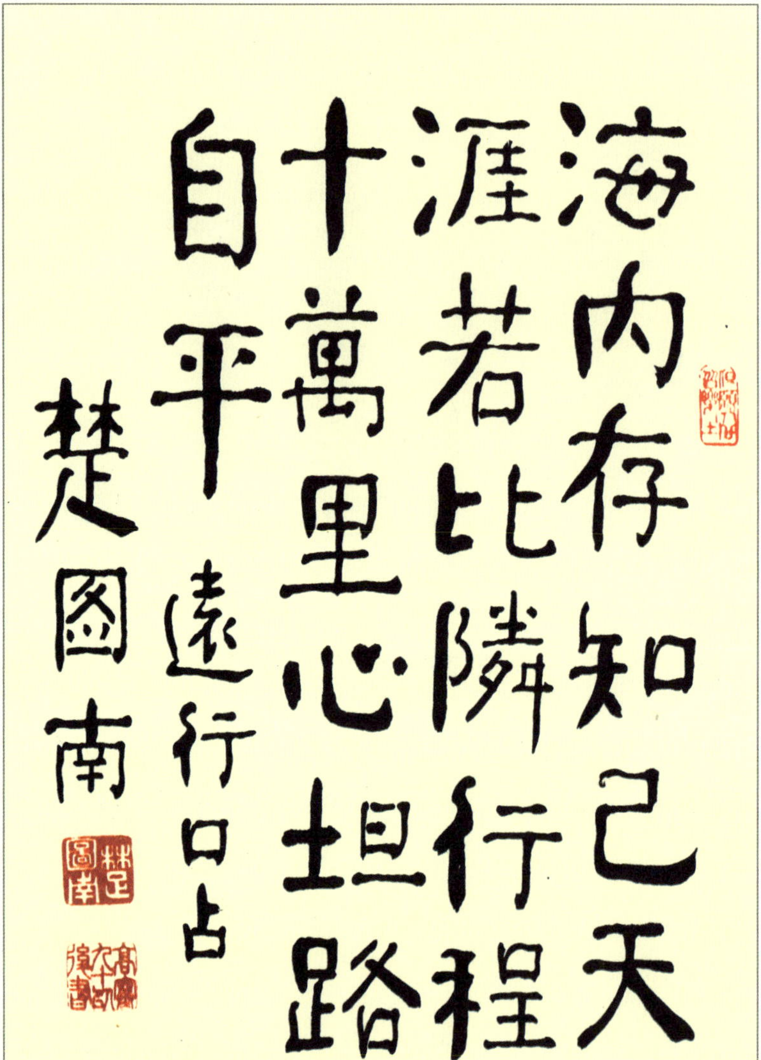


楚图南书法作品（一）

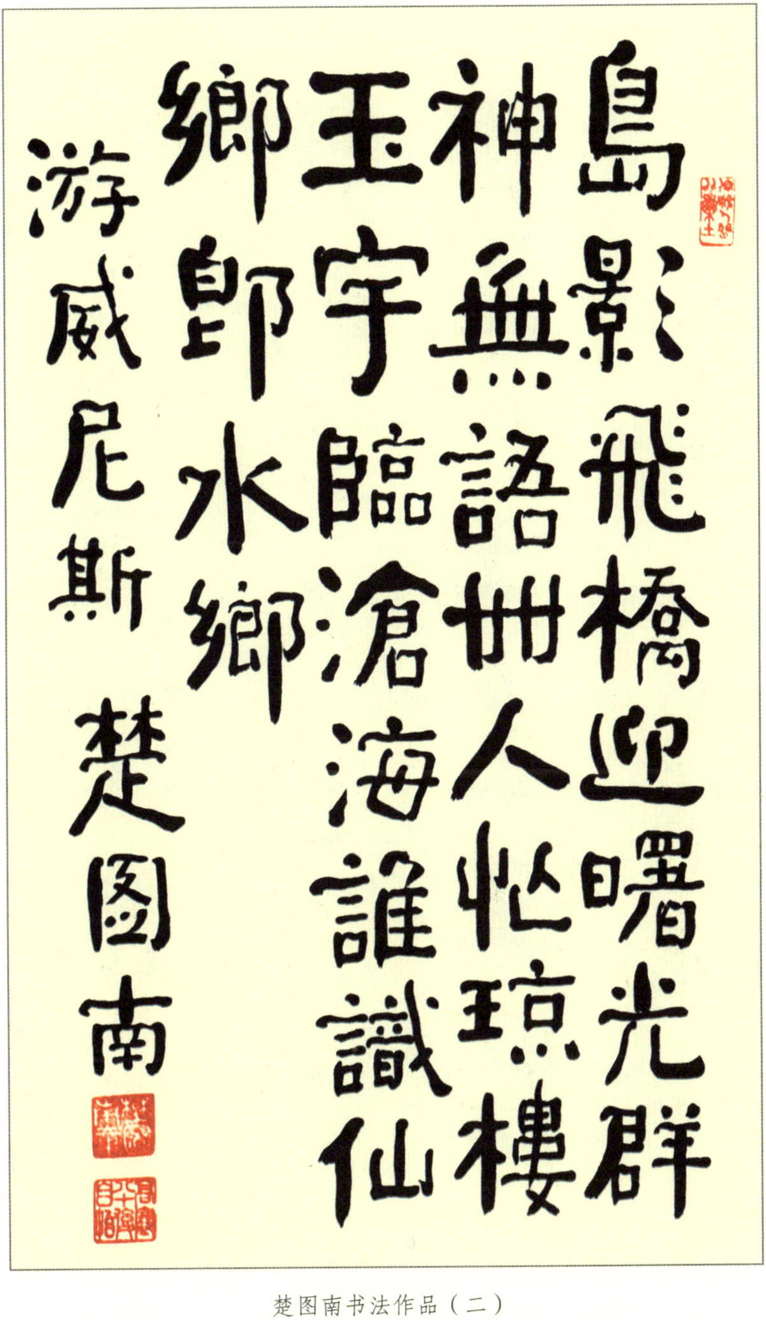


楚图南书法作品（二）

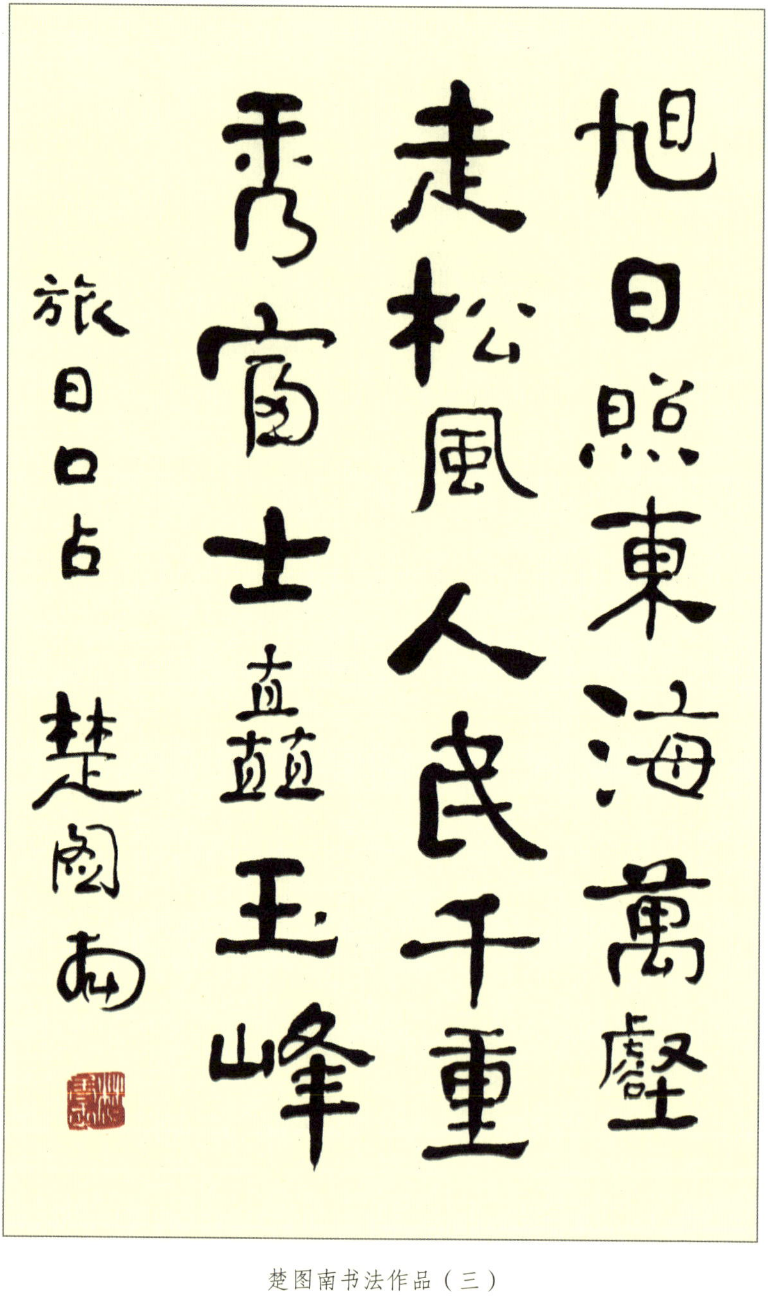


楚图南书法作品（三）

楚图南日记手稿（一）

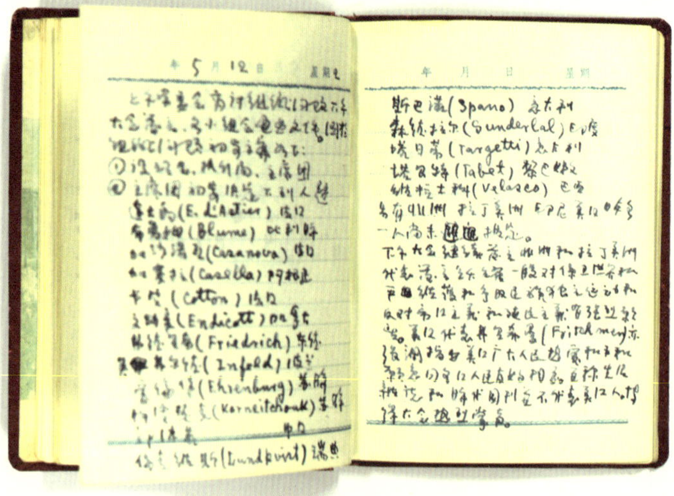

楚图南日记手稿（二）

# 楚圖南日記

## 「出访篇」

中共文山市委党史研究室　编

群言出版社
Qunyan Press
·北京·

**图书在版编目（CIP）数据**

楚图南日记．出访篇 / 中共文山市委党史研究室编
．— 北京：群言出版社，2014.8
（民盟历史文献）
ISBN 978-7-80256-605-7

Ⅰ．①楚… Ⅱ．①中… Ⅲ．①楚图南（1899 ~ 1994）—日记 Ⅳ．① K827=7

中国版本图书馆 CIP 数据核字（2014）第 182615 号

---

责任编辑　盛利君　张天放
封面设计　群言艺术设计中心·齐立娟　胡蔓青

出版发行　群言出版社（Qunyan Press）
地　　址　北京市东城区东厂胡同北巷 1 号（100006）
网　　站　www.qypublish.com
电子信箱　qunyancbs@126.com
总 编 办　010-65265404　65138815
发 行 部　010-65263345　65220236
经　　销　全国新华书店
读者服务　010-65262436　65276609
法律顾问　北京市君泰律师事务所

印　　刷　北京画中画印刷有限公司
版　　次　2014 年 10 月第 1 版　2014 年 10 月第 1 次印刷
开　　本　880 × 1230　　1/32
印　　张　14.25　　彩插 7
字　　数　350 千字
书　　号　ISBN 978-7-80256-605-7
定　　价　45.00 元

# 编委会名单

# 前　言

中国民主同盟成立于1941年3月，正值抗日民族统一战线遭到国民党独裁统治破坏的危难之际。民盟以贯彻抗日主张、实践民主精神、尊重思想自由、提倡依法治国为政治纲领。民盟凝聚了当时绝大多数进步知识分子和社会精英，可谓群贤毕集。在不同的历史时期，黄炎培、张澜、沈钧儒、杨明轩、闻一多、李公朴、梁漱溟、史良、胡愈之、楚图南、吴晗、费孝通……这些民盟前辈精英纵横捭阖、开阔放达，本着知识分子的人文良知和社会责任"奔走国是"，在政治、经济、军事、外交、教育、社会等领域都提出了明确的纲领和主张，将平等、民主、自由的思想播撒在中国的土地上。

在那苍黄翻覆、陵谷变迁的大时代，在那风云变幻、波澜壮阔的动荡岁月里，历史的浪潮将中国民主同盟，将有志于民族振兴的贤良才俊推上了风口浪尖，他们在改变中国命运的同时，也改变了自己的人生轨迹。他们为历史的进程，为国家富强、民族振兴和民主政治的进步做出了卓越的贡献；他们将自己的荣辱与民族存亡紧紧地联系在一起，为中国的民主、繁荣奋斗了一生，为后人留下了许多宝贵的精神财富；他们关于新民主主义社会的探索，至今仍具有巨大的影响和现实意义。

在和平盛世的今天，为了保存这珍贵的历史财富，为了让后人记住先辈们的独立之精神、自由之思想以及他们为国为民、励精图治的奋斗事迹，我们通过多年的精心准备和积累，出版了《民盟历史文献》丛书，这不仅仅是追忆往昔、缅怀先贤，也不仅仅是为了从学术研究的角度去厘清历史、臧否人物，更重要的是：通过回顾那段曲折的历史，传承民盟与中国共产党肝胆相照、荣辱与共的真挚感情；纪念民盟先贤为新中国做出的巨大贡献；呈现近现代中国社会的嬗变和进步知识分子的爱国情怀；同时也是为了民盟薪火相传、与时俱进的需要；为了让那些隽永传奇的人物和可歌可泣的历史再现后人的眼前。

路漫漫其修远兮，吾将上下而求索。《民盟历史文献》丛书的出版，是对先贤们多党合作历史的尊崇和传承。

《民盟历史文献》编委会

# 出版说明

《楚图南日记·出访篇》为群言出版社策划的《楚图南日记》系列第一部。楚图南先生曾任民盟中央主席,为民盟建立和发展都做出过重要的贡献。楚图南主席身后留有大量日记有待整理,其中许多内容具有重要的历史价值。群言出版社将与楚图南主席之子楚泽涵教授、中共文山市委党史研究室继续合作,共同编辑、整理这部分日记内容,以期早日能让这些珍贵的历史材料呈现在世人面前。

本书的页下注与“编者按”由楚泽涵教授完成。

参加本书文字录入和整理的还有云南文山市文物管理所的李忠茹、李晓霞、陈耿黎、董卫国、付雯鑫、高凤江、李芳芳、林芹、刘德瑾、陆芳、沈建、唐伦俊、韦妙、严树金、杨炳霞、杨永珍、张伟等同志,在此谨代表出版社对以上同志付出的辛勤劳动表示衷心感谢!

群言出版社

2014 年 9 月

# 整理说明

楚泽涵

20世纪，世界形势风起云涌，波澜壮阔；中国为争取民族独立、社会进步的洪流几乎席卷到每一个角落。在尘埃落定后，在世界的东方，沉睡了多年的民族建立了一个新的中国。在共和国的创建者的指引下，父亲进入了一个全新的工作领域：以文化为切入点，从事新中国的国际交流工作。

还是在中国民族灾难深重的1930年代，《世界知识》杂志的发刊词中，父亲毕生的朋友胡愈之说了一句很深刻的话："让中国认识世界，让世界认识中国。"多年来这句话一直在导引父辈观察世界、认识中国，但是还限于书报杂志。新中国成立了，父亲的责任变成了"让中国走向世界，让世界走进中国"。

开拓者总是艰辛的：当时的出访要面对许多现在意想不到的问题：到没有建交的国家访问，如何争取外交签证，即使没有外交签证，如何保持中国文化交流使者的尊严；带领中国演员出国，女演员，能不能化妆，能不能烫头发，能不能涂指甲油？如此等等，都提到新中国形象和政治的高度逐一研究……

从1955年开始，到1980年代后期，父亲出访23次，足迹踏遍五大洲的数十个国家，乃至我们有近半年见不到父亲，几乎是常事。在安排极为紧凑的日程中，父亲每天坚持写日记：记录出访的时间、地点，接触到的人物，记录他印象最深的风土人情和种种故事。尤其是记录学到的新知识：到印度，学习和了解梵文，向有识者请教印度教、伊斯兰教的知识；到冰岛，向当地学者请教冰岛的文化和历史知识。在几十年的出访中，他恪守：讲文化，交朋友。因此，以他对中国和世界文化的知识的积淀，他成了上个世纪许多世界文化名人的挚友。

我们对父亲当年日记的整理，完全保持了原来的面貌，仅做了个别错字和标点分段的校订。同时，为使今天读者能够读懂，对日记提及的一些人物、事件等做了附注。

希望今天的读者能够理解创业和开拓者的步履艰辛，希望后来者能够更深入地让中国走向世界，让世界走进中国！

让中国认识世界，让世界认识中国！

本书的出版得到了云南省文山州和文山学院的领导同志纳杰、陈亚非、熊荣元、郝南明的支持和鼓励，在此谨表谢意！

# 目 录

# 1954年6月13日至7月12日
# 赴瑞典斯德哥尔摩出席
# 缓和紧张局势国际会议日记

缓和紧张局势国际会议：1954年6月，在日内瓦会议期间，由法国公众领袖达拉第[①]、赫里欧[②]等发起的在斯德哥尔摩召开的国际会议。出席会议的有30个国家的250多名代表。会议通过了《总决议》、《告日内瓦会议书》等文件以及要求恢复朝鲜问题的谈判，在印度支那实现停火，恢复德国问题的谈判等文件。中国派出以郭沫若为团长及成员广泛的代表团。

代表团团长　郭沫若

秘　书　长　廖承志

团　　　员　茅　盾　马寅初　李德全　刘宁一

---

① Édouard Daladier（1884—1970），法国激进社会党领袖，1938—1940任法国总理时，与德国签定《慕尼黑协定》，法国被德国攻陷后被捕，被德国囚禁至1945年。战后任法国激进社会党主席，反对继续进行印度支那战争。

② Edouald Herrot（1872—1957），激进社会党领袖，二战前任法国国民议会议长，二战期间被囚禁在德国，战后任法国国民议会议长，反对重新武装德国。

楚图南　李烛尘　华罗庚　冀朝鼎

李一氓　王光英　唐明照等

（编者按：名单不全）

## 1954年

### 6月13日（星期日）

赴斯德哥尔摩参加缓和局势国际会议，同行者：刘宁一[①]、冀朝鼎[②]、李烛尘[③]及工作人员2人。早6时在北京起飞，9时抵沙音桑德，12时抵蒙古首都乌兰巴托。晚3时抵伊尔库茨克，住宿。

### 6月14日（星期一）

晨6时（为莫斯科时间夜12时）起飞，11时抵新西伯利亚，午后7时抵斯维尔德洛夫斯克休息，1时起飞，夜4时抵莫斯科，为莫斯科时间午后10时。计由伊尔库茨克起飞，18小时后到莫斯科，路程约4000公里，如由北京算起当为5800多公里。计在北京起飞，每小时飞200公里，在伊尔库茨克以后换乘大飞机，时

---

① 刘宁一（1907—1994），时任全国总工会书记处书记、世界工会联合会副主席，后任全国人大副委员长。

② 冀朝鼎（1903—1963），时任中国国际贸易促进会副会长。

③ 李烛尘（1882—1968），盐化工专家，时任民建中央副主席，后任全国政协副主席。

速每小时300公里。

沿途看社会主义国家的建设，寸草寸土，引人爱慕。

晚抵莫斯科，行车且经莫斯科大学及红场，遥见列宁、斯大林陵墓，并看克里姆林宫及高塔上的红星辉灿。多年渴想的、在人类革命史上有着伟大而光荣地位的莫斯科，亦即人类社会的和平幸福光明进步的莫斯科。一旦亲临其境，瞻仰、致敬，心中的愉快与奋勉，实非言语所能形容。

抵莫斯科时，大使馆及苏联同志来接，知拉尼埃①内阁动摇。郭老（编者按：即郭沫若）诸人游南俄，约明日归来。晚住高尔基大街民族饭店。12时就寝，4时许即醒。此间夏时至长，10时天未黑，3、4时即天明日出，故早4时即起。

### 6月15日（星期二）

晨游莫斯科地下铁道。实为人类进步、文化技术建设事业部分的集中表现。

午后3时，郭沫若、廖承志等自南俄归来。

晚7:30，到莫斯科大剧院看歌剧《卡门》，戏院极华美富丽，歌剧亦规模大，歌舞俱杰出。

### 6月16日（星期三）

晨10时，与茅盾、李烛尘等10人飞斯德哥尔摩；12时抵列

① Joseph Laniel，1953年6月起任法国内阁总理，时称部长会议主席。因为对印度支那实现和平采取拖延政策，在1954年日内瓦会议期间下台。继任者为孟戴斯·弗朗斯 Mendès France。

宁格勒（编者按：现名圣彼得堡），3:30 抵芬兰首都赫尔辛基（人口 40 万，为全国人口的十分之一），6 时抵斯德哥尔摩，时间与莫斯科时间错两小时，为当地时间 4 时。

斯德哥尔摩城市颇美丽，惟资本主义气味极浓厚。住郊外 Grand Hotel。此间夜极短，仅夜中 12 时至 1 时阳光微暗，故睡时需闭窗帘，颇不习惯。

### 6 月 17 日（星期四）

在附近游览，风景绝佳。

午后，郭老等自莫斯科来。移住 Kristmeborg Hotel。

晚，在大使馆看电影。

### 6 月 18 日（星期五）

晨雨。往飞机场接苏联代表。

午后 3 时，移住 Domus Hotel，秘书处送零用钱 220 克朗（Kronor）——自出国之日起，到 7 月 4 日止，每天 10 克朗；每克朗折合人民币 5000 元（编者按：旧币，折合新币为 0.5 元），每 5 克朗折合美金 1 元。

### 6 月 19 日（星期六）

天晴。上午，中国代表团会议，李一氓[①]同志报告会议筹备

---

① 李一氓（1903—1990），外交部驻外大使，曾任中央顾问委员会常委，中共中央对外联络部部长。

经过：达拉第发起未成；瑞典国王姑母（编者按：瑞典国王古斯塔夫六世的姑母）发起，亦不成；最后由四个法国人达拉第、赫里欧等发起。商定不谈社会制度和各强国责任问题；仅对当前国际形势中的一般性问题交换意见；预计参加人数250人，现在到160人，资本主义国家110人，其中80人为世界和平理事会理事。印度代表成员广泛，而且质量强；日本代表人多，面不广；意大利代表比英国强；英国虽然有国会议员，但是社会影响不大；法国因国内政局影响，主要人物达拉第及赫里欧不能来。总体上，欧洲代表的代表性不强，亚洲代表比欧洲的代表性强，但，片山哲[①]亦不能来。另外，会议程序问题尚未最后决定。大体上，提出反对原子弹，或可以讨论集体安全。会议期间，19、20、21日三天要看政治气候变化。总之，会议环境复杂，美国使馆出动300多人，值得注意。

午后4时，大会开幕，由法国加比唐[②]致开幕词，主持当天的会议，并推选会议执行局成员。当天发言者有：意大利的隆巴迪、法国的尚颇伦、印度的尼赫鲁夫人（印度总理尼赫鲁的堂嫂）。

**6月20日（星期日）**

上午10时继续举行大会，地点在Malman，由意大利隆巴迪当主席，发言者有：

---

① 片山哲（1887—1978），日本社会党创始人，曾任日本首相，后致力于日中友好。

② Rena Capitant，法国著名法学家，戴高乐派组织“保卫新共和联盟”创始人之一，会议发起人之一，曾任法国法务部部长。

平野义太郎[①]，报告原子弹及氢弹试验造成的灾害；日本现有美军事基地 850 个。

希腊雅典大学教授安德烈夫称，两个阵营对立，四年来西方各国重整军备共用经费 1200 亿美元；三国裁减军费，每年可以节省 200 多亿美元。并从人道、经济、工业观点批评原子武器及氢弹。

美国教友派（奎克派）蒋森（Johnson）发言，谓会议代表性不够。似别有用心，其身份亦可疑。

英国工党 Seveyman 发言称，不希望作出决定，惟需指出人类病状。

墨西哥加拉加斯指责美国侵略危地马拉；反对美国借口危机，侵占巴拿马运河；对美国提出严厉控诉。

印度国大党议员辛格发言，主要阐述尼赫鲁的外交政策。

下午 3:30 开小组会，分政治、经济、文化（包括宗教）三个小组，我与华罗庚、茅盾、李德全等四人参加文化小组。选出巴西代表 Canti（为巴西—中国友好协会副主席）为会议主席。会议开始漫谈，交换意见，并推选法国戈登夫人、印度 Anmond 及另外一人为文件起草执笔人。

伦敦转播北京广播消息：中国首次人口普查结束，中国现有人口六亿零一百多万人。

印度代表团（编者按：以下为对印度代表团 12 人，姓名、背

---

① 平野义太郎（1897—1974），日本社会活动家，日本学士院院士，日本和平委员会主席。

景及职务的介绍，此处从略）。

**6月21日（星期一）**

上下午各小组开会。政治组中分出有关氢弹的小组，文化组中分出宗教组，共五个组。

文化组上午发言人为：

巴西：Canti

德意志民主共和国（当时称东德）：安娜·西格斯[①]

印度作家：Anmond

法国：Madault

罗马尼亚：Stefan Nicolas

苏联：卡巴列夫斯基[②]

阿根廷：Romos Heja

法国：Bottgelli，德文教授

挪威：Aubert

匈牙利：Cyorgy Lukacs

法国：戈登夫人[③]

我在下午亦作发言，主要内容为：

1. 文化交流工作与缓和国际紧张形势的关系；

---

① Anna Seghers（1900—1983），德国女作家。反法西斯战士，著有《第七个十字架》《死者青春常在》，1951年曾经访问中国。

② Dimitry Kabalevski（1904—1987），作曲家，时任苏联作曲家协会书记。

③ 欧仁妮·戈登，Engeni Cotton（1881—?），法国物理学家，反法西斯战士。生前为法国妇女联盟主席，国际民主妇联主席，世界和平大会常设委员会副主席。

2. 中国的对外文化交流工作；

3. 对此次会议的两点建议。

晚8:30，中国代表团在Grand Hotel欢宴印度代表，到尼赫鲁夫人（Mrs. Nehlu）、克其鲁[①]、森德拉尔、钱德拉（印共中委）等十余人，颇热烈亲切。

## 6月22日（星期二）

上午小组继续开会，发言的有：

波兰：Jodlowski

捷克：伏契柯娃（Focikova），即伏契克[②]夫人。

日本：山之内一郎[③]

波兰：Dscax Lange[④]

下午，小组会通过两个文件。

晚，波兰大使馆及波兰代表团邀宴中国、苏联、法国、比利时等四国代表团。大使馆职员亲出招待，男同志斟酒，女同志上菜，热情而亲切——非社会主义国家不能有此劳动观点和高尚行为。

## 6月23日（星期三）

上午，开大会，波兰O. Hange当主席，发言者有：

---

① 时任印度和平委员会主席。

② Julius Fucik（1903—1943），捷克作家，反法西斯战士，地下斗争的领导者，1941年被捕后，1943年被杀害于狱中。著有《绞刑架下的报告》。

③ 日本中国问题研究专家。

④ 波兰计划经济学院院长。

日本:社会党执行局委员,主张:

1. 朝鲜独立和平;

2. 印度支那停火;

3. 印度支那三国成立独立自主政府;

4. 撤退外国军队,大国停止军事援助;

5. 发展经济,促进国际贸易;

6. 中国加入联合国;

7. 禁止使用氢弹及原子武器。

捷克:Fier Lingner(国会议员),称此次会议通过的文件,不仅是文字,而是所表达的思想会引导人类前进;会议的精神有三:

1. 看法一致,热爱自己,尊重别人,亚欧洲一样;

2. 有共同要求:要独立,要粉碎殖民主义这一战争根源;

3. 不同政治见解,可以协商解除矛盾,可以在友好气氛中解决,如法国和越南代表对话。

老挝:新卡波

柬埔寨:卢勒

澳大利亚:Anderson

日本:社会党右派

印度:森德拉尔,国大党国会议员,甘地主义者。

下午4:30,最后一次会议,由印度尼赫鲁夫人任主席,发言者:

朝鲜:金钟振牧师

美国:Johnson,表示对会议文件不反对、不赞成的态度。

印度:国会议员,反对党领袖,称会议精神为古代文化、古代政策的继续和发展。

日本：原子弹的惨痛教训，不能重演。

中国：郭沫若发言。

苏联：爱伦堡，称赞印度、中国、法国、日本四国代表的工作。

最后，通过大会文件及各小组文件。在热烈友好和谐的气氛中，在尼赫鲁夫人亲切、和蔼和充满希望的致词中闭幕。

### 6月24（星期四）

上午赴市场购物。

午后与盛之白[①]谈瑞中友协的工作。

晚，耿飚[②]大使约宴，中菜西吃，尽兴而归。

### 6月25日（星期五）

代表团乘舟游海，风景绝佳，建筑亦美丽。据云斯德哥尔摩为北欧最美都市，盖有一百五十年和平环境，且工业及电气化亦发达，故能如此。

晚，看卓别林的电影《舞台生涯》，意义深刻亦极有感情。此人为资本主义社会杰出艺人，能够争取此人为人类和平及进步文化事业服务，其影响和作用当不小。

---

① 盛之白，时任中国驻瑞典大使馆二等秘书，曾参与中国体育代表团出席第15届奥林匹克运动会事宜。

② 耿飚（1909—2000），时任中国驻瑞典首任大使，后任中共中央对外联络部部长、国防部长、国务院副总理、全国人大副委员长。

## 6月26日(星期六)

郭沫若等先赴莫斯科。我与唐明照[1]留此,与瑞中友协略有应酬。

午后,游览瑞典王室夏宫,内陈列古典名画及雕刻。惟中国展室不伦不类,且陈列满清官吏泥塑像及小脚妇女,完全不能代表新中国。看后令人愤怒,然亦使人奋勉:中国工业化以后,还有谁敢欺负、侮辱中国!旧历史的冤债,将由我们这一代人彻底还清,彻底扫除。

晚,大使馆约便餐,馆中盛之白、钟岳、陈肇源[2]皆青年工作同志,工作态度好,极有前途。餐前看附近的梅乐思花园(Mellos Garden),有瑞典雕刻家梅乐思(Mellos)的作品及所收藏的希腊、罗马石雕残片,至精。

晚餐后,看马烽编剧的电影《结婚》。

## 6月27日(星期日)

早,李一氓夫妇赴柏林转布拉格。

午,参观瑞典国家历史博物馆的远东部分,藏中国殷周时期

---

① 唐明照(1910—1998),时任外交部专员、中国人民保卫世界和平委员会联络部副部长,后任联合国副秘书长。

② 陈肇源(1918— ),时任中国驻瑞典大使馆参赞,后任中国驻英国、印度、缅甸、西班牙大使。

铜器及汉唐陶瓷、铜器颇多。皆为高本汉[①]诸人收罗、掠夺自中国者。随即参观人种学博物馆,所陈列中国民俗器物如迷信、小脚妇人之类,皆中国之落后一面,并非中国之全貌,更不能代表中国,并将中国、西藏和蒙古分成三个部分,分别陈列,为分裂我国土,实为政治上的不友好态度,似不能容忍,亦不应容忍。已将此意转达耿飚大使供参考。

闻斯德哥尔摩共有三十所博物馆,如航海博物馆、技术博物馆等则属于专门博物馆性质。

晚,约日本须藤五郎(日共,音乐家)、柳田谦太郎(哲学家,青年运动领导人之一)、福岛一(农学家)等六人谈话。

往访瑞典安德琳博士[②],送去礼品,并托转交林曼[③]礼品。安德琳托我向中国医生严仁英[④]问候;并云,今年秋到印度,拟在工作结束后转道华南,游览沪杭等地后经苏联回国。

**6 月 28 日(星期一)**

午 12 时,乘飞机离开斯德哥尔摩,1:30 抵赫尔辛基,使馆姚代办来接。休息 1 小时,2:30 换机飞列宁格勒。在饭馆午餐,此处菜单有中、俄及英、法、德等国文字对照,可供我国际旅行社参考。5 时续飞莫斯科,约 7 时抵达莫斯科。莫斯科距列宁格勒

---

① Klas Bernhard Johannes Karlgren(1889—1978),瑞典汉学家,歌德堡大学教授,校长,远东考古博物馆馆长。

② Dr. Andrem,瑞典医学家,疾病诊断专家,公众领袖。

③ Liuman,瑞典—中国友好协会负责人。

④ 严仁英(1913— ),中国妇产科专家,曾任北大医院名誉院长。

600公里，与斯德哥尔摩时间差二小时，即斯德哥尔摩时间午后10时，在莫斯科已经是12时。在飞机场遇柯柏年[①]、龚澎[②]自日内瓦转莫斯科回国，即在机场相送。

11时抵苏维埃大旅馆，据云为莫斯科最大旅馆。遇郭沫若、廖承志诸人。

### 6月29日(星期二)

苏联保卫世界和平委员会(和大)招待游莫斯科运河。两岸工厂、农田、森林，对于广大、美丽的俄罗斯平原有初步的印象。陪游者为苏联和大秘书长罗托夫。周围有在河内沐浴者。

晚，到莫斯科大剧院看芭蕾舞《泪泉》[③]。

### 6月30日(星期三)

午后4时，中国代表团全体谒列宁、斯大林陵墓。墓在红场克里姆林宫前。4时3刻，中国代表团随德国代表团之后献花圈后即列队肃入，入地下室，在灯光下瞻仰伟大革命导师列宁、斯大林遗容。像如生时，惟稍苍白略瘦。

---

① 柯柏年(1904—1983)，中共早期党员，时任外交部美澳司司长、中国出席日内瓦会议代表团成员，后任中国人民外交学会会长。

② 龚澎(1914—1970)，女，时任外交部新闻司司长，中国出席日内瓦会议代表团成员。

③ 取材于普希金长诗《致巴赫奇萨拉依宫的喷泉》，表现蒙古人西征时，鞑靼王爱上波兰公主的爱情悲剧。乌兰诺娃演出版本的《泪泉》是世界著名古典芭蕾舞剧。

晚，苏联和大欢送中国代表团，席上廖承志报告苏联第一个原子能发电站即将开放，此为震惊人类的一件大事，将原子能用于人类和平建设事业，给人类以无限幸福前途的鼓舞，亦给战争贩子以致命的打击。苏联的社会制度和经济组织是人类共同的希望和道路。苏联的文化科学艺术成就，亦为人类无限幸福和进步的源泉。一日之内逢此两大喜事，为平生最足纪念之一日。

今日且为近百余年来日全食最长之一日，亦为中国共产党七一诞辰纪念日前夕。

夜中3时许，郭沫若、廖承志等乘飞机离开莫斯科飞返北京。我以有事与苏联对外文化协会（VOKC）负责同志接谈，尚须留住四五日；马寅初[①]亦留此治病，届时或可同行。

### 7月1日（星期四）

七一纪念日。

看到6月20日《工人日报》及21日《人民日报》，如见亲人。知国内宪法草案已经公布，及决定撤销大行政区。并熟读21日《人民日报》关于拥护宪法、建设社会主义国家的社论。

午后，游高尔基公园，在中国餐馆“北京”午餐。

晚，唐明照诸人飞返北京。

### 7月2日（星期五）

上午，马寅初入医院检查。

---

① 马寅初（1882—1982），时任北京大学校长。

下午，大使馆罗焚[①]同志来谈苏联对外文化协会（VOKC）情况，并略排定工作日程。

下午，由瓦莉娅（Валя）陪同参观革命博物馆，内分六室，分别陈列：1890—1899，1899—1905，1905—1907，1907—1912，1912—1914，1914—1917各时期革命斗争史迹及领袖遗物。最后一室则陈列斯大林七十寿辰时，国内外所送礼品，中国排为最先。有毛主席1937年11月29日赠给斯大林的相片，题字："赠给我们的领袖斯大林同志"。此时，中国革命为抗日战争开始时期，看毛主席像，亦显得辛劳憔悴，颇为肃然起敬。

晚，看立体电影。瓦莉娅殷勤解说，热情颇可感，闻彼为青年团员，去年与尤拉（Юра）结婚，今年曾到中国，参加五一节观礼。

## 7月3日（星期六）

上午，参观历史博物馆。馆址在红场右侧，为19世纪建筑物。博物馆陈列创始于1883年，内容丰富，陈列极有条理，且按历史时期用图表及部分实物分别说明社会进化和革命运动的发展情形。约略游览一遍。大体，俄国在9世纪以前尚为多民族分散的游牧部落，至9世纪，才有比较统一的国家形式出现，但仍分为三部逐渐统一，并发展农业，形成封建社会，并大量使用农奴，至17世纪，封建文化有着高度的发展，从教堂及宫殿的建筑及金、银、铜、铁、陶瓷各种手工器物的精巧、贵族生活的豪华，颇类似于中国的殷商时代。至18世纪（编者按：1721）彼得大帝时，

---

① 罗焚，时任中国驻苏联大使馆秘书，后任全国文联国际联络部主任。

进行各种改造，并击败瑞典，领土扩充，建立强大的帝国，使俄国近日资本主义发展的道路。从9世纪以后，封建社会的形成、地主政权的统治，使大批农民失去自由成为农奴，故每一时期仍有农民暴动，有时规模极大，但由于分散、无组织，终于失败。其间虽有异族侵入，如13—14世纪时鞑靼和蒙古人的侵入，亦没有摧毁地主政权。直至进入资本主义社会，工人阶级生长和壮大，才来领导了人民革命，使革命走向胜利。

在文字的发展方面，6世纪始有文字，当时无纸，仅有木简和白桦树皮可以刻画和书写文字。最早用文字写成的圣经出现于11世纪。16世纪始有木板印刷，最早的印刷出版物出现于1564年。至彼得大帝革新，更提倡印刷术，大量翻印科学论著，才使俄国文化走向新的阶段。今日参观时间有限，仅看至18世纪。

下午，参观莫斯科大学——这一象征人类文化高度发展的学术宫殿。建筑始于1949年，完成于1953年，共占地320公顷，高32层，最高塔尖为240米。原校建于1755年，建在红场；1793—1953，迁移至克里姆林宫前，占地4公顷，学生五千余人。现在新校址，已有学生一万八千人；共12个系，6个系仍在原校，6个系已迁移到新校舍。苏联57个民族及新民主主义国家皆在此学习；中国学生现有五十余人。全校宏大庄严，周围环境优美，有花园及喷水池。与克里姆林宫东西遥遥相对，登屋顶可看莫斯科全境。礼堂装饰美丽严肃，后面休息室有世界科学名人雕像，中国方面有：祖冲之及李时珍；并有俄国化学家门捷列夫、航空之父茹科夫斯基及生物学家米丘林、生理学家巴甫洛夫等四人的铜像。闻明年（1955）为莫斯科大学建校200周年。中国祝贺并送礼品似应早有准备。以此不仅为俄国最高学府，亦为人类先进学术文化的中心。

**7月4日(星期日)**

昨夜大雨，晨起天气晴和。

午后3时，到哥尔克(Горки)农庄参观列宁逝世纪念地。列宁住处为一反拿破仑的旧俄将军的别墅，周围一水池，有森林古木，一古树闻已有八百年历史，尚早于莫斯科建城一百年。远望丘陵则是哥尔克广阔的农田和农村。地极肃穆幽静，距莫斯科仅40公里。列宁自1918年9月25日被刺受伤后，直到1924年逝世前，即断续住此养病并领导党和政府的工作，并写下许多重要文献，并准备联共的第10次代表大会的报告。直至1921年1—2月病势加重，6月写信给莫洛托夫告病重，不能参加工作，然同年联共第10次代表大会，列宁仍然出席作报告，分析国内外情势，其提纲及函稿等件皆陈列纪念室中，并有多幅病榻工作及生活的照片。并听列宁向职工会作报告的录音。列宁因病不起，至1922年4月21日遂开刀取出身体里的子弹，然病势未减，5月严重，迁延至1924年1月21日逝世，移葬于莫斯科红场，当时尚为木构，至1930年始改为石料建筑。1953年斯大林逝世亦合葬于此。闻最近苏联部长会议已通过决定：在列宁山，即莫斯科大学对面建列宁、斯大林及各国革命烈士纪念碑。列宁住所楼下为图书室、电话室及一小电影室。冬时陈列棕榈数盆，称为冬花园。图书室侧面小屋，高尔基和斯大林访问列宁时即住于此。楼上则为办公室和餐室。餐室用具极简单，并皆为原屋主旧物。

列宁在病重时已不能看书,仍由夫人念给他听。住室中有当时列宁及夫人所坐的椅子。门前隙地并有列宁夫人所种的果木树。楼下并有列宁生前狩猎用具。列宁曾称,狩猎为最好的休息。屋前后树林中,并有列宁游憩时所行走的林荫小道及有靠背的木椅。上下周围走一遍,对此平凡而伟大的革命导师的日常生活有深刻的体会和认识。

晚7:30,到莫洛托夫剧场看芭蕾舞,剧目为法国故事《钟楼怪人》,一译为《巴黎圣母院》。

## 7月5日(星期一)

午后3时,大使馆罗焚同志陪同往访苏联对外文化协会(VOKC)主席杰尼索夫(Денисов)同志,略谈苏联对外文化工作与驻外使馆关系:在驻外使馆领导下工作,及对于外国文化团体或进步团体的援助办法以及设置,驻外文化代表的条件、办法等。4时辞归。

晚,到中心电影院看电影。内容叙述在第二次世界大战时期,文艺工作者的努力工作及特务的挑拨离间等破坏活动,终于被揭发的故事。

## 7月6日(星期二)

午后3时,参观列宁博物馆。从1935年5月15日开放至现在,来此参观者已达1300万人。博物馆陈列列宁一生革命斗争史迹及每一时期的手稿著作。列宁的一生体现了苏联革命前后全部历史,其经验、理论及在革命实践中的工作方法和工作态度对于各国的党和革命团体都有教育意义。

## 7月7日(星期三)

午后3时,参观列宁图书馆。该馆共有图书、杂志、报纸等合1700万册(内有中国图书6万册)。此馆建于1936年,至1941年开放(旧馆建于1802年,藏书仅10万册);内有14个阅览室,共有1700个座位。现在平均每天有700人看书阅览,每年共接待11.5万读者。闻正计划扩充,至1955年,阅览室拟增加到22个,座位增至3000个。书库18层,皆为防火建筑,轻便而坚固,科学管理,用机械运送书籍,故取需极便。此为最大国立图书馆,凡新出图书必须送此馆三册,其余则由馆中视需要购买;并向各国购买或交换图书(新民主主义国家)。有珍本图书20万册,重要者如1481年但丁著作的初版本,插图极精,以及15—16世纪意大利出版的《自然的历史》以及布鲁诺反对神学的著作、哥白尼的天文学著作、摩尔有关乌托邦的著作等。还有法国大革命时期1790年出版的有关革命运动的著作和当时的宪法。在有关中国方面,并有俄国比丘林(Бичурин)叙述中国的著作,1853年出版的关于西藏、蒙古、新疆的著作,并附有插图。

馆中经常举办专题展览,根据不同业务、作家或纪念节令等等分别举行。现正举办历代书籍展览及契科夫著作展览(惟所收集契科夫著作中文译本极不完全),并协助地方或学校图书馆工作,并派人指导或介绍交流经验,推动图书馆事业直到农村和工厂。

图书馆中为八岁以上读者服务极为周到。各部分有人专门管理,俾易于了解读者及读者的需要。为专业人员特设四个阅览室,即工业、技术、史地、农业等四室。为小学生及中学生分年级、科别分别介绍书目并有专人指导阅读。为研究生及专家,则有专题的国内外书籍的介绍和索引。外地读者可以通过通信借阅图书，借阅时间除邮程不计外，期限为两个月。

馆中现有干部 1800 人，1300 人参加工作，500 人为读者服务，并注意培养和提高干部的业务水平，还组织外文小组帮助干部提高外国语文知识水平。故此馆不仅规模宏大，而且组织和工作方法都是先进的，目的性明确，认真为读者服务，为学术服务，是为社会主义国家图书馆的主要特征。

晚 6 时，看油画廊，内藏油画 4 万幅，美不胜收。略看旧俄时代诸大家作品：

列宾（Репин，1844—1930），现实主义画家。

别洛夫（Перов，1835—1882），现实主义画家，绘穷苦人民生活。

艾瓦佐夫斯基（Анваазовский，1817—1906），画海。

普吉列夫（Пукирев，1832—1890），画不自由的妇人命运。

瓦斯涅佐夫（Васнецов，1848—1926）、苏里科夫（Суриков，1848—1916）、格列科夫（Греков，1882—1934）等皆有精品。

至革命后则有新的发展，主题不是单纯的贵族个人或浪漫故事或风景人物，而是有教育意义的革命斗争、建设事业，或领袖及战斗英雄、工农业劳动模范等，漫画及讽刺亦提高到一应有的地位。惜以时间限制，不能细看。然大体已知苏联绘画艺术有优良丰富的传统，宝藏极富，凭籍亦厚。

### 7 月 8 日（星期四）

午后，参观郊外帝俄时代俄国王子的别墅，内藏油画及雕刻极丰富，现已改为博物馆。一部分住屋则改为工人疗养院。

**7月9日（星期五）**

午后1时，参加比利时布伦姆夫人[①]获斯大林加强国际和平奖金授奖典礼。

**7月10日（星期六）**

晨4时偕总工会张维桢[②]、张天民[③]、董新诸同志乘飞机离开莫斯科，飞19小时后，当夜10时抵伊尔库茨克。

**7月11日（星期日）**

晨8时，换中苏民航飞机飞乌兰巴托。受阻于风，在此停留一日。

**7月12日（星期一）**

晨8:30，离开乌兰巴托，午后2时许抵京。自上月13日离京，出国恰一月归来。

---

① 伊莎贝利·布伦姆（1892—?），比利时历史和文学教授，时任世界和平理事会副主席，获1953年斯大林加强国际和平奖金。

② 张维桢（1901—1993），时任中华全国总工会书记处书记，后任中共中央顾问委员会委员。

③ 张天民（1914—1997），时任中共建筑工会主席，后任中华全国总工会书记处书记。

# 1955年8月23日至12月26日<br>率古典歌舞剧团赴北欧五国访问简略日记

## 中国古典歌舞剧团名单

团　　长　楚图南(对外文协会长、中国全国人大代表)

副 团 长　马少波(中国戏曲研究院副院长)

任　虹(中国青年艺术剧院副院长)

主要演员　云燕铭(女)　江新蓉(女)　徐玉川(女)

梅葆玥(女)　叶盛长　罗喜钧

谭韵寿　张剑鸣　张玉婵(女)

主要工作人员　吴　竞(舞台监督)

夏虎臣(演出负责人)

帅　鹏(团部工作人员)

张盛裕(团部工作人员,马少波秘书)

沈　愈(团部工作人员,楚图南秘书)

戴　侃(女)(团部工作人员,英文翻译)

张永彪(团部工作人员)

| | | | |
|---|---|---|---|
| | 胡文仲(团部工作人员,英文翻译) | | |
| | 王熙团(团部工作人员) | | |
| | 夏培根(团部工作人员) | | |
| | 汪芳沚(女)(随团医务人员) | | |
| 其他演员 | 张淑英(女) | 李金鸿 | 王玉敏(女) |
| | 王泉奎 | 程世鼎 | 王清泉 |
| | 刘又春 | 刘韵成 | 郭韵成 |
| | 郭世谊 | 奎福泉 | 耿长明 |
| | 张长保 | 马益长 | 张小杰 |
| | 王春喜 | 左云熙 | 鲍春来 |
| | 沈金启 | | |
| 乐队 | 任子衡 | 崔永奎 | 崇恩山 |
| | 全雨和 | 周庆林 | 王毓琪 |
| | 王学勤 | 迟天标 | |
| 舞台工作人员 | 蒋文林 | 吴长海 | 李福庆 |
| | 马鸿麟 | 孙俊武 | 张世伦 |
| | (全团共56人) | | |

## 1955年

### 8月23日(星期二)

早6时离京,9时抵沙音山达,大雨,机轮陷于泥土,延至午后5时起飞。(晚)9时抵伊尔库茨克晚餐。在北京起飞时,同机遇翦伯赞、周一（编者按：原文作彝）良二人，经莫斯科、布拉格赴荷兰开汉学家会议。

## 8月24日（星期三）

晨4时，抵新西伯利亚，休息一时半，起飞，经鄂木斯克、斯维尔德洛夫、喀山，停半小时至一小时不等，至晚7时即莫斯科时间午后2时抵莫斯科。当晚，经使馆介绍移住 National Hotel（民族旅馆）。

## 8月25日（星期四）

赴大使馆晤张映吾[①]参赞，称苏联今年已有宽银幕电影。

## 8月26日（星期五）

早9时，乘飞机赴华沙。11:30抵维尔纽斯午餐。午后2时，即华沙时间正午12时抵华沙。大使馆余湛[②]参赞及于梦尤文化专员[③]等来接。住 Orbris Hotel。新华沙宏伟美丽，正在建设中。战时残破痕迹亦随处可见，新旧对比给人启发教育，印象至为深刻。

晚，赴使馆了解赴北欧艺术团有关问题。

---

① 张映吾（1918—2005），时任中国驻苏联大使馆文化参赞，后任国务院对外文化联络委员会一司司长，世界知识出版社副社长兼副总编。

② 余湛（1921—1992），时任中国驻波兰大使馆政务参赞，1972年起任外交部副部长。

③ 后任对外文委一司副司长。

## 8 月 27 日(星期六)

晨起,在斯大林林荫大道散步一小时,瞻仰波兰统一工人党中央大厦。

午后,约马少波[1]、吴竟商量成立团委会,并传达陈毅副总理指示。当即拟电报国内。

访波对外文化合作委员会秘书长温特。温特赴赫尔辛基,由副秘书长米哈列夫斯卡接见。

## 8 月 28 日(星期日)

晨起外出散步,在维斯瓦河大桥上眺望两岸,气象宏伟,感到华沙亦一雄壮美丽城市。Orbris Hotel 门外大街路旁有哥白尼铜像和密茨凯维兹铜像,尤以密茨凯维兹铜像极佳,当为名手雕刻,名手设计。

参观索列斯基皇宫,索列斯基(Solieski,1629—1696),于 17 世纪时代曾击败土耳其人,故极有名,后被选为国王,即杨三世。

参观华沙故城,1953 年照旧日样式全部恢复。历史博物馆及密茨凯维兹博物馆亦设于此。历史博物馆表现波兰人民长期争取独立自由的英勇斗争,给人印象极为深刻。

本日星期日,商店休假,人民纷纷赴郊外河边沐浴或作日光浴,或赴博物馆及其他名胜古迹参观,生活似极健康愉快,亦为极有文化修养的民族。

---

① 马少波(1918—2009),时任中国古典歌舞团副团长,后任中国京剧院副院长。

**8月29日（星期一）**

午前参观动物园。书摊上英译本密茨凯维兹给青年的诗。晚赴波兰剧场看中国京剧。写家书。

**8月30日（星期二）**

中国青年艺术团演出闭幕式。波兰部长会议副主席等出席。晚，欢送宴会由波兰对外文化合作委员会副秘书长米哈列夫斯卡主持，文化部副部长等出席。

接柴成文[①]公使函。

**8月31日（星期三）**

午，大使馆约便餐。晚张盛裕[②]汇报工作。

**9月1日（星期四）**

早，正式成立古典歌舞剧团，向全体同志讲话。

午后，大使馆余湛参赞约谈赴北欧工作，提供意见，思想性极强。

---

① 柴成文（1915—2011），时任中国驻丹麦首任公使，后任中国人民解放军总参谋部外事局局长。

② 曾在原西南军政委员会文教部工作，任楚图南同志秘书，后调任中国京剧院，任马少波同志秘书，当时在中国青年艺术团担任秘书工作。

**9月2日(星期五)**

天阴。晚5时,参加越南独立十周年纪念会。音乐节目有钢琴独奏、提琴独奏,男声独唱、女声独唱及诗朗诵,闻皆波兰第一流音乐家及歌唱家。地点在文化科学宫音乐堂。

**9月3日(星期六)**

晨参观油画廊。十八世纪名作甚多。十九世纪著名画家Jan Mateyko(1838—1893)历史性画幅,写实主义直接接受文艺复兴意大利画家传统和波兰艺术传统,基础极为深厚,雕刻亦然,可直追古代希腊。

晚,大使馆欢宴送别。

**9月4日(星期日)**

清晨天未明起。12:15乘车离华沙转莫斯科赴芬兰。来送者有我使馆余湛参赞、于梦尤专员等人及波兰对外文化合作委员会副秘书长米哈列夫斯卡等人。至早6时,抵苏联国境布列斯特。

**9月5日(星期一)**

早6时抵奥尔萨(Orsha),9:15抵斯摩棱斯克(Smolinsk),气候渐寒,晚5时抵莫斯科,当晚8时,开赴列宁格勒。

**9月6日(星期二)**

早6时抵列宁格勒,午后2时抵苏联边境维堡。3:15开车,4

时入芬兰境。大使馆派杜仲瀛[1]同志来接。夜12时，即莫斯科时间11时抵赫尔辛基。车站有欢迎会，来接者：中国（驻芬）大使陈辛仁[2]，芬中友协主席叶文佩，秘书长劳尔开能，芬兰戏剧中央联盟主席 Wuorenrinne 教授，Wuorenrinne 讲话，致欢迎词，我亦致答词。当晚住 Vaakina 旅馆。

### 9月7日（星期三）

早赴大使馆晤陈辛仁大使，午12时，芬中友协负责人约宴。

午后3:30，马少波招待新闻记者，介绍京剧历史。

晚，商讨宣传报道工作。

### 9月8日（星期四）

早11时，访芬兰教育部长沙拉斯蒂（Salasti）。

午后3:30与芬兰文艺界及著名演员、导演、音乐家、舞蹈家会见。

晚8时，与驻丹麦使馆陈大远[3]文化专员谈丹麦方面邀请、剧场、日程、票价及赴冰岛等问题。

---

① 杜仲瀛（1932—　），时任中国驻芬兰大使馆随员，后任中国驻基里巴斯和瓦努阿图首任大使。

② 陈辛仁（1915—2005），中国首任驻芬兰大使，后任外交学院副院长、对外文化联络委员会副主任。

③ 陈大远（1916—1994），时任中国驻丹麦大使馆文化专员，后任对外文化联络委员会政策研究室副主任、办公厅副主任。

1955年9月，中国古典歌舞剧团部分同志在中国驻芬兰大使馆花园内，左起：陈辛仁大使、江新蓉（演员）、楚图南、云燕铭（演员）、马少波（副团长）、汪普庆（代表团工作人员）

## 9月9日（星期五）

早9时，大使馆欢迎全体团员，有所指示。晚7:30，正式演出。芬兰方面出席者有：总统夫人、总理夫妇及社会部、教育部和其他部长。我方出席者有陈（辛仁）大使夫妇。

美国"滑冰皇后"亦在此时演出，显然企图冲淡我影响。

## 9月10日（星期六）

早，与汪普庆[1]谈芬兰、丹麦友协工作。并与驻瑞典大使馆

---

① 汪普庆（1917—2002），时任中国驻芬兰大使馆文化专员，后任外交部亚洲司副司长。

钟岳秘书谈访问瑞典日程。

晚,第一次公开演出。

### 9月11日(星期日)

早10时,与瑞典舞蹈促进会主席海格(Hagel)谈赴瑞典演出事宜。

午后2时,参观芬兰历史博物馆,维古纳教授殷勤招待,其中有卡勒瓦拉①民间史诗研究室,神话、民歌、谚语、故事、传说无不搜集。民歌且有乐谱记录或录音保存。以科学方法整理、研究、保存古代文献及民间传说、歌谣,颇值得学习。维古纳希望中国能有一种神话词典或语文字典,可助芬兰和其他国家解决一些问题。

晚演出情况热烈。昨今两日各报均有好评。

### 9月12日(星期一)

公演告一段落,午后且为儿童青年演出,影响极佳。

晚间对团员略加勉励。

### 9月13日(星期二)

午后1时,游览赫尔辛基动物园。

晚6时,与陈辛仁大使联合举行招待会,招待芬兰政界人士、

---

① Kalevala,芬兰民族史诗,1849年出版了最后定本,包括五十支歌曲,二万二千七百九十五行诗句。

兄弟国家使节及芬兰社会名流及文化界代表人物。

晚9时,讨论第一阶段工作:

成功有三点:争取文艺界上层,扶助进步力量,使芬兰人民深刻了解新中国。获得成功原因:使馆工作基础,组织工作及时准确,工作争取主动。

缺点:政治认识不够,政策思想不明确。对朋友困难体谅不够,思想工作不够。存在问题:未来工作吸收前阶段经验,做好工作,已有成绩设法巩固、扩大、继续。

今后工作注意:防止骄傲自满情绪,包括好大喜功,自我夸张;防止麻痹大意;防止演员过度疲劳。在思想工作、艺术工作上不断提高,培养干部,做好工作,完成任务。研究到外地工作问题。

**9月14日(星期三)**

陈辛仁大使谈话:文化交流工作,第一,使人正确认识中国艺术。第二,友好联系,包括政府人员、社会名流、文化艺术界上层分子。防止落后及自卑感及大国主义思想作风。其次,搞好内部工作,保证上述两个任务更好完成。对外,尊重朋友及邀请单位意见,了解他们的困难;尊重各国习惯,联系活动在芬兰可尽量广泛。对内工作,重点分工掌握,不断吸收反映,改进工作,保证坚韧,发挥集体领导,正确成熟的集体领导;批评与支持自然结合;重要时期,事先商量讨论。

晚11时,乘车离开赫尔辛基。

### 9月15日(星期四)

早8时抵土耳库(Turku),为芬兰历史及文化名城,亦即芬兰旧都。现造船工业极发达。

10时,车站有欢迎会。

12时,副市长 Najkki 约宴,市长为 Toivonen,已赴罗马参加国际市长会议,略报告土耳库历史及剧界情形,并致欢迎之意。

晚9时演出,省长出席。(移住 Hospits 旅馆)。

### 9月16日(星期五)

天雨。午后2时,与土耳库艺术团体会见。芬兰艺术家有歌唱、诗朗诵等节目,并送礼品。副市长出席。

晚5—6时,分别访问副市长及省长。省长 Erkki Harma 为社会党人。告辞并送礼品。

晚闭幕演出,情绪热烈。

夜12时乘车赴坦帕尔。

### 9月17日(星期六)

早8时抵坦帕尔(Tampare),10时车站有欢迎会,到会者有工人剧院经理及文艺界人士。住 Hospig Emmaus 旅馆。

坦帕尔人口十二万,百分之六十为工人,为芬兰著名工业城市,有纱厂及机器厂。

晚演出,市议会议长出席。

## 9月18日(星期日)

午12时,与坦帕尔艺术界会见座谈。午后2时,芬中友协约宴,参加者有工人剧院董事。

午后5时,参观列宁博物馆,为1905年,列宁与斯大林第一次会面处。

晚7:30,闭幕演出。

## 9月19日(星期一)

晨起后,12:50全团乘车赴瓦沙。10:40我与沈愈[①]及大使馆高联瑞乘车返赫尔辛基。11:40抵赫尔辛基,即到大使馆早餐并谈在赫尔辛基日程。

晚仍移住 Vaakina 旅馆。

## 9月20日(星期二)

阴雨。早10时访芬中友协劳尔开能夫人商谈日程。午后购物及配眼镜。

## 9月21日(星期三)

天晴。早10时与陈辛仁大使访芬兰外交部长维洛莱宁(Virolainon)并送礼物。彼称对芬苏会谈感到满意,并将影响到

---

① 沈愈,时任楚图南同志秘书,在对外文化联络委员会任职,后任商务印书馆编审。

国际间的和平。

午后2时参观芬兰艺术博物馆。Halmberg(1830—1860)画风景,Helena Sehierfheek(1862—1946)女画家画病儿,Jarnefelt画人像,Kallela(瑞典名Gallen)画神话故事,各个名作。现时大雕刻家阿尔托宁(Aaltonen)亦有雕刻作品十余件。午后4时访阿尔托宁,工作室中作品颇丰,并见其获得斯大林和平奖金的巨大雕刻——和平女神。彼约28日上午11时到其住宅参观作品及所收藏的中国古物。

午后5:30与陈辛仁大使访吉科宁总理及夫人,双方举杯祝中芬友谊增进及文化交流不断发展。

### 9月22日(星期四)

午后1时,访赫尔辛基大学,赠《古本戏曲丛刊》一套(124本,12函,100种)。校长Ravila接受并致辞感谢。赫尔辛基大学学生万人,分七系,建校据云有300年。

午后2时,参观瓷器工厂,工人1700人,出品2100吨,销40余国,该厂应用电力及机械化值得我学习。

晚8时,约宴芬兰文化代表团(该团即将访问中国),出席者有文化代表团团长于尔贝(Ylppo)、副团长库洛(Kulo)及团员共13人;芬兰教育部长沙拉斯蒂(Salasti)及芬中友协负责人亦应邀出席。

### 9月23日(星期五)

上午10时,参观造纸厂,厂址距赫尔辛基160公里,沿途风景甚美。厂利用水力发电、水力运输木材。1892 年兴建，现有工人 1200 人，年产纸 11 万吨，每天需木材 10 吨(3 立方米木材产纸 1 吨)。据云：芬兰共有造纸厂 29 ~ 30 个，年产纸 100 万吨，销往 63 个国家。今年该厂 500 吨报纸运销中国。餐时食芬兰名产 Artisokka，形似松球，味似百合。

**9 月 24 日(星期六)**

配眼镜一副，价 510 马克。

午后 3 时，送芬兰文化代表团赴中国。

寄钱、赵信①。

芬兰女诗人 Elli Tompori 赠书 *Voiees Forn Finelamd*。

晚 6 时，乘车赴拉赫提(Lahti)，8 时到，住 Hatelli Solpaus。

**9 月 25 日(星期日)**

早 9 时，到车站与全团汇合。10:30，车站有欢迎会。

午后 1 时，与芬兰艺术家会见。芬兰艺术家表演西贝柳斯②作品及民间舞蹈，并着芬兰古代民族服装，供中国朋友参观研究。中国方面亦有音乐演奏及清唱。

晚 4 时，参观体育学院，洗芬兰澡。

---

① 钱指钱俊瑞，时任文化部副部长；赵指赵毅敏，时任对外文化友好协会副会长。

② Sibelius(1865—1957)，享誉世界的芬兰作曲家，其代表作为《芬兰颂》。

## 9 月 26 日(星期一)

午后 3 时,访市长 Kajla,疑为社会党人,颇宣传芬兰民主及市政建设、人民福利云云。并引导参观职业学校及商业学校。

晚 7:30 演出后,赴火车站,宿车上。

## 9 月 27 日(星期二)

6:30 开车,9 时抵赫尔辛基。

晚 7:30 演出,《小放牛》、《盗仙草》有进步。

## 9 月 28 日(星期三)

上午 11 时,访雕刻家阿尔托宁(Aaltonen)所收藏古物,并有瑞典西伦[①]关于研究中国古物的作品多种。

午后 2 时,全团在大使馆吃饺子。

晚 7 时,芬中友协部分会员与部分团员联欢。

## 9 月 29 日(星期四)

午后 2 时,芬兰教育部长沙拉斯蒂举行招待会,招待全团。出席者有吉科宁总理夫妇、外交部长及文化艺术界人士多人。

晚 7 时,演出。访芬兰演出最后结束。

---

① 即喜龙仁,O. Siron(1879—1966),出生于芬兰,1925 年任瑞典斯德哥尔摩大学美术史学教授期间,出版《五至十四世纪中国雕刻》,1930 年被选为芬兰科学院院士,多次访问中国。

**9月30日(星期五)**

上午8时,与陈辛仁大使访芬兰总统秘书长,送致总统礼品。

午后2时,芬中友好协会宴请部分团员及芬兰戏剧组织中央联盟负责人:Wuorenrinne——芬兰戏剧组织中央联盟主席,Eloisinervo,芬兰女作家,曾翻译屈原作品。

晚7时,芬中友好协会庆祝中国国庆,芬中艺术家有歌舞演出。

**10月1日(星期六)**

祖国六周年国庆。上午11时为全团作报告。并与部分负责同志讲原则性与策略性,政治与业务结合,接受经验教训,做好下阶段工作。

午后4时,与芬中友协负责人及工作同志聚餐,并互相致送礼品。

晚6时,我大使馆举行国庆招待会。

**10月2日(星期日)**

晨10时,陈辛仁大使约便餐。

12时乘飞机离芬京,来送者有陈辛仁大使及芬中友协主席。

1:15抵斯德哥尔摩,来接者有耿飚大使、瑞典舞蹈协会主席海格及瑞中友协主席林曼、秘书长欧汀夫人、安德琳等人。

晚,耿飚大使约便餐。住Malmen旅馆。

1955 年 10 月，中国古典歌舞剧团部分成员在斯德哥尔摩中国驻瑞典大使馆内，右起：楚图南、马少波、耿飚大使，最左侧（后排）任虹

## 10 月 3 日（星期一）

午后 3 时，招待新闻记者。

5 时，访瑞中友协主席林曼，在座者有安德琳、欧汀（Otien）、Robistan 夫妇等人。

晚 7 时，瑞中友协举行中国六周年国庆庆祝会，林曼、安德琳及一作家讲话，我亦讲话。

## 10 月 4 日（星期二）

上午 11 时，与陈肇源访瑞典教育部长皮尔逊（Persson）。

午后 5 时，耿飚大使向全团做报告并约宴。

驻丹麦使馆郝参赞及驻挪威使馆储启元秘书分别来自丹

麦、挪威，来洽商访问演出事宜。

### 10月5日（星期三）

上午10时，与耿飚大使分别访问瑞典首相埃兰德（Ilond）及代理外交部长林达（Linda）。

午后1时，参加耿飚大使招待会，出席者有：教育部长Persson及外交部秘书长、新闻司司长、礼宾司司长等人。

晚8时，首次演出。埃及、比利时外交人员亦往观看。

### 10月6日（星期四）

晚8时，演出情况热烈，瑞典国王古斯塔夫六世（Aldolf Gustaf VI）夫妇亦往观看。彼1926年为太子时曾到过中国，认识梅兰芳。据云，对中国古物有研究，对中国极感兴趣。对此次会见，并指名要看看梅兰芳的女儿梅葆玥[①]。

晚11时，耿飚大使宴兄弟国家使节。见中国种菊花，花朵特大。

### 10月7日（星期五）

阴雨。午后1时，在Grand Hotel宴请瑞典文艺界。到者：瑞典舞蹈促进会主席Bengt Hager及夫人、皇家歌剧院财务经理Arthur Hilton及夫人。

---

① 梅葆玥（1930—2000），梅兰芳的女儿，中国京剧院演员，饰老生，代表作有《四郎探母》《人面桃花》等。

1955年10月，在中国驻瑞典使馆院内合影。右起：梅葆玥、楚图南、徐玉川

又昨日演出情形，今日各报只字未提。芬兰总统夫人看演出，而总统不来。瑞典国王夫妇看我演出，而各报只字未提。可说明国际微妙关系及北欧各国处境。

晚，耿飚大使约宴部分团员。

## 10月8日（星期六）

早11时，全团游斯康森公园，有露天博物馆，陈列古代住宅、生产、劳动、社会、生活、风俗习惯亦通过实物，使人得具体印象，办法甚好。午后1时，在公园吃“斯慕尔古斯”——一种瑞典民族饮食，与普通冷餐大致相同，唯一种生鱼有特殊风味。

午后3时，皇家歌剧院及舞蹈协会联合举行招待酒会，到教育部长及文艺界约数十人，其中音乐指挥 Herbet Sonberg 为萧三妻兄。据云，萧三在北京现患病入医院。

## 10月9日(星期日)

午后3时,游览古城,房屋各有三四百年历史。

游览埃及博物馆及现代画廊,前者多珍品;后者平平,且多怪气。

## 10月10日(星期一)

早10时,乘车赴Uppsela。此为大学城,人口约7万余,离斯德哥尔摩70公里,汽车一小时可达。到后住Gillet旅馆。访大学校长Soger Stedt,据云,大学有5000学生,分文、法、政、医四系——仍中世纪大学之例。

访问省长Andren,彼甚尊重我孔子、孟子,并引孔子话语:"过而不改,斯谓过矣。"[①]

午后3时,此间剧场经理G. Folka及副经理Edgerd举行招待酒会,到文艺界数十人,其中有前山西大学教授新常富[②],年已七十六,能说中国话,对中国有好感。另一青年其中文名马悦然[③],中国话极佳,曾在四川华西大学读书,妻名陈名祖,成都人,1950年归国。

晚演出,省长致词答谢。据海格(Hager)云,似为彼一生最诚挚、最好的演讲。最后献橄榄叶花环,此为希腊时代传来旧

---

① 原文见《论语·卫灵公》。

② E. T. Nysrom(1879—1963),瑞典地质学家,1900年毕业于瑞典皇家工学院,1902年受聘为中国山西大学堂西斋教习,1920年任山西大学地质系主任、教授,1954年回瑞典定居。

③ G. Malmgrist(1924— ),斯德哥尔摩大学东方语言文学系汉学教授,诺贝尔文学奖终生评委。

俗，故极隆重。

### 10月11日（星期二）

午后2时，出席在斯德哥尔摩市政厅（City Hall）由市议长兼市长 Anderson 举行的招待宴会，彼致词欢迎并感谢古典歌舞剧团来瑞典访问。我亦致词答谢。气氛极友好。

午后5时，参观海格（Hager）舞蹈博物馆，已约定赠送他戏曲木偶。

### 10月12日（星期三）

上午11时，参观皇家芭蕾舞学校。

午后1时，约宴瑞典文化界，到下列人士夫妇：

| | |
|---|---|
| 龙德金斯德（F. A. Longginst） | 作家 |
| 林曼博士（Dr. N. Linman） | 瑞典中国友协主席 |
| 麦尔（B. H. Meyr） | 市议员，今年访华 |
| 布朗廷（A. G. Branting） | 法学家 |
| 蒋逊（C. G. Jahmson） | 《新日报》主编，瑞共党员 |

芬兰使馆寄来小结及芬兰总统谢函。

### 10月13日（星期四）

上午，参观皇家音乐学院，其中音乐图书馆最有价值，据云欧洲第一。收藏音乐图书两万八千册，乐谱两万种，信函两万余件，音乐作品数量二十五万。有中国乐谱三种：一为《关雎》乐章，疑为日本传入；另一为《大清》乐章；再一为《卿云歌》乐章。新乐甚少，因赠送民歌乐谱数件。

其次参观名舞蹈家 Akeson 表演。据云为继承并发扬邓肯精神之第一人。

晚，闭幕演出，皇家歌剧院经理致谢词称：中国古典歌舞剧团演出为皇家歌舞剧院历史上的大事，亦是一种光荣，并献上桂叶花环。我亦致答词，祝贺中瑞两国文化交流。

**10 月 14 日（星期五）**

上午 11 时，赴皇家图书馆赠送《古本戏曲丛刊》一部，由馆长 Verb 亲自接受，赠送斯德哥尔摩著名图画片六幅，并致词答谢。同时参观所收藏古代民歌手稿及中国芥子园画谱等中国古籍。

午后 5 时，在大使馆由耿飚大使举行招待会，到各国使节及部分政府人士和文艺界知名之士。

晚，大使馆约全体团员吃饺子。

**10 月 15 日（星期六）**

晚 7 时，应瑞典社会部部长 Eriksson 要求，在马戏院为瑞典盲人协会义务演出一场。闭幕时，市议员 Meyr 致谢词，我亦致答词，为盲人祝福。

晤瑞典传教士 Nyrstrom①，能够说中国话（湖北口音）。曾随

① 中文名聂思仁，瑞典基督教行道会牧师，曾经在中国湖北传教。

哈马舍尔德[1]到中国,任哈马舍尔德的翻译。彼云:哈马舍尔德同情中国,惟其处境困难。

昨夜吹寒风,今日下雪。

### 10月16日(星期日)

早10时,约瑞典工作朋友Ehram(女),Eriksson,Melmoten,Lanty诸人会餐,并送致礼品。

午后12:35,乘车赴哥德堡。火车电气行驶,不用煤、水,故速度快而清洁。来送者有耿飚大使、林曼及欧汀夫人及使馆同志。

五小时后,即6:35抵哥德堡。来接者有哥德堡戏院经理等人。住Palace Hotel(皇宫旅馆)。陈肇源参赞夫妇同来。沿途看瑞典似已高度工业化,电气化贯彻到农村中。据云,在瑞典,每十二人有一辆汽车,每三人有一部电话。

### 10月17日(星期一)

阴雨。午前11时出席省长Per Nystron主持的鸡尾酒招待会。出席者有省长夫妇及市议长T. Jumgin及哥德堡大学副校长、文艺界著名人士约三十余人,气氛为热烈友好。省长赠哥德堡博物馆所收藏一满清官吏画像,不知是何人。

晚8时演出,市议长致词感谢。剧院董事长亦致词并赠礼献

---

① D. G. Hammrkjold(1915—1961),瑞典外交家,联合国第二任秘书长,1954年底曾访问中国和周恩来总理会见。

花，全体起立欢呼。

## 10月18日（星期二）

上午，参观植物公园，有高大暖风，培养各国、各洲植物，且有热带森林、奇花异草，及我云南茶花，树高丈余，约十余株。

晚闭幕演出，剧院董事长献花篮。

## 10月19日（星期三）

上午9:25乘飞机离哥德堡抵奥斯陆。王幼平[①]大使及挪中友好协会负责人、外交部秘书长来接。住Hotel Viking（海盗旅馆）。

挪威教授G. Jossing来访，据云，挪威造船工业能力为年均每人两吨以上。

晚6时，任虹[②]及全团其他同志从哥德堡乘车抵达，任虹带来瑞典朋友维泊（Wiberg）夫人感谢名片及一个杯子（纪念品）。

## 10月20日（星期四）

阴雨。上午，与王幼平大使拜访外交部文化司司长Cristophone。

晚，在大使馆报告在瑞典工作小结。从驻挪威使馆知道三

---

① 王幼平（1910—1995），时任中国驻挪威首任大使，后任中国驻古巴等国大使、外交部副部长。

② 任虹（1911—?），时任古典歌舞剧团副团长，艺术指导，后任中国儿童艺术剧院首任院长。

事：一、国庆节应邀出席使馆招待会者仅工商部长一人；现应邀观看我演出者，已有部长八人。二、海关检查我道具箱极仔细，为在芬兰和瑞典两国所没有的事。三、合众社记者致电大使馆，要戏票两张。

**10 月 21 日（星期五）**

上午 11 时，与王幼平大使拜会挪威首相杰哈德生（Gerhardsen）。

午后 2 时，在使馆会见挪威对人民民主国家文化委员会主席诺兰（Norum）及该会中国委员会主席苏霍木（Suholm），商谈有关在挪威日程。

晚 7:30，第一次演出。到首相夫人及各部大臣共九人。

**10 月 22 日（星期六）**

午后 1 时，与大使馆张参赞访 G. Jossing 教授（人种学、民俗学），并参观历史博物馆。馆中收罗各大洲，特别是非洲、亚洲、南美洲各地民俗古物甚多，亦有中国、印度、日本馆。

《时代》（*Times*）载英国 1955 年第三季度人口出生率为 14.9‰，死亡率 9.1‰；比去年同期出生率 15‰，死亡率 9.3‰略有降低。

**10 月 23 日（星期日）**

昨日各报评论京剧，《自由党日报》标题：“京剧俘虏了奥斯陆”。

马少波、任虹汇报:团员中渐滋长自满情绪和生活不严肃现象。亟当注意,严格纠正。

晚演出。由芬兰、瑞典各地报纸对京剧的反映、京剧之获得成功,可以总结为:由于它和人民的联系、它的生命力、它的细致入微的表现艺术、健康的幽默感和高度精确的节奏感,和它的艺术的完整性。

### 10月24日(星期一)

上午11时,与王幼平大使访问挪威文化教育兼宗教大臣Bergersen,彼略备酒水及茶点接待,并有艺术文化司司长里克(Lyche)夫人在座。互表示促进中挪文化交流的愿望,并致送礼品。

午后2时,与张参赞访问奥斯陆大学校长Frede Castberg,商谈明日赠书事。

晚,在大使馆吃饺子。饭后8时,在挪威国家剧院(National Theater)看易卜生戏剧《培尔·金特》(*Peer Gynt*),中间一段疑有改动;布景象征性画派影响颇重,远非易卜生写实主义精神。

### 10月25日(星期二)

上午10时,与王幼平大使拜会奥斯陆市长Bull,彼引导参观奥斯陆市政厅。

午后2时,赴奥斯陆大学赠《古本戏曲丛刊》及建筑图案。校长Castberg致词感谢,态度诚恳。

午后4时,在大使馆与今年赴中国访问的挪威文化代表团团长克劳斯特(Claast)及秘书长莱维尔德(Revold)、记者班哈生(Banhalson)晤谈。

晚,演出。演出后夜2时,召集各小组长谈话。

**10月26日(星期三)**

午后2时,挪威作家协会主席海依拜格约请午餐,同时被邀者有东德作家Bodo;作陪者有作家协会理事及挪威对人民民主国家文化委员会主席诺兰,地点在大陆旅馆(Continental Hotel)。

**10月27日(星期四)**

上午11时,在大使馆会见挪威访华归来的文化代表团副团长Holnbal及团员Hanstean夫人、Hopp夫妇。

午后,与王幼平大使参观挪威发掘出的海盗船,最早约在9世纪。

参观维格兰(Vigeland)雕刻公园,即Frogner Park,园内陈列挪威大雕刻家Vigeland所雕刻的各种表情、各种年岁、各种形式的人像照片凡数十种;中间一巨石高56英尺,上雕刻人像男女老幼共121人,表现争求向上、争取光明。确为一伟大创作。

参观跳雪高台,高约数十丈。闻每年仅比赛一次,届时成为全国盛会。

晚演出。演出后,市政府招待全体团员。市长Bull佩勋章,并有乐队演奏,颇隆重热情。

## 10 月 28 日(星期五)

午后 2 时,参观人民博物馆,看挪威古代农村房舍及教堂建筑。其办法似模仿瑞典露天博物馆。

由诺兰介绍参观挪威民间乐器演奏及民间舞蹈。

晚,在大使馆观看挪威结婚及跳台滑雪纪录片。

## 10 月 29 日(星期六)

午后 1 时,在大使馆宴请挪威学术界,到:奥斯陆大学校长 Frede Castberg、历史博物馆馆长 Gutrorm Gjossing 教授、奥斯陆大学图书馆馆长 Harald Iveteros、挪威作家协会主席 Hans Heiberg、挪威对苏联及东欧国家文化协会主席 Trygve Norum、对中国委员会主席 Raynar Salham 及演员公会主席 Ella Hual 的夫人(其丈夫因事未到)。

晚演出,到挪威外交大臣 Lange 及各国使节多人。场座 1200 人以外,人民剧场主人又卖站票 400 张,故观众拥挤热烈。

## 10 月 30 日(星期日)

午后 1 时,参观挪威美术博物馆。内陈列绘画、雕刻。雕刻作品有希腊、罗马原作的复制品;绘画有文艺复兴时期画派名作。十九世纪末及二十世纪则奇怪作品甚多。

晚演出结束,剧院经理及儿童剧院经理献花。司机惜别,感动流泪。

### 10月31日(星期一)

午后3时,王幼平大使在 Grand Hotel 为剧团到访举行招待会,到挪威政府、社会、文艺各方面代表人物及各国使节。挪威—中国委员会主席赠剧团一小提琴,据说,这种提琴(共八弦,其中四弦起共鸣作用)传到德国,略有变化,才成为欧洲现在的小提琴。

晚在使馆晚餐。团部与使馆同志共同讨论在挪威的工作小结。

### 11月1日(星期二)

上午8:30,乘飞机离开奥斯陆,来送者:王幼平大使、挪威—中国协会主席诺兰、挪威对中国文化协会主席 Salham 教授等;历史博物馆馆长 G. Jossing 并有送别讲话,并赠送所著有关访问中国和介绍中国的书籍。

飞机历一小时十五分抵哥本哈根,来接者:柴成文公使及使馆同志、丹麦—中国协会主席汉森,皇家剧院经理 Brondsted 等人。

午间在使馆便餐。

晚移住 D'Angletirre Hotel,据云为此间最大旅馆,设备颇佳,英国风味十足。

看国内报纸和毛主席有关农业的报告,看周总理在政协的形势报告,心怦怦动,以不得先睹为憾。同时,知国内工农业建设突飞猛进,对我们在国外工作是极大鼓舞,亦是极大鞭策。

## 11 月 2 日(星期三)

上午 11 时,与柴成文公使拜会丹麦首相[1] H. C. Hansen 及不管部大臣 Esinst Christiansen。

晚 8 时,柴成文公使宴请丹麦首相,出席者有:首相及外交部各司司长夫妇及苏联大使夫妇等。苏联大使邀请参加 11 月 7 日十月革命节纪念招待会。

晚商讨返赫尔辛基是否演出事。

## 11 月 3 日(星期四)

午后 2 时,与驻丹麦使馆郝参赞拜访哥本哈根市市长 H. P. Sorensen。

午后 4 时,在使馆报告在挪威工作情况;柴成文公使报告丹麦情况。

晚,全团与使馆同志联欢。

## 11 月 4 日(星期五)

上午 11 时,与郝参赞拜会丹麦—中国友好协会主席汉森(Hans Hansen),在郊外别墅,彼新近访问中国归来,故室内颇多中国文具及工艺品。

午后 3 时,与柴成文公使拜会丹麦教育大臣 Julius Bomholt,彼临时有事,由宗教大臣 B. Koch 代见。

---

① 原文作总理,此处及下文均改为首相。

晚5时，丹麦—中国友好协会招待会，到：丹麦共产党主席及文艺各方面代表百余人；戏剧家K. Abell致欢迎词，颇热情。

### 11月5日(星期六)

下午3时，与柴成文公使往访丹麦国会议长Gustau Pedersen，彼引导参观国会，并在家中设酒水茶点招待。

晚，首次演出，到：首相夫妇及大臣、社会各界代表人物。

接外交部电报，嘱：注意邀请冰岛文化代表团约十人访华。

### 11月6日(星期日)

上午小组汇报。

晚演出，质量较昨晚为好。

演出后应教育大臣招请晚宴，地点在Christanberg(皇宫及政府所在地)，由不管部大臣克里斯琴森主持，代表政府讲话，表示欢迎和感谢，并对中国文化艺术称赞，愿促进两国人民了解和文化交流。到政府人士及文艺界代表人物。礼节隆重，蛋糕镶嵌中国文字，由厨司长亲自献来。

接剑桥大学讲师、丹麦作家Elims Bresddrff函，要求夫妇同访华。已交使馆处理。

### 11月7日(星期一)

午后2时，参加哥本哈根市长Sorensen在市政府大厅举行的招待会。Sorensen表示：作为国家文化代表欢迎，并希望两国友谊增进，文化交流不断发展。

晚5时，与柴成文公使参加苏联大使馆十月社会主义革命三十八周年庆祝招待会，到：丹麦外交部人员及各国使节及丹麦各方面代表人物。与南斯拉夫公使接谈，颇表示友好。泰国使馆武官表示，看到中国京剧演出巨大成功，彼亦感到骄傲。

**11月8日(星期二)**

午后1时，在大使馆看文件并中央关于精简节约指示电报。随后与柴成文公使参观水族馆。陈列温带、寒带深浅海各种怪鱼、奇鱼，陈列方法及说明颇科学，值得参考。随后参观动物园，据云为北欧各国最古、最大动物园，始于1852年开放；现有动物数2500，分为650种属。其中有各类异鸟，并用温室畜养蜂鸟。动物有：狮、象、虎、豹、长颈鹿、海马、海象、河马、海豹及斑马、熊

1955年11月，中国古典歌舞剧团在丹麦首都哥本哈根闭幕演出

猫等应有尽有。熊猫食竹叶，闻亦由东方运来（或为本地暖室培养）。

晚，演出后，皇家剧院主任Brondsted举行招待会，致词感谢，并盛赞中国京剧，称表现了生活及战斗的崇高艺术及微笑欢喜和饱满的生命力。

闻昨、今两日，来看戏者有法国大使（自购票）、巴西舰队司令（自购票）、英国空军中校（在丹麦当顾问，向使馆索票），值得注意。

### 11月9日（星期三）

午后1时，参观皇家图书馆，由馆长Birkelund接待。图书馆藏书120万册，有专家阅览室，可容100人。有中国图书、地方志、元明版元曲等。见一女士自学，能看、写中文，不能说话，其师为罗常培学生。

午后3时，参观皇家博物馆，由馆长Brondsted接待，并介绍博物馆内容，共分七部。中国古物大多由大北公司关系搞来，有殷周出土铜器，康熙、乾隆时期刺绣、瓷器工艺品等。

晚使馆约全团便餐。

### 11月10日（星期四）

上午11时，在Nielo Bing家中，由Nielo Bing主持，举行艺术家会见会，到：丹麦戏剧、小说各界代表约十余人。

午后3时，赴丹麦教育部，由教育大臣主持，哥本哈根大学副校长接受我赠送《古本戏曲丛刊》。两人皆致词表示感谢。丹麦首相来函表示支持。

残废儿童组织约请义务演出，决定在十八或十九日义演一场。

午后5时，柴成文公使举行招待会，到丹麦政府人士、各国使节（有墨西哥公使及以色列公使等人）及丹麦文化界人士约百余人。

晚8时，看丹麦芭蕾舞《罗密欧与朱丽叶》（*Romeo and Juley*）与瑞典芭蕾舞《卡门》（*Carmen*），挪威易卜生话剧各有长短，惟不如苏联远甚。

**11月11日（星期五）**

乘汽车赴奥胡斯（Arhus），人口十五万，为丹麦第二大城市，沿途公路平整，电气化遍及农村，耕地尽用拖拉机。车行六小时，午后2时抵达。住Hotel Royer（皇家旅馆）。

**11月12日（星期六）**

上午10时，奥胡斯市长Unmach Lorsen在市政府举行招待会，致词尚恳切。寒暄时提及第二次世界大战时，德国占领丹麦时破坏情形，对法西斯暴政的仇恨溢于言表。

晚演出，剧场容1200人，已满座。到市长Lorsen及郡长Poul Reumert等多人。

**11月13日（星期日）**

天晴，为北欧少有天气。上午11时，游览古城，闻建城约三四百年前,大部分为旧时建筑。

午后3时,赴奥胡斯大学访问Kristensen教授。彼曾于今年四月访华,参加纪念安徒生大会。现在奥胡斯大学教音乐,在座者尚有医学教授Lunbeek(龙贝克),曾自学中文(能看),对中国有好感。

归时经郊外,大林满山,黄叶遍地,北国秋意,至为清澈美丽。

晚,闭幕演出,剧院董事长致词并献花。

### 11月14日(星期一)

午12时离奥胡斯,沿途清秋景象,天气晴朗,风景甚佳。

午后1:30抵奥尔堡,人口十二万,为丹麦古城。现为工业中心,有水泥、纺织等轻工业工厂。

午后3时,与陈专员拜会市长燕生(Jensen)。

晚8时,在奥尔堡大厅演出,座位容1800人,如全部敞开,可容3000人。

奥尔堡导游画册称:奥尔堡有七大公园,海滨游泳、日光浴场甚多。计每人合有草地约四十平方米。北欧草地,冬时不枯。

此地瓷器工艺:人物、鸟兽极为生动,值得介绍国内。

住Phonix Hotel。

### 11月15日(星期二)

午后12时,离奥尔堡,汽车行四小时,沿途公路修整,车行甚速。午后4:30抵奥敦斯,此为童话家安徒生故乡。人口十二万。

住Grand Hotel。

## 11 月 16 日(星期三)

上午 11 时,与使馆陈专员拜访市长 Y. Werner,彼设酒水茶点招待,并致词欢迎。对我今年春季在北京举行纪念安徒生诞辰一百五十周年集会表示感谢。

晚在奥敦斯剧院演出。此剧院已经有百余年历史,为仅次于丹麦皇家剧院的最古老、最有名的剧院。两剧院在北欧各国中俱负盛名。安徒生当年曾为此剧院雇员:为剧院画海报、贴海报。剧院有一老工人搜集五十年剧院演员及导演相片,张贴挂壁,安徒生像赫然列为第一。演出后,剧院主任 Holge Rungwald 设酒会招待全团,并致词,称艺术是共同事业,不分国界,宜增进友谊,亲密合作。我亦致词,称安徒生有丰富美丽的想象和感情,有善良的用心和高贵的品质及为儿童服务献身新生一代、献身未来的精神,不仅值得中国艺术家学习,亦值得各国艺术家学习。

## 11 月 17 日(星期四)

晚,闭幕演出,观众热烈。一嫁丹麦人女华侨名乐更生,天津人,1948 年离开中国。演出闭幕后到后台陈述渴望知道新中国情形。介绍陈专员与彼保持联系。

## 11 月 18 日(星期五)

午后 2 时,参观安徒生故居,住宅及安徒生博物馆。内陈列各国所译安徒生著作,据云有 60 种文字译本,日本持多,中国甚少。副馆长甚至误以日本译本为中国译本。安徒生住宅甚小，内列安徒生手稿及用品。安徒生幼年似受外祖母影响极深，外祖母富于想象和生活活力，亦如高尔基的外祖母。附近小公园有安徒生铜像及野天鹅雕像。有一小河，闻为安徒生幼年游憩处，其母亦在此洗衣服。安徒生遗物中有一麻绳，为旅行必携。据云安徒生极胆小，怕失火，随时准备逃跑。因貌丑，一生未结婚。故将美的想象寄托在童话故事和新生儿童一代。

先时，并由市政府及市议会招待参观市政大厅。闻奥敦斯已经有800余年历史，为丹麦重要历史名城。

晚5时，乘车离奥敦斯，9:30抵哥本哈根。

### 11月19日（星期六）

上午丹麦神经痉挛残废儿童协会（亦称丹麦瘫痪儿童协会）主席马格鲁生等三人来访。据云，该会约有瘫痪病人约8000人，其中儿童约3000～4000人，大部分由于先天神经组织受到损害或不健全。除有全国组织外，各地有分会二十余处。

午后1:30，为该组织义务演出一场。马格鲁生致词答谢。

晚8时，在公使住宅宴请丹麦音乐学院院长Hoffting、皇家剧院主任Brondsted及作家协会主席Hans Hansen夫妇。疑日内瓦四国外长会议未取得协议有关，空气略有变化。因此，今后工作应十分谨慎。是日，任虹等四人赴冰岛预为布置。

### 11月20日（星期日）

晚，闭幕演出，到丹麦宗教大臣、司法大臣及英国驻丹麦大使及社会名流多人。闭幕后，丹麦—中国友好协会主席代表邀请单位献花、致词感谢。

### 11 月 21 日（星期一）

上午，在使馆做在丹麦工作初步小结。计在丹麦四城市演出十一场，观众约 11,500 人，除进步朋友、广大人民群众欢迎外，对官方人士及有影响的文化艺术界人士普遍接触，有新认识。资本主义国家，如英、法、巴西、墨西哥、泰国等使节或武官亦感兴趣，纷纷主动向我要票，是在丹麦比较突出的现象。另一方面，顽固势力亦暗中斗争或破坏，或冲淡我影响，甚至畏惧（散布："黄热"、"渗透"、"共产主义危险"、"毒品"等）亦是事实。

晚 5 时，在皇家大饭店举行招待会，到会者有：丹麦—中国友好协会负责人及文化艺术界知名人士约百人。丹麦—中国友好协会主席汉森致词、献礼，热情诚恳，最后一再流泪。其他友人亦有流泪者。使我团员都得到深刻教育，可加深我对爱国主义和国际主义的认识。

### 11 月 22 日（星期二）

（原文缺失）

### 11 月 23 日（星期三）

飞机延一日飞冰岛。

购《企鹅丛书》、《希腊神话》等数种。

## 11 月 24 日(星期四)

午 12 时飞冰岛。午后 2 时抵奥斯陆,使馆储秘书等来照应。3 时,继续起飞。

晚 9 时抵冰岛首都雷克雅未克。来接者:冰岛国家剧院经理及冰岛—中国友好协会委员及文艺界多人。瑞典舞蹈促进会主席海格亦来机场相接。

住 Borg Hotel 时间为晚 7 时,较哥本哈根时间晚二小时。

## 11 月 25 日(星期五)

阴雨。上午 9 时许,天始明。

上午 11 时,访冰岛教育部长本尼迪克生(Bjarni Benediktsen),彼约下午 2 时会见。

1955 年 11 月,与冰岛国家剧院经理 G. Rosinkranz 在雷克雅未克冰岛国家剧院

午后 2 时，访国家剧院经理罗新克郎兹（Gulangur Rosinkranz），人尚恳挚，有思想，曾访问过苏联。

晚 8 时，看话剧《好兵帅克》，为第一次世界大战时捷克作家所作讽刺喜剧。演员 R. Arnfinsson 演主角，尚佳。

## 11 月 26 日（星期六）

上午 11 时，访冰岛国会议长勃伦尼约夫生（Jorundur Brynjofsson），彼为进步党人，颇有意访华。

11:30，访冰岛外交部长固特门生（Kristin Gutmundsson），亦是进步党人，对中国古老文化颇为称赞。

午后 3 时，访冰岛名作家劳克斯乃士（Laxness），彼住郊外别墅，冰岛人称为“诗人之家”（Poet House）。入门时，彼正弹钢琴，颇表示欢迎，陈中国文化是世界最优秀的文化（The Best Culture），并谓中国广大，历史文化悠久，一个人活了很大岁数，如不到中国或不认识中国，即等于白活。彼读过《道德经》的英译本，谓可同诗歌一样来欣赏，并谓受托推荐诺贝尔奖金候选人，颇希望中国当代作家及诗人能获得诺贝尔奖。彼称中国伟大，惜世人不深知，宜大力介绍中国到国外。其立言颇发人深省。

晚演出，出席者：冰岛总统夫妇、外交部长、教育部长、国会议长、雷克雅未克市长、统一社会党主席、进步党主席、冰岛大学校长、文化艺术界知名人士及苏联公使、捷克公使等各国使节（包括西德使馆秘书在内），惟美国大使未出席。

休息时，总统接见，盛赞中国悠久文化。我亦答言：冰岛亦有悠久文化。总统言：“是的，我们亦有悠久文化，我们很骄傲。

但这是对美国那样的国家说，因为那是新国家，但对中国，就说不上了。”颇值得注意。

演出结束，有招待会，除总统外，到上述诸人，情况热烈。我答词有：“国无大小之别，唯有朋友之谊。”实针对国家剧院经理欢迎词中提到大小国如何如何而言。教育部长对我发言深表感谢。招待会夜2时结束。

### 11月27日（星期日）

天晴，有太阳。空气冷而澄澈透明。北国冬晴之美有极深刻印象。

午后1时，参观冰岛名画家 Johannes S. Kjarval 画展。线条及色彩颇有创意天才，且能表现冰岛人民的特点。比在芬兰、瑞典各国所见当代画家更为杰出。

午后3时，访问冰岛总统阿斯盖尔森（Asgierssen），彼称，看毛主席相片，觉毛主席善良、慈爱且富于思想。并要求将冰岛人民对中国的友谊及和平愿望、希望中国繁荣的心愿带给中国政府和人民。总统夫人在谈话中，似从赛珍珠、林语堂诸人读过有关中国作品。

晚7时，访问苏联驻冰岛公使。

### 11月28日（星期一）

上午11时参观冰岛国家图书馆，由馆长 Sigmundsson 接待，并引导参观。据云，有图书12万册，内手抄本有1万册，颇名贵。

有冰岛诗人彼得森作品的一小册中文译本,为贝赫奕[①]译,1928年汉口圣公会出版,书题名为《诗家可风》。亦为《天路历程》一类著作。惟此译作为七言诗句。因此想到,天主教、基督教文学作品应该搜集整理,作为历史文献供参考之用。亦如佛教文学在中国历史时期曾有一定影响。

11 时,访问雷克雅未克市长多罗德森(Gunnear Thoroddsen)。

午后 4 时,冰岛教育部长本尼迪克生(Bjarni Benediktsen)举行招待会,招待剧团全体,到冰岛外交部长及冰岛文化、教育、艺术界人士约数十人。并赠冰岛名画家画册三本作为纪念。

晚路德芳秘书来谈:明日转哥本哈根。

是日,冰岛初雪。

有关冰岛的一些数字:

人口:9 世纪时挪威人 Ingolfur Annarson 夫妇移居殖民冰岛,公元 1874 以后,爱尔兰人、苏格兰人相继而来。现有人口 15 万,雷克雅未克人口 6 万。

冰岛人 Leifur Eiriksson 于公元 970 年与父到格林兰岛。公元 1000 年再到格林兰。惟到北美今 Nova Seotia 地方。

人口增殖率,28‰;死亡率,8‰。在西欧、北欧各国为人口增殖最高之国家。

文字:有独特文字,数百年来沿用未变。各国文学名著,多已译为冰岛文字。每年出版书籍 400 ~ 500 种,其中 200 ~ 250 种

① Harry Price,生卒年月待考,长期在中国以传教为目的的英国传教士,1921—1947 曾将多种基督教经典文献及有关文学作品译成中文出版。

为文艺学术专门著作。1947年，各国每十万人占有书籍数，美国：8.3，瑞典：50，挪威：67，丹麦：100，冰岛：312。

教育：1946年规定，7～15岁接受义务教育。现，雷克雅未克有小学生6000人，有大学生800人。

设备：首都暖气及热水供应用天然温泉，故全市无烟囱，颇清洁。每座住房有两部电话，每三人有一架收音机。首都共有41家书店，有国家剧院及交响乐队、国家图书馆、博物馆等文化机构。

贸易：1952年输入911.4百万克朗，输出639.8百万克朗；输入为：机器、船舶、食油、粮食，输出主要为各种鱼类及鱼制品及羊皮。

### 11月29日（星期二）

上午访问冰岛大学校长T. Johannessen，教授E. Alsoeinsson赠所著英译《十三世纪的冰岛文学》。

午后1时参观国家博物馆及艺术博物馆，东西不多。

参观雕刻家Einan Jonsson作品陈列室，想象及创作力俱佳。闻该氏已于去年逝世，享年八十余岁。

### 11月30日（星期三）

午后1时，宴请国家剧院理事会主席Y. P. Gislason，剧院经理Rosinky及冰岛—中国友好协会主席J. Benediktsson诸人。

午后4时，向冰岛国家图书馆赠《古本戏曲丛刊》，由文化部长主持接受仪式，到国家图书馆馆长及冰岛总理秘书、外交部秘书、剧院经理等诸人。

晚闭幕演出，剧院经理献花篮并赠礼，极恳挚热烈。

**12 月 1 日(星期四)**

午前 8 时，乘飞机赴哥本哈根，来送者有：冰岛—中国友好协会主席本尼狄克森、国家剧院理事会副主席、剧院经理罗辛克朗兹等人。

午后 1:30，抵瑞典哥德堡，休息一小时后起飞，经一小时抵哥本哈根。来接者有柴成文公使及使馆同志。

**12 月 2 日(星期五)**

上午，在使馆汇报在冰岛工作，并做初步小结。

午后，参观国家博物馆的希腊部分，主要为希腊瓷器，皆有瓷画，极名贵，数量亦最多。为研究希腊风俗习惯及神话传说、绘画艺术的重要参考资料。

归后，向使馆同志做一个对外文化工作的报告。

晚，在使馆商讨访问北欧各国总结提纲。

**12 月 3 日(星期六)**

午后 3 时，乘飞机离开哥本哈根，经挪威、瑞典上空，至 5:30 抵赫尔辛基，为芬兰时间 6:30。使馆同志来接。当即参加坦波尔夫人报告旅行中国的晚会。

晚住 Palace Hotel。

**12 月 4 日(星期日)**

雪,寒风袭人,温度达零下 17 度,为北欧诸国最冷的天气。

上午 11 时,芬兰—中国友好协会主席劳尔开能来谈协会工作。

午后 3 时,向全团作总结动员报告。

晚在使馆便餐,并看电影。

**12 月 5 日(星期一)**

上午 11 时乘火车离开赫尔辛基,来送者陈辛仁大使夫妇及使馆人员;劳尔开能夫妇及芬兰—中国友好协会常务理事道威尔。

夜 12 时抵列宁格勒,沿途所经平原雪深尺许,苍松负雪,尤为美丽。经工厂所在城市则浓烟沸腾,充分表现在冰天雪地中人民生活力的旺盛。

**12 月 6 日(星期二)**

午后 3 时抵莫斯科,为莫斯科时间午后 4 时。住农业展览馆附近旅馆。气温零下 21 度,为近年来所经历最冷天气。

晚 7:30 在莫斯科大剧院看苏联歌剧萨德阔(Sadko),几乎全部以苏联民歌组织而成。神话及沿海城市场面布景堂皇富丽,气魄很大。

**12 月 7 日(星期三)**

晚 8 时,乘国际列车离开莫斯科,来送者有张映吾参赞及使

1955 年 12 月，在莫斯科大剧院门前

馆同志。

**12 月 8 日(星期四)**

沿途看一片雪野。午后 4 时抵基洛夫，为重要工业城市。

**12 月 9 日(星期五)**

已过乌拉尔山进入西伯利亚。

午后 3 时抵斯维尔德洛夫斯克，亦为重要工业城市。车行前后两小时皆可见烟囱林立，在社会主义建设过程中所起的作用可知。

### 12 月 10 日(星期六)

经鄂木斯克、鞑靼尔斯卡雅等重要城市。沿途雪野茫茫,大林森森,雄浑肃穆气象,类似俄罗斯人性格。

晚向全团号召,做自我鉴定报告。

### 12 月 11 日(星期日)

晨起车已过新西伯利亚,进入中部平原。时疾风扬雪,日黯如雾,山川树木皆在风雪咆哮中颤抖。火车亦为之缓缓而行。沿途农村劳动人民,有在房屋前操作者,被风雪包围,不辨眉目,而仍从容操作自如,其颇顽强斗争精神与伟大的劳动创造力自是感人。

### 12 月 12 日(星期一)

晚抵伊尔库茨克,夜中经贝加尔湖。

### 12 月 13 日(星期二)

经西伯利亚东部,逐渐有丘陵起伏,知已经接近中国边境。

### 12 月 14 日(星期三)

午时抵哥德堡,为苏联边境最后一站,距我边境第一站满洲里车站行仅 17 分钟。

午后 1 时抵满洲里,为北京时间午后 6 时。海关检查,一切秩序甚佳。车站上路牌有满、蒙两种文字。

**12 月 15 日(星期四)**

车经北满大平原,沃野千里,一部分已经用拖拉机耕种,大部分尚待开发。说明祖国人力、物力潜力无限无边。在扎兰屯附近看大粮站,周围数里。农民运粮车亦长达数里。闻今年全国各地丰收,不仅为保证完成五年计划的重要保证,亦将为促进农业合作化和推进国家工业建设提供有利条件。

晚抵哈尔滨、长春。夜中经过沈阳。

**12 月 16 日(星期五)**

清早,阳光照射车窗,起视,已经到锦西。工人同志在路边操作。看农村富庶情况,随处都充满了饱满的生命力!过山海关、冀东一带,麦苗已出清,回忆西伯利亚一片冰雪景况,知中国得天独厚。

晚经天津抵京。来接者有文化部夏、郑、丁各副部长(编者按:即夏衍、郑振铎、丁西林,时任文化部副部长),对外文协赵、阳副会长(编者按:即赵毅敏、阳翰笙,时任对外文协副会长)及工作同志多人。淑端[1]亦来接。

离京恰三月又二十三日,经历苏联、波兰及北欧五国,行程约一万六千公里。

---

① 淑端,即彭淑端(1905—1979),楚图南同志夫人。

# 1957年中国文化代表团访问尼泊尔日记

1957年5月31日至7月13日率中国文化代表团乘飞机，经昆明、仰光、新德里赴尼泊尔，访问了加德满都等三个重要城市。代表团成员共19人：

团　长　楚图南（中国人民政治协商会议全国委员会常务委员，中国人民对外文化协会会长，历史学家，民盟盟员）

副团长　周建人（高等教育部副部长，中国尼泊尔友好协会会长）

秘书长　张亦桦（女）（对外文化联络局办公室副主任，中国尼泊尔友好协会总干事）

团　员　裴　鉴（植物分类及药用植物学家，中国科学院研究员）

夏湘蓉（地质学家，地质部地质资料局总地质师）

常任侠（中央美术学院美术史教授）

李宗津（油画家，中央美术学院教授，民盟成员）

赵　寻（剧作家，中国戏剧家协会工作委员会委

员）

蒋名川（蔬菜专家，华北农业研究所副研究员）

纳·赛音朝克图（诗人，中国作家协会理事）

谷　峪（作家，中国作家协会会员）

明娜娃（女）（中央民族歌舞团舞蹈家）

乌斯满江（中央民族歌舞团乐器演奏家）

曾　寻（民间乐器演奏家）

郭　颂（青年民族歌唱家）

史秀芸（青年民歌歌唱家）

钟兆榕（秘书兼译员）

宋守全（秘书兼译员）

孙　琬（秘书兼译员）

## 1957 年

### 5 月 30 日（星期四）

即将率领中国文化代表团访问尼泊尔王国，全团共 19 人。

今日做好一切准备工作。惟副团长周建人同志患病入医院，今日往医院省视。周患关节炎，据云每年雨季前必发。现已痊愈，医师曰，尚须休养约三日后始能成行。因留孙琬同志陪伴照拂。其余同志因飞机沿途安排业已布置，不好变更，仍决定明日先行。

## 5月31日(星期五)

上午6:30乘飞机离开北京,来送者:夏衍副部长、章文晋司长及陈忠经[①]、朱伯深[②]等对外文化联络局的十几位同志,淑端亦来送。

是日天气晴明。约9时抵太原,休息三十分钟,继续起飞。10:15抵西安,机上俯视,见近郊建筑颇多,似已逐渐发展成为中国西北的工业都市。在此休息一小时,续飞。午后1时抵重庆。雾霭迷蒙,穿雾下降,见梯田整饰如画。休息一小时后续飞。午后4时抵昆明。交际处李处长诸人来接。住翠湖宾馆。馆为新建筑,面临翠湖,风景优美,设备宜佳。在此晤海格[③]夫妇。

晚,吴少默[④]、周禾书[⑤]来谈。周亦拟明日飞返仰光。

## 6月1日(星期六)

清晨7时,乘飞机离开昆明。俯瞰农田整洁,且得新雨,大部

---

① 陈忠经(1915—2014),时任对外文化联络局副局长。

② 朱伯深(1903—1980),湖南著名教育家朱剑凡先生的长子,时任中国人民对外文化协会副秘书长。

③ Bengt Hager,瑞典舞蹈促进会主席,对中国友好,曾经多次访问中国,并参与安排中国古典歌舞剧团1955年到瑞典访问演出,其夫人为印度出生的著名舞蹈家。

④ 吴少默(1901—1979),云南祥云人,大革命时期的共产党员,楚图南同志的老朋友,曾参与策动卢汉将军1949年在昆明起义,并任起义后成立的云南军政委员会秘书长,时任云南省人民委员会副秘书长。

⑤ 周禾书(1904—1983),云南腾冲人,缅甸著名侨领,楚图南同志多年的朋友,时任缅甸仰光南洋中学校长,后来回昆明定居,任云南省政协副主席。

分水田业已插秧。10 时许经过国境线进入缅甸。不久,抵曼德勒,为缅甸第二大城,故都所在,亦为文化中心。城市建设及风景甚美。在此休息三十分钟后续飞,约 1 时许抵仰光,为当地时间 11:30,较中国时间迟一个半小时。姚仲明[①]大使及使馆诸人来接。住大使馆宿舍。天气炎热,已如北京盛夏。

**6 月 2 日(星期日)**

旧历端午节,淑端生日,在北京淑端和孩子们当有一番热闹。

上午游览市容并参观动物园及大金塔。动物园中颇多奇花异木,有几种大树,皆花卉繁茂,其中一种红花,艳丽如火,据云即榕树。我广东省亦有此植物,惟尚未见着花如此美丽。

街市惟小金塔大街尚繁华整洁。平民住宅,皆湫溢低;败叶为席,败叶为棚、为屋、为壁,仅避风雨。

参观大金塔时值大雨。进门脱鞋,我女同志有赤足而行者。塔建在小山顶上,可四面登山而上。雕塑皆彩绘,柱上、塔顶、屋檐皆贴金,耀人眼目。山顶一大塔,约如我国白塔寺白塔,惟高耸奇丽过之。塔周围大小佛龛,遍供佛像,有白玉雕塑者,亦有泥塑者。有一两处佛龛,如我广东潮州建筑装饰,雕刻亦精美,并有汉文匾额。盖为我华侨所建造者。闻此地两千年前仅为一渔村,三百年前,即十七世纪时,西人东来此地渐繁华,寺亦扩建;百年前更大修如现代规模。然仍随时增修,至现时,已为历

---

① 姚仲明(1914—1999),中国首任驻缅甸大使,后任文化部副部长,对外文委副主任等职。

代缅甸各族劳动人民之集体创作。印度侨民、中国侨民亦有所贡献。故成为今日缅甸规模宏大、雕镂奇丽的最大建筑物，亦为东南亚佛教重要名胜古迹之一。

晚看美国宽银幕电影《失去的大陆》(*The Lost Continent*)，暴露亚洲，特别是南洋群岛一带人民生活的落后野蛮情形，对中国尤其歪曲污蔑，其体裁疑取自港澳一带。看后对美国电影艺术的堕落和美国文化的衰退、恶劣、空虚有深刻印象。霍桑、惠特曼、富兰克林、杰弗逊、林肯的后代子孙，不肖如此，颇令人惋惜愤慨。

**6月3日(星期一)**

阴雨。参观缅甸博物馆。略有缅甸历史文物。有十一世纪蒲甘王朝①时期的漆器，红黑两色，彩画极精细。有大小铜鼓约十余面。大者鼓面有四蛙，略如我国西南所见铜鼓。其花纹亦大致相同。馆中人员解释为缅甸克耶族②遗物。其中有一具鼓身有象饰，可知铜鼓文化由我国川、湘、滇、桂各省直到缅甸，分布区域至为广阔。汉马援南征得铜鼓。似在两千年前即已发达。其来源在滇？在缅？出于掸族？出于傣族？抑出于克耶(Kayah)族，皆值得研究。

此外，有佛教文物，实物陈列不多，大部分为图片。石雕、泥

① Bagan 王朝，旧称 Pagan，公元 849 年建国于现代缅甸地区，1004 年向中国的北宋政权朝贡，1287 年元朝灭宋后出兵中南半岛，蒲甘沦为元朝藩属。

② Kayah，缅甸少数民族之一，居住地区称克耶邦，在缅甸中部地区。

塑、木刻佛像略为我唐以后雕塑。铜制者颇精,有特殊风格。有贝叶经卷,皆缅文。部分文物已经被英国人劫去,在英国博物馆。

馆中亦有中国佛像、绘画、图片,可知缅甸文化,特别是佛教文化和我国文化千丝万缕的关系。缅甸独立后,这种关系更在新的基础上,有进一步的发展。缅甸总理吴努①访问中国时,我赠送礼物:瓷器、景泰蓝、象牙雕刻等文化工艺品陈列在馆正中,极重要地位。这说明中缅两国皆极重视中缅两国的友谊。

由此间陈列爪哇岛一石坛建筑模型,其规模形式略如我天坛前面圜丘建筑。惟我圜丘为圆形三级,此为方形五级。坛中央有小塔,小塔周围又有数十小塔。这是南洋地方值得重视的一巨大建筑,其风格气派,与中国印度的建筑显然不同。各民族文化的特点、各民族劳动创造的特殊风格似乎可以从建筑上最突出具体的表现出来。

晚,食当地出产的两种水果,一为榴莲,有棘状绿色厚皮,剖之内容如树菠萝,惟有蒜臭怪味;一种为山竹,红果有绿蒂及红色厚皮,大小如苹果,剖之有白瓤如荔枝。颇可口。

晚,周禾书、陈澧、马维忠及叶同志(皆为当地侨领)来谈。

**6月4日(星期二)**

上午阴雨,天气转凉。午后2:30,乘英国海外航空公司(BOAC)飞机,离开仰光,飞行两小时后抵加尔各答。在空中,值

---

① 吴努(1907—1995),缅甸独立后首任总理,在任期内致力发展缅甸和中国的友好关系。

雷雨，颇有颠簸。雨后天晴，俯视地面，山川如画，尤以恒河三角洲沃野千里，港汊纵横，河渠交织如网，且村落密布，其富饶可知。在此休息半小时，继续起飞。约3:30抵新德里。当地时间为8:30，为仰光时间9:30，为北京时间11:30，与我国时间相差三小时。到机场来接者有潘自力[①]大使及方秘书及使馆诸同志。住 Charidge's Hotel。当地气温为华氏88°。

我于1955年4月参加亚洲国家会议，曾到新德里，现为二度重游。

### 6月5日(星期三)

安排日程并准备发言稿。

报载德里流行感冒，各地浴场已停止开放。

### 6月6日(星期四)

上午赴大使馆，潘自力大使为全体团员介绍尼泊尔情况。

参观胡马雍(Humayuns' Tomb)墓，胡马雍为莫卧儿王朝的一个君主，陵墓建于400年前，规模宏大，周围有广阔的花园。闻为胡马雍王后所建。一百年后，在阿格拉所建的泰姬陵则是其夫所建，其宏大精美过之，被称为印度之珍珠。

又参观库塔伯记功塔(Kutab Minar)，建于七百五十年前，高379级，周围作棱形，有美丽雕刻及可兰经文字。库塔伯为莫卧

---

① 潘自力(1904—1972)，中共八届中央候补委员，时任中国驻印度即尼泊尔大使，后任驻苏联大使。

儿征服印度的第一个王朝。塔附近有伊斯兰教古寺，系折毁二十七个印度教大寺庙后，以其建筑石料、雕刻装饰等建成此寺。该寺现已圮毁，惟可见伊斯兰教寺庙大门墙壁及印度教雕刻柱饰等。有铁柱，闻为一千五百年前古物，为从他处移来，其上有铭文记功。可知印度历史无限丰富，人民亦饱经兴衰成败、忧患变迁，其人民有大智慧，有大毅力，并非偶然。

随后参观 Lakshmi Narayan Temple，为印度教神庙，供奉智慧神 Lakshmi Narayan 及权力神（其坐骑为虎）两夫妇（前为妻名，后为夫名）及音乐舞蹈之神等，寺庙后有大花园，结构及装饰奇异，另成一风格。闻为印度富商 Birla 于 1932 年（编者按：即婆罗门历 1995 年）所建，故亦称 Birla Temple。

又参观中亚细亚古物博物馆（Central Asian Antiquitiro Museum）。博物馆入门有玄奘像，并附玄奘归国后致印度那烂陀寺智光、慧天等法师信函的译文。入内则为英国人斯泰因在我国敦煌及新疆一带地方前后三次所盗去的部分壁画、佛经、雕刻古物等。闻此仅一小部分，已经赠给印度政府。大部分现存英国伦敦博物馆。

晚，代表团员与使馆同志联欢，并有歌舞表演。

### 6 月 7 日（星期五）

上午参观红堡（Red Fort），为英国侵入印度以前莫卧儿王朝在德里的皇宫。有城垣，为红砂石所建成。入内为大苑囿，有国王接见群众的大殿，有国王居住、游览的便殿及小礼拜寺。皆大理石雕筑，镶嵌金、银、韵母片等，极辉煌富丽。

印度《政治家报》(*The Statesman*)记者来访。

晚,潘自力大使约全体团员便餐。

**6 月 8 日(星期六)**

原定今日乘火车赴巴特那(Patna),然后改乘飞机赴加德满都。惟仰光来电话称:周建人已抵仰光,因与潘自力大使商定:延期至 12 日赴巴特那,13 日飞加德满都。

阅报载:德里及加尔各答流行性感冒蔓延,为防止传染,电影院及部分热闹饭店停止营业,学校亦临时放假。又:印度政府迫于人民舆论,已在夜间将镇压 1857 年印度革命起义的两个英国将军 John Nicholson 及 Taylor 的铜像移去。说明殖民主义的遗迹已在逐渐消灭。印度失业问题似仍严重,昨夜,城市中心一公园树下,发现父母及一 14 岁女儿集体服安眠药自杀,一 10 岁男孩持其父亲遗嘱向警察局报告,谓死者与他人无涉。阅之令人酸鼻。

看完贺昌群所著《古代西域交通与法显印度巡礼》及杨非所著《玄奘》两书。前者引证博洽,态度亦极严肃认真。看后对于法显及玄奘的艰苦卓绝、勇猛智慧及治学精神和虔诚坚定、忘我献身的宗教信仰,有极深刻的印象。对当时印度佛教兴盛、高僧名贤辈出,知印度历史文化基础丰厚,盖有由来。此在今日不仅成为中印两国人民珍贵的文化遗产,亦是人类文化的重要组成部分。将来中印两国建设进步,这部分文化经过继续整理研究似乎还会发出光芒。

## 6 月 9 日(星期日)

与常任侠[1]同志研究梵文即 Sanskrit,共有 50 个字母,现有两种写法。如梵文书写,则较为繁难费时,且不易认识。用拉丁字母书写,则易写易认,故一般著作已用拉丁字母。如梵文म用拉丁字母则为 m,又如名城आगरा,如采用拉丁字母则为 Agra(阿格拉),各国人都可读出字音。乃知全世界已经有 60 多个国家采用拉丁字母,不为无因。

游览阿格拉(Agra)城名胜古迹。据云,阿格拉城为印度古城,公元前 3000 年前当 Raja Kansa 时,为印度人根据地,称为阿格拉巴(Agrabam)。至公元前约 250 年时,印度阿育王统一印度,阿格拉亦在其范围内。其后,几经变迁,至 1498 年时,蒙古帖木儿的第六世孙,外号巴拜尔(Baber)老虎,其原名为穆罕默德·查尔·丁(Mohammed Jahirud Din)击败在德里的 Sultan Iqbal Khan,并深入巴尼帕(Panipat)平原击败并杀戮 Lodg 王朝的最后一个君主,德里最后臣属于莫卧儿王朝。巴拜尔遣王子胡马雍(Humayun)征服阿格拉(Agra),在巴尼帕被杀的 Raja of Gwalion 的寡妻献世界最有名的珠宝,即一颗名为 Koh-I-Noor 的大钻石乞降。巴拜尔即在此建都,并于 1530 年死于阿格拉。由胡马雍继位,以德里及阿格拉两地为都。1540 年被阿富汗贵族 Sher Shah Swri 所击败,逃到波斯,娶 14 岁美丽的女子 Hamida

---

① 常任侠(1904—1996),东方艺术史专家,1945 年曾应印度文学家泰戈尔邀请赴印度讲学,1949 年应周恩来同志电邀回国。楚图南多年的朋友。

Bano 为妻，生一子即 Jalad ud-din Mohammad Akbar。15 年后胡马雍击败阿富汗人复国，定都于德里，随即死在德里。由阿克巴(Akbar)继位，时年仅 14 岁，信任其大臣 Bairam Khan 将军，并再次击败阿富汗人，于 1556 年迁都于阿格拉，在 Jamuna 河畔建城堡。1559 年建胜利城(Fathpur Sikri)，离阿格拉约 24 英里。阿克巴雄才大略，有野心，并融合各种教派，娶伊斯兰教妻，亦娶印度教妻；能延揽各方面人才，使莫卧儿伊斯兰教文化的统治达于全盛；对社会法制亦有所改革，取消对于被征服者的奴役制度。死后(63 岁)葬于阿格拉附近，陵墓规模极大，为其亲手经营，至其子夏汗吉尔(Jahangir)时完成。夏汗吉尔 1605 年在阿格拉继位为王，娶波斯女子为妻，称其为“妇女中的太阳”。死后，其子 Khurran 于 1628 年继位，称沙加汗(Shahjehan)，其妻 Mumtaj 生育 14 个子女后逝世，为其所建造的墓地，闻以 2 万人经十七年建成，世称泰姬玛哈陵，使莫卧儿帝国建筑达到最高峰，被称为“世界奇迹”、“大理石的梦”、“石头的诗”。沙加汗晚年王位为其子所据，并被囚居于红堡，仅一女儿伴随，直到 1666 年死去。沙加汗之子名阿兰吉布(Aurangzeb)，极暴虐，囚父并杀戮兄弟，使无人争王位，并毁印度教寺院经典。直到 1707 年，年 90 岁时死去。莫卧儿帝国从此衰退，退出历史舞台，不久，英国人入侵，印度为英国统治。

我们参观了红堡、胜利城及泰姬陵，皆为石构，规模宏大，雕刻精美。泰姬陵为白色大理石建成，红堡及胜利城为红砂石筑成。胜利城中有一殿，结构为中国建筑，且有中国壁画；冬宫及夏宫且有中国蓝色琉璃瓦，闻为中国艺匠所建造。各项建筑皆役使人工钜万；建筑艺匠网罗自波斯、中亚各国、中国各地。珍珠、宝石征自各国，穷奢极欲，成为巨构。据云，胜利城亦役工人三万五千，约十八年建成。其中有伊斯兰教先知墓，盖其预言阿克巴可以生子，后如验，故死后葬此。周围墓门宏伟，墓构全为大理石精雕，并镶以宝石螺钿。伊斯兰教石构建筑精美。此当为一完整的典型。

### 6月10日（星期一）

参观阿克巴（Akbar）墓。墓门高十余丈，皆红砂石建成，用黑白大理石镶嵌成花纹图案。入门为一巨大园囿，绿树成荫。墓地圆亭骈列，层累而上，共五层，奇伟玲珑，见所未有。最上一层为纯白色大理石建筑，雕刻极精，窗花图案尤多变化。阿克巴石棺即在于此。

归时顺便道看一宝石商，以40余种宝石镶嵌成的地毯，五色绚烂，光耀炫目。闻以十四个工人经两年时间，约以45000多个工作日制成。

晚8:30抵德里。潘自力大使来谈：周建人尚无消息。因发电催问行期，并决定于明日与九位同志先行乘火车赴巴特那。仍按照第二次计划，6月13日乘专机赴加德满都。

### 6月11日（星期二）

报载世界和平理事会①扩大会议已于昨日在锡兰科伦坡开

① 楚图南1955年6月在芬兰赫尔辛基召开的世界和平大会上当选为世界和平理事会理事；锡兰现名斯里兰卡。

会，计出席 74 个国家的 450 位代表；主席为锡兰司法部长席尔瓦(Silva)，锡兰总理斑达拉奈克(Bandaranike)亦致函祝贺，会议第一步要求为各国停止核子武器试验。

印度教根据梵天生人之说，分人为四个种姓，亦称族级，亦称姓。最贵为婆罗门；其次，刹帝利；再其次，吠舍；最贱为首陀罗。而不可接触族级更为贱中之最贱者，即影落入水中，水亦不能作为饮料。现虽为法律禁止，而社会风习仍在。闻全印度尚有 7000 万不可接触族姓。去年 11 月 15 日在尼泊尔举行的第四届世界佛教徒大会上，印度昂比德卡博士报告：当年 10 月 14 日曾同时有不可接触种姓者 50 万人皈依佛教。可知佛教的平等教义，两千五百年以来，即使在印度仍未贯彻。这必然地要到社会主义社会才能实现。

### 6 月 12 日(星期三)

周建人已抵加尔各答，因与潘自力大使及部分团员乘火车赴巴特那，预计明日可两路会齐，同飞加德满都。火车有冷气，设备甚佳。经阿格拉(Agra)、阿拉哈巴德(Allahabad)、巴纳里斯(Banares)、奥兰(Arran)等名城。沿途田地颇荒芜，惟恒河下游稍佳，沟渠水利似便利。人民生活仍苦，且人口繁庶，在车站上随处可见老少男女席地而卧。人民勤劳、善良、朴实、耐苦的精神，随处可以看到。如妇女在烈日下、在河边洗衣服，或在井边汲水；男子耕田和牧畜；老年须发皓白，然布衣持竹杖赤足健步行大路上，俨然先知。亦时见孔雀成群，在田野中啄食；大象和骆驼缓步而行。诗境画意，使人有远大的想象和深沉的遐思。

大智慧、大慈悲、大勇猛的释迦摩尼在此修炼成道，说教、转大法轮。只有从这种自然环境和社会环境中才能获得较为深澈的理解。

### 6月13日(星期四)

晨9时抵巴特那(Patna)，已经误点三小时。巴特那为古代之巴连弗邑，亦称华氏城。法显、玄奘曾游此。佛迹甚多，其西，那烂陀寺为玄奘留学处；再西，为鹿野苑、灵鹫山，为佛说法处。惜俱未往游。

与周建人在此相遇。10:30乘专机飞加德满都。11:30抵达。机场有欢迎大会，旗帜、鲜花及欢呼鼓掌，极热烈，如潮涌。尼泊尔文教大臣夏尔马致欢迎词，我亦致答词。群众欢迎旗帜中有中文书写的：中国—尼泊尔是兄弟！中尼友好万岁！中国—尼泊尔友谊万古千秋！极使人感动。全团皆满带花鬘并满抱鲜花。由机场到政府招待所(Sitalnival，意即凉宫，为前拉纳家族别墅)。

午后赴王宫签名，并拜访首相阿查里雅[①]。阿殷勤接待并设茶点招待。在座者有尼泊尔各部大臣、副大臣及夫人。讨论在尼泊尔日程。尼设接待委员会，以计划大臣纪兰(Kiran Shumshuer)为主任，其余皆为各方面代表人物及教授、专家等，并派尼泊尔当代有名诗人萨马(Sama)为我翻译。对于代表团访尼

---

① Tanka Prasad Acharya(1907—?)，尼泊尔人民党领导人，多次出任尼泊尔首相，对华友好，曾多次访问中国。

似极重视；一切布置亦极周到，而且隆重。

晚，英国使馆举行酒会，庆祝英国女王诞辰。英国驻尼大使已经返回英国，酒会由代办夫妇主持。在此会晤尼泊尔国王、二王、三王①及其他尼泊尔政府要人，并晤印度驻尼泊尔大使。

### 6月14日(星期五)

早起，推窗一望，四面高山环绕，翠黛如画。全城绿树成荫，各种鸟雀鸣声悦耳，亦有"割麦插禾"等季候鸟，略如中国。其余闻音，当为珍禽异鸟。有各种花，其中一种，树高叶大，略如我国云南茶花，惟花苞如玉球，色白如莲瓣。尼泊尔称之为 Thal Kamal，意即陆上莲花(Land Lotus)。朝日初出，风光明丽，空气澄澈透明，略如我国昆明。山国风景甚美，又有喜马拉雅山作为天然屏障。山巅白雪皑皑，愈增雄奇壮丽。

上午9时，加德满都市人民欢迎大会，首相及文教大臣、群众约千人出席。以香花洒地迎接来宾，并纷纷献花束和花鬘。市政委员会主席闻以事不在加德满都，由副主席阿格里霍特里致欢迎词，并赠送代表团成员尼泊尔人的便帽和拖鞋，女同志赠披肩。由我致答词。全场欢腾，真有兄弟久别重逢的感觉和欢喜。

午后3时，游览三处古迹，皆为婆罗门教寺庙。神像雕刻及绘画精美，既生动且富于想象。我敦煌艺术及建筑、雕刻、绘画等似与此有很深的渊源。参观时，市民不论老少男女，皆夹道欢迎或献花束、花鬘，或以香花铺地、以白布铺地，投洒花片、朱粉、

① 按尼泊尔王室习惯，国王的二弟及三弟称二王及三王。

炒米花……表示尊敬和友谊;或击鼓奏乐诵经,庙中灯烛辉煌,香烟缭绕,表示祝福和欢迎。并以朱色点全体团员额上,即所谓吉祥痣。友情盛意,狂热如此,感到这是对中国人民的友好,也是对中国人民的向往。

5时,国王马亨德拉①接见,在座者:王后、二王、三王、首相及各部大臣等,几乎是全体高级官员。国王设茶点招待,并询问关于中国文字改革、土地改革、工业建设、中国是否走列强道路及毛主席是否会访问印度、尼泊尔等问题。还接受我赠送礼品,并与全团人员及全体官员合摄一影,礼节似颇隆重。

8时,外交大臣夏马尔在都巴大厅(Singhe Durbar Gallary Hall)亦称狮厅(Palace of Lion)举行国宴招待代表团。出席者有:国王、王后以下尼泊尔所有高级文武官员及外国使节。由首席阿查里雅致欢迎词,我致答词。我与首相祝酒,祝毛主席与国王健康,两国繁荣,两国友谊不断增进和发展。国王入席和退席皆奏尼泊尔国歌。宴会后并演出古典歌舞,其故事为善恶相斗,善神终于获胜。国宴至12时结束。

### 6月15日(星期六)

上午访问拉里帕尔城(Lalitpur),亦称巴丹城,多古寺名迹,有悠久文化艺术传统,故亦称为艺术之城。当地接待委员会由学生文艺社团组成,在阿育王电影院有歌舞表演。不外善神与

---

① Mahendra Bir Bikram Shah(1920—1972),尼泊尔沙阿王朝第十任国王,1955—1972年在位,对中国友好,1961年曾访问中国。

恶神斗争,善神终于胜利。善神多黑面,戴面具,威严恐怖;恶神反为白脸,与中国戏剧中正面人物和反面人物恰恰倒换过来。我雍和宫中打鬼的舞蹈和音乐与此正是同一渊源。在远古时代,人类屈服于自然,雷电、水火、怪兽皆为神物。及人类征服自然,善恶形象倒换过来。其中一个舞蹈表现佛如何克服欲念以得到解脱。动作优美,音乐舞蹈和谐,思想性极强。是我昨天和今天所看过的最佳舞蹈。表演结束,我略致词表示感谢,并希望两国艺术家合作,相互学习,繁荣和发展两国艺术。

演出结束后参观名胜古迹,共游览下列各地:

1. 古代 Malla 王的宫室及婆罗门教大寺,皆在都巴广场(Durbar Square)。塔有木构,贴金饰,石建筑有各种形式。斗拱柱头窗棂,雕刻精美,或作人物,或作怪兽,或为飞禽龙蛇。一般寺门或宫殿门口,皆有石兽,左右各一。门上有铜环,与中国建筑装饰略同。佛像头部或身后光环及各种莲花云纹图案变化多样,皆极美丽。

2. 波德那特大塔(Bondhanth Stupa)相传为公元前三世纪时,阿育王所建的四大塔之一,形式略如我北海白塔。惟四方有巨眼,表示智慧。据云为世界最大之塔。

3. 旧王宫,石雕宗教故事精美,有浴池,周围以巨石镶嵌成图案,并有浮雕神像。

游览毕,访问手工纺织合作社。社长 Tulsi Mchar 为印度甘地的学生,生活俭朴、勤劳,令人起敬。现在已有一种半机械化的纺织机,比过去生产效率稍高。我国周总理访此时曾捐赠两万卢比。彼赠全团团员手织便帽和手巾。

午后 1 时出席尼泊尔计划发展部大臣纪兰将军(General Kiran Shumshuer)的宴会,彼为接待委员会主席,致词欢迎,表示友好。出席者有二王、三王及首相、外交大臣、文教大臣等政府高级官员。

晚 7 时,我潘自力大使举行酒会,出席者有:国王以下尼泊尔高级官员及印度大使、尼人民党主席、尼共总书记、尼泊尔大会党主席等。

## 6 月 16 日(星期日)

上午游览尼泊尔佛教圣山斯维雅布(Swayambhu)山,在加德满都北部,高出海面 5000 英尺。茂林苍天,种类繁多,亦称自然的植物公园。林中猿猴成群,并不避人。循石级登山,据云共 500 级。沿途佛塔、佛像雕刻精美,盖皆千百年来艺术巨匠的创作。山顶有大塔数座,其中一座为金塔,亦称斯维雅布金顶寺。登此可望加德满都全景,四山环绕,风景如画。山上有文物修建改进社(Swayambhu Improvement Society),负责人为解说:有史以前,佛在此植五色莲花。其后,文殊师利,自中国来此,开辟加德满都河谷。从此尼泊尔成为佛教名邦,文化发达。据云,释迦摩尼生前曾到此。故金顶寺与缅甸大金塔、锡兰 Shwarnmaty 大庙同为佛教三大名地。我国法显、玄奘亦曾游此,我国班禅亦曾在此建小寺。

当代表团参观游览到此时,寺中大小喇嘛多人,带面具、穿法衣,舞蹈歌唱,为表演佛魔斗争故事。我国周总理游此时,捐赠一万尼泊尔卢比。因对方希望有所表示,因捐赠一千卢比。

半山处有佛教小学，到此时，校长及教师致欢迎词，称中国发明造纸、印刷术，大有助于佛教推广；又称中印潘查希拉五项原则奠定国与国、人与人的新的关系的基础。该校学生皆七八岁、十岁左右，小学程度。为表演中尼友好歌舞等节目。此校为尼泊尔前任国王所倡办。我国周总理游此时，捐两万卢比，因亦捐两千卢比。

此外，游览山前、山后佛寺，绘画及雕刻皆精美。一部分类似敦煌风格，一部分类似西藏喇嘛塑像及绘画。盖以不同时代修建，并属不同教派，故风格各异。寺庙附近皆有住户，似神人杂居，僧人杂居，且亦人畜杂居。猿猴飞鸟来去自如，尚保持原始宗教遗迹。

午后应尼泊尔亚洲关系和世界事务协会（Council of Asia Relation and World Affairs）午宴。出席者有二王、三王、首相、文教大臣、外交大臣及尼泊尔各方面代表人物及协会会员二三百人。协会主席 Shumshuer 致欢迎词，称亚洲国家在世界事务中的作用，我致答词，强调中国、印度、尼泊尔团结及亚洲国家团结。

初步了解尼泊尔人民生活程度如下：

1. 官价 100 印度卢比折合 130 尼泊尔卢比（实际比价为 100 印度卢比折 200 尼泊尔卢比）；

2. 中小学教师月薪 100～150 尼泊尔卢比；

3. 大臣（部长）级官员待遇为月 3500 卢比；

4. 吃一顿饭约 7 卢比，1 卢比可买四个鸡蛋；

5. 农民或工人一对夫妇每月生活费 60 卢比（过去仅 10 卢比）。

晚上在 Singha Durbar Stage Hall 看尼著名诗人 Balakrishhna Sama 编导并上演的五幕剧 *Harita Tara*。内容叙述一千四百年前尼泊尔国王 Amshverma 时代，尼佛教文化繁盛，公主 Bhrikush，即后来的 Harita Tara，嫁给西藏的弃宗弄赞①（King Srong-son-Gomipo）并说服弃宗弄赞信仰佛教的故事（后来，弃宗弄赞复娶唐室文成公主，文成公主亦改信佛教）。故事甚美，其中塑造一个典型的佛教学者和高僧 Buddha Bhikshu Shilamanju 的形象，很成功，给人以甚深刻印象；同时穿插尼泊尔民歌舞蹈，烘托剧情，手法极佳。

**6 月 17 日（星期一）**

上午 9 时，在 Ranjana Cinema Hall 举行电影招待会。出席者有首相、外交大臣、文教大臣等高级官员及家属。放映周总理访问尼泊尔、尼泊尔首相访问中国、尼泊尔文化代表团访问中国的纪录片及《齐白石》、《欢乐的歌舞》等纪录片与一部故事片。效果甚佳。

午后 1 时，应商会（Traders Union）午宴。商会主席 Kashab Lad 致欢迎词，希望加强两国经济合作，特别是西藏与尼泊尔之间的交通贸易。我亦致答词，称亚洲国家应该团结合作，互相帮助，发展经济建设和文化建设，改变亚洲落后状态。宴会上，赠全团团员每人一顶尼泊尔民族帽子，称为多比（Dobe），黑色，略如土耳其人帽子，惟土耳其帽为圆顶，此帽为扁顶。

---

① 即松赞干布。

午后4时，妇女自愿服务社(Women's Voluntary Service)举行欢迎茶会。献花束、花鬘。人各异样，且有桃李等果树枝。社员着绿色披纱，有徽章。该社事业为办学校、生产、手工业等慈善救济性质。闻其为国际组织，可以容不同国籍妇女参加。本日到会者有二王夫人、首相夫人等。归时遇雨，天气转凉。

晚6:30，赴印度驻尼泊尔大使招待会。印度大使 Bhagwan Sahay 为一艺术家，使馆内陈列该大使所作绘画、雕刻等作品。彼为津津叙述为其老母画像并雕刻人像的经过，为工人、为老农妇画像的经过，故事动人。为所遇到的有思想、且有高贵善良心情的印度人之一。我开玩笑似的向他说，如果各国大使都为艺术家和诗人，世界将会更和平美好，走向更文明和进步。同时在我所希望的将来，有更美丽、和平、进步的世界，我相信所有的大使——如果那时还需要大使的话——亦必然都是艺术家和诗人。彼闻言大笑！谓这是高尚的理想，也是我们共同的理想。酒会上遇到尼泊尔驻联合国代表 Kaisher Bahadur，彼对中国、对中国和尼泊尔文化似有研究，有学者风度，并称极愿到中国访问。对老子、孔子亦略有认识。看过林语堂著作不少。有遇印度援助尼泊尔技术委员会主任 H. Lal，称中国对尼泊尔经济援助，印度对尼泊尔技术援助，说明三个近邻友好国家团结互助关系。惟其谈及工业建设、技术进步可以改变生活方式，但也会改变人性并破坏人类精神及文化生活。彼将工业技术和文化对立起来，意谓中国工业如发展或者破坏中国优秀丰富的传统文化或者走列强侵略的道路。我的看法与彼正相反，辩论颇热烈。印度大使本人则同意我的看法，因此，彼两人又有热烈争论。

晚8时，尼中友好协会欢迎晚宴。尼中友协会长 Bahadur 致欢迎词，我方中尼友协会长周建人致答谢词。会上有儿童表演民歌舞蹈。其中一个舞蹈表现人与恐怖、迫害、爱欲、乞怜斗争，终不屈服，其后得佛慈悲启示，得大解脱。这一舞蹈有极强的代表性，说明东方人虽然物质文化落后于西方，却有丰富、顽强、复杂、曲折的精神生活道路和精神生活内容。东方人，一般的和平、善良，有大智慧、大慈悲、大毅力的根性。将来工业技术发达以后，这一精神结合马列主义的思想，还要发扬光大，引导世界前进。

**6月18日（星期二）**

上午参观 Pashu Patinath，为印度教神庙。庙为金色方塔，塔前有巨大神牛亦为金铸，有金色巨斧，为神斩杀邪恶之武具。闻所奉者为湿婆神（Shiva）亦即喜马拉雅山的大神，为婆罗门教最大、最高之神。恒河之水发源自神之头部。庙前有圣河，信徒皆在此洗浴。死者在河边焚化，骨灰即投入河中。有修行者，穿豹皮、击小鼓喃喃念咒，如我巫人。周围有方塔甚多，据云为大僧徒埋葬骨灰处。有圣园，猿猴成群，早晚到庙前受人布施食物，故呼之即来，了不避人。Bondha Nath 为喇嘛教大塔，据云，一母嫁四夫，生四子，四子发愿：一为达赖，一为班禅。此为其三子所建塔，附近有小庙，供奉三子像，其左右为两妻，一为印度人，一为西藏人。此间主持喇嘛祖先为四川人，来此已经四代。能说英文。其子女亦在英国、印度等地读书。附近田庄归其所有，人民生活亦仰其布施，故在此间影响极大。其住屋陈设华丽，有中国瓷器、铜像、锦缎、刺绣，亦有日本瓷器。自称为喇嘛教住此代表。每年藏人来此朝圣者数千人。闻周总理访尼泊尔到此处时曾捐赠三万尼泊尔卢比，因亦捐赠两千卢比。

午后4时，中国尼泊尔两国手工艺美术展览开幕。我国展品少而精。尼泊尔木刻、印花图案及雕刻、金银镶嵌细工极精美，有很高水平，尤以金属及石雕佛像为最。

晚8时，看此间文化社（Cultural Association）所组织的民间古典歌舞表演。一般以音乐及歌唱伴奏，舞姿变化，风格甚美，尤以手的美丽动作和脚铃的和声，有特殊的效果。其中一种古典舞，据云为64种艺术之综合表现，如铃、鼓、手、足、头、眼及装饰等等。

归后10时，与潘自力大使、马秘书、方秘书及张亦桦、钟兆榕讨论前一阶段工作的初步小结。一般是成功的，收获很大。略有缺点，如专业活动不够，需下阶段加以注意。

关于湿婆神（Shiva）：

在尼泊尔，除少数佛教寺庙、佛塔以外，随处可见婆罗门教的神庙。一般都雕刻精美，装饰华丽。居民中亦似以婆罗门教教徒为最多。在印度，特别是在北印度，以伊斯兰教入侵，婆罗门教寺庙遭受破坏。在尼泊尔则以伊斯兰教势力没有达到此地。因此，婆罗门教寺庙文物、古迹绝大多数被完整地保存下来。婆罗门教为一种多神教，且崇拜自然生物，如石、如树、如泉水、如牛、如猴等。惟最大的三位大神为婆罗门（Brahman）、毗湿奴（Vishnu）及湿婆神（Shiva）。在尼泊尔，则以湿婆神最受崇拜，相当于希腊的宙比特（Jupiter），不知是否由希腊的宙比特转化而来。又据说，湿婆神为喜马拉雅山之神，恒河之水自其头部流出，故恒河亦为圣水。湿婆神还掌管人类的新生、保存和毁灭。在尼泊尔政府的戏剧厅（Singha dyrbar Stage Hall）的台口上面，见其画像：三眼四手，着虎皮围裙，一手执斧，一手执手鼓。左为其妻巴尔娃蒂神，主管繁荣富庶；右为其子伽尼湿神，为象首人身，有四手，管权力和成功。据神话传说，湿婆神误斩其子之头，其妻哭诉争吵，要其赔偿，因许以所遇见的第一种动物的头为其子的头。所遇见者适为巨象，因斩象头为其子的头。对这三位神的崇拜，在尼泊尔似极普遍，在印度亦然。在印度，且以湿婆神为光明、善良、智慧及音乐舞蹈之神。故神像踏一象征邪恶的人形，作欢乐优美飞舞姿。当是一种神随时代、随地方、随民族而有所变化。在中国，小乘佛教亦不难觅出其痕迹。湿婆神等三神役使的动物，左为狮子，右为神牛。湿婆神头发上有月亮，有眼镜蛇昂首向前；颈上亦有两蛇围绕，作为装饰。这是反映人类与毒蛇猛兽斗争时期的宗教，到佛教时代，则人类战胜，理性生长，故慈悲平等，显得进步合理。

**6月19日（星期三）**

上午10时，潘自力大使及马秘书飞巴特那转德里。全团人员赴机场送行。

晤尼泊尔大会党主席 B. P. Koirala。

游览 Bhaktapur，意即巴克达城堡，pur 即城堡之意。加德满都为喜马拉雅山脉南麓一个盆地，直径约四十英里，四面环山，惟南面有一缺口，即神话所谓文殊师利劈山泄水露出陆地，使宜于居住耕种。盆地中有三大城市：一为拉里特城堡（Lalitpur），建

1957 年 6 月,在加德满都的古迹拉里特城堡参观

成最古,文化建筑名胜古迹最多,亦称美丽之城或艺术之城;二即为今日游览的巴克达城堡,历史次于前者,亦为文化古城,有古王宫及古神庙,建筑雕刻精美,居民虔信宗教,亦称虔信之城;其三为加德满都,相传公元 723 年时,古那加玛德瓦大王定都于此,称为坎提坡尔,意即光荣之城。至 1593 年,在城市中心建加德满都就因寺——意即独木寺,盖以一巨树木材建筑而成,以祭祀猴神哈努曼,至今,该寺尚巍然存在,城市因独木成寺,因此得名为加德满都。

当参观巴克达城堡时,群众夹道欢迎,手执旗帜,并纷纷献花,欢呼:“中尼人民是兄弟!”市委员会主席萨杨加(Sayenja)出面主持招待,吃此间最有名的酸牛奶:色白,半液体,如豆腐脑,极可口。广场上有民间歌舞表演,有爱情歌曲和舞蹈,亦有关于人民生活的歌舞。惟重要者,则为神与恶魔的斗争,狮虎野兽及群猴助战。皆戴面具化妆,狮虎舞姿已略如中国。表演结束后,参观旧王宫,宫门为铜叶雕铸,极精;人物鸟兽栩栩如生。据云为此间奇迹之一。入内,棂柱上雕刻各种神像,或飞、或走,或坐、或立,姿态各异。墙上石雕像尤精,可分为两部分:一为湿婆神的各种化身;另一为湿婆神之妻即 Paravati 女神像,据云有九种化身。

参观印度教神庙奈耶达波拉寺,建于 1703 年,是尼泊尔木构建筑中最好的范例。庙为塔形,共五层,方形,有飞檐,极美丽。棂柱及斗拱亦有雕刻。五层的每一层在石阶两旁有一对巨大石雕,第一层为巨人,第二层为白象,第三层为狮子,第四层为挤嘴神,略如中国的雷神,第五层则为另外一种神。据云愈上层则神通愈大。

市中心有两座石塔,方形,斜上,雕镂极精,与佛教塔俨然不同。有石柱二,一在王宫前,上有国王铜铸坐像;一在庙前,上有鸟神石像,人形有翼,闻可佑人随心所欲,可到任何地方。

午后 5 时,参观高级中学(Shanti Nikunj Vidylay _ Co educational High School),为 1945 年创办,对于推翻拉纳(Rana)家族政权曾起作用。故 1951 年拉纳政权被推翻后,即加大扩充,共收容男女学生由三年级到十年级,共 900 多人。校址为上届国王所捐赠。学生除基本课程外,男生有军事训练,女生有手工美术等功课。本日,学生献礼并作歌舞游戏等表演,极热情。校长致欢迎词,我亦致答词,祝贺学生学习进步,希望中尼两国青年学生加强友谊和亲密合作。

晚 9 时,草场广场盛大歌舞演出。出席者:国王夫妇、首相、外交大臣、文教大臣及各方面的代表性人物约数百人。舞台以山势、流泉、水田做不同布置。根据音乐演奏及灯光明灭,表演者从四面八方缓缓歌舞而来，集中一地，后又退入树林深处作为终场。纯以大自然环境作为舞台，观众则随不同性质及不同方面的表演移动座位。本日的表演有十个节目。有关于爱情的优美歌舞和想象，如情人在莲花中歌唱以及情人歌舞后双双循山而上，表示升入天堂。而更重要者为表现劳动人民的生活、工作和感情。生活与艺术打成一片，社会与舞台打成一片。如表现放牧男女欢爱，随见牛羊满山，飞虫咬脚，人声噪杂，最后则是队队男女歌舞。表演农村婚嫁则茅屋村舍，夫家送来妆奁，女家边歌唱边挑选。由牛马到草索，由新装到耳鼻金银饰品，样样备全后，由女家将新娘背上一种人抬的绳床，盖以红布，吹打歌舞，抬到夫家。表演农民耕作，女演员双足踏水田中，边栽秧，边歌唱；男演员在田埂上边操作，边歌唱，最后则洗手吃饭。人散去后，仅剩下青年男女在农场歌舞。

这使我回忆到幼年时在文山[①]家乡所看过连台目莲戏或唐王游地府等戏目，小鬼从戏台附近人家屋上、墙上，边舞蹈，边凄叫着跑出来。表演结婚，则全部仪仗乐队与新郎、新娘、花轿满街游行，这时整个社会已成为舞台，观众亦是戏剧中人。今晚演出后，代表团中一演员反映：今晚婚礼宾客中有国王、首相、外宾云云。可知艺术与生活、社会与舞台打成一片，这正是古代劳动人民戏剧艺术的重要特点。其余舞蹈歌唱亦健康，毫无神秘和颓唐、浮靡气氛。看后，兴奋满意，因向全体演员献花、合影，并向国王表示感谢！国王亦称要让我们看到真正尼泊尔人民的生

---

① 楚图南原籍云南文山。

活风俗和艺术。

### 6月20日(星期四)

上午游览由加德满都到Bhaial的公路。据云,根据科伦坡援助计划,由印度工程师负责修建。公路曲折上下,经过重重山岭,然后接火车站,通到印度的巴特那。为尼泊尔—印度交通要道。全长72英里,而直线距离仅25英里,其工程艰巨可知。公路最高处达5000英尺。在公路上可隐约看到喜马拉雅山雪峰;其余时间则高岩绝峰蜿蜒磅礴,其上天际绝边,白云霭霭,徒供人遐想。本日陪游者,有纪兰(Kiran)将军及印度总工程师V. U. Ruthinnaswamy,在中途Shobian地方午餐。沿途风景雄壮伟丽。绿树清泉,疑为仙境。且空气透明澄澈,纵目远眺,直可看到天边重重高山和喜马拉雅山的皎白如银的一线雪峰。

3时许归来。车中与尼泊尔礼宾司长Prakma Singh谈话,彼说及尼泊尔文字,称尼泊尔文与印地文同出于古梵文,亦如欧洲英、法、德、西班牙各国文字同出于古拉丁文。尼泊尔文与印地文极相近,字母相同,有母音15,子音38,惟读音略有不同,语言不同而已;另有尼瓦尔文,为另外一个语系。尼泊尔许多古建筑物上的雕刻文字,多半是尼瓦尔文,其来源甚古,现尚通行。另外还有乌尔都文,其书写与阿拉伯文相同,流行于与印度接近的地方。又说到男妇额心的红痣,称为Dika,中国称为“吉祥痣”。在妇女,则表示已婚;惟未婚者亦可点红痣,且可作多种花样,如长方形、三角形、六角形等,还可以用金色。寡妇则不许点红痣,且不许带首饰。男子点红痣则表示神的祝福。婆罗门教信徒则以黄色横画额心，另一种教派则在额心做直画，两种教派均做成长方形，不做圆点。又说到：尼泊尔文“加德”意即木构，“满都”意即寺庙，以加德满都有木构神庙，为一棵大树的木料所建成。为典型的尼泊尔建筑（略如日本的法隆寺，是代表日本民族建筑的典型一样），且雕刻精美，加德满都以此得名。

午后3时抵招待所休息。

晚7:30看梵文学院学生以梵文（Sanskrit）演出的古典戏剧*Chanda Kanshika*。内容叙述：五世纪时，国王Chanda Kanshika营救三位艺术女神，自己出卖王国，出卖自身及妻子。最后，其子且为毒蛇咬死，无钱安葬。经大困苦、大悲哀的考验，而仍正直行善不倦，率得佛力挽救，其子复活，夫妇团圆，恢复王位，得一切善果。故事动人，结构略如《沙恭达罗》[1]，而主题内容则各有特点，《沙恭达罗》为爱情诗剧，此为叙述经历苦行考验，富有教育意义。

是日，张亦桦患扁桃腺炎，卧病。

### 6月21日（星期五）

上午9时，参观孤儿院，为全国性组织。周总理来时曾捐赠两万尼泊尔卢比，因此，亦捐一千卢比。该院管理委员Dali主持欢迎会并赠礼，殷勤引导参观。

10时，参观博物馆。馆长Chandra Man Maskay为解说，内容大约分两部分，一为兵器：各种形式的刀剑及枪炮。以前者变化

---

① 印度剧作家迦梨陀娑的七幕诗剧。叙述写静修林女子沙恭达罗与国王豆扇陀的恋爱故事。

多，富有民族特点。尼泊尔的廓尔喀人以勇敢善战著名，故特产刀剑等兵器，各种徽章亦多为双刀或双叉作为标志，并以精巧的尼泊尔刀形别针作为装饰品，可知其社会风尚。刀形种类之多是我看到的第一个国家。过去的枪炮，有一种枪有四筒，可以四弹齐发。有一种炮弹头，有一利锥及四柄钢刀，亦为平生所仅见。又有一种皮炮，据云掳自西藏，亦为一种奇特兵器。另一部分为金石及木雕宗教神像。种类形式至为复杂，亦最精美。盖婆罗门教为多神教，每一神又有多种化身，故神像遂有多种形式：或美好如女子，或狰狞如恶兽、如夜叉，或袒胸露背。俨如人形，或三头四头，多手多足多眼。亦有作鸟兽头面，或有双翼，形类之多，想象亦极丰富。有绘画或绘神佛故事，或绘佛国仙境，与我西藏绘画，乃至唐人宗教绘画，纯然一个画派。朱红、青绿颜色及细线勾勒，亦完全相同。其中有两幅女神像，一为白面，一为青面，风格极美。据云，即唐吐蕃弃宗弄赞两妻，一为文成公主，一为尼泊尔公主。以两人俱虔信佛教，故死后皆为女神。在标本室看到尼泊尔各种动物标本，其中一种白鸦，可见“天下乌鸦一般黑”未必成为真理。

午后4时，应尼泊尔 J. B. R. Kaiser Shumshuer 元帅邀请参加茶话会，并参观其所收藏图书、古物，据云，为尼泊尔第一大收藏家。有外文版关于中国著作至多。尼瓦尔文、梵文经典神话故事亦不少，当为尼泊尔古代历史的重要资料。又藏有欧洲名画，乃至慈禧、光绪画像照片，象牙、犀角及世界最大虎皮；亦有中国广东木雕屏风，尼泊尔木雕门上的横眉。皆为精品。彼已68岁，闻为前首相之子，属拉纳家族，思想比较开明，倾向民主。故政权变化后，其兄弟皆已流亡国外，彼仍留在加德满都，对一切进步事业多所协助。

晚9时，中国代表团舞蹈家及歌唱家与女子学院(Padma Kanya Collje)学生在政府戏剧厅联合演出。出席者有国王夫妇、二王夫妇及首相、文教大臣等政府高级官员及社会各方面代表人物。情绪热烈。

是日，张亦桦病愈。

### 6月22日(星期六)

本日为尼泊尔国王36岁诞辰。上午9时尼首相阿查里雅举行电影招待会，放映尼修筑通往印度公路、尼国王访问印度及尼国王加冕等三部电影。放映前，首相致词，称颂在国王统治下，各方面建设成就。印度大使、英国代办亦相继致祝词。英代办称，在国王统治下，民主扩大，建设进步。我亦致祝国王长寿、王国人民幸福繁荣。

午后3时，尼文教大臣夏尔马组织民间器乐演奏及民间歌舞招待代表团。各种乐器大体同印度。一盲音乐家Ganesh Lel Shrast击鼓，十余鼓罗列，其两手飞舞，拍击发出优美而又雄壮的和音，如金石丝竹各种乐器同时演奏，可称绝技。闻周总理访问尼泊尔时，彼亦演奏，颇蒙欣赏，彼感念不忘。今日并托代表团致函向周总理问候。另有两青年女歌唱家，一为Tara Devi，一为Koili Pevi，唱尼泊尔民歌，歌声甜美。一种民间乐器以碗盛水，敲击碗边发出声音，以盛水多少而音响不同。据夏尔马言，此乐器来自中国，惟在中国，碗仅十一二只，到此则有碗十八只，似又有发展。表演完毕，尼艺术家以尼泊尔最典型的、在民间最流行的、几乎每家必有的一种乐器名“沙朗”（Sarangi）赠代表团，并附诗一首，作为纪念。诗歌作者 Dharmaraj Thapa 为尼泊尔文化社社员。诗歌题为《你勿忘此沙朗》（*Forget you not this Sarangi*）。尼泊尔一般都喜欢作诗，所到地方，都有诗篇歌唱，表示欢迎。今日演奏的乐曲中，据夏尔马云，亦有不少为国王所作乐章。疑这与梵呗[①]有关。故作诗传颂亦成美好风气。Sarangi 形略同 Violin，惟显得古朴，声音如中国二胡，另有一种韵味。

晚 7:30，王后举行酒会庆祝国王诞辰，到尼泊尔文武官员，皆礼服佩戴勋章；另有印度、英国使节及我代表团。其仪仗卫队，红衣黑帽，执长戟，略如印度，皆受英国的影响。

**6 月 23 日（星期日）**

上午雨天，原定参观计划取消。尼泊尔驻联合国代表（兼任尼文教部副秘书长）Kaisher Bahadur 来谈有关中尼历史、文化有关诸问题。彼对中国历史、文化颇有研究，曾读过不少意大利汉学家 G. Tucci 所著有关中国问题的著作，并留下有关尼泊尔及中国的书籍名称如下[②]，并留下其通讯地址。

晚 9 时，代表团歌舞演员与尼泊尔艺术家在露天广场联合演

---

① 梵呗为中国佛教音乐的原声，据云源于印度，即僧人诵经声音。

② 以下为 K. Bahadur 所赠送的有关中国和尼泊尔及其文化交往的英文书 14 册的书名及作者，此处从略。据楚图南同志的秘书沈愈记述，其中一种由意大利汉学家 G. Tucci 所著书，已经由意大利朋友赠送楚图南，并由楚图南转送北京图书馆。

出。尼方演出男女山歌对唱、荡秋千、农民土风舞等三个节目。出席者有尼外交大臣、文教大臣、交通大臣及计划发展大臣等高级官员及印英国使馆人员。

**6月24日(星期一)**

上午9时,赴加德满都东北参观毗湿奴(Vishnu)古庙。庙已破旧,院中有巨大菩提树,树下有一水池,池中心,以巨石雕刻九条大蛇盘曲如床,毗湿奴神像即仰卧在蛇床上。闻,每年5月11日为节日,全国朝拜,香火极盛。是日,游者不论男女纷纷向神像足趾顶礼,并以圣水洒头,以朱红或檀香粉点额,以神像身边花草簪发或佩戴,谓可祛邪得福。可知尼人民对于毗湿奴神信仰至深和普遍。据云,尼泊尔河谷时代为蛇王统治,人不能居,毗湿奴战胜蛇王,其子并与蛇王联婚。又云,尼泊尔历代国王皆为毗湿奴化身。但国王却不能来此。据云有一国王来此,忽梦神人谴责,故以后国王禁止来此。

11时,应邀出席尼泊尔作家协会的招待会。出席者有文教大臣、交通大臣及Kiran将军、英国代办,印度使馆文化专员Shuman博士亦出席,其余为尼泊尔文艺界人士约百余人。首先由作家协会主席、老诗人Lokh Nath Pandyalya(须发皓白,据云为尼泊尔桂冠诗人)致欢迎词,并由尼艺术家演奏民乐、唱古典歌曲。其中有一首歌,据云是六世纪(约我唐代)流传下来。所用乐器,有三种,大型弦乐,一为Sidae,一为Bina,一为Danpura。颇别致,亦精美。演奏毕,文艺界各赠送所著小说、诗歌及绘画。其中,博物馆馆长Maskay根据传说绘画(即在Shumshuer元帅家中所见者）所临摹的唐文成公主像，颇精致美丽。公主像白皙姣好，坐莲花宝座，手足各有两眼，额心一眼，共七眼，表示智慧。盖文成公主后来信奉佛教，故死后，西藏及尼泊尔一带地方对于文成公主皆作为菩萨供奉。但主要仍因文成公主乃是弃宗弄赞王后的缘故。古代尼泊尔、西藏地方即以国王、教主为神的化身，故王后亦成为神或菩萨。对佛教的贡献，佛灭后，当以玄奘为第一人。佛为菩萨，玄奘为法师，可知其原因所在。聚会赠礼毕，中尼作家互有诗歌朗诵。印度文化专员 Shuman，闻为文学博士，亦朗诵诗歌，欢迎文化代表团，并称三条河川汇合的地方，必是圣地，中国、印度、尼泊尔的友谊团结也是力量。其言颇得体，意义也深刻。

午后 4 时，应邀出席尼泊尔对拉萨商会（Nepalese Chamber of Commerce）的茶会招待会，该会主席 Gyam Ralna Tuladhar 致欢迎词并献礼。我亦致答词，称颂中尼友谊，并表示中国人民促进两国文化关系和经济关系的愿望，而两者都有广阔的前途。出席者有财政大臣、交通大臣及文教大臣、纪兰将军、Shumshuer 元帅及尼中友协会长 Bahadur 等百余人。

午后 6 时，访问二王并赠礼。今日得知国王于 22 日，即诞辰日成立“尼泊尔文学艺术学院”并任院长，文教大臣为副院长，学院任务是发展本国文学艺术并与外国进行文化交流工作。这是我们访问后，尼泊尔文化工作的一重大措施。

晚 7:30，尼泊尔民间歌舞演出。载歌载舞，丰富多彩，且配以手鼓等民间乐器及舞蹈时脚铃的响声，节奏轻快活泼，有时亦雄壮有力。尼泊尔亦多民族国家，各民族服装因东部、西部、山

1957年6月，在尼泊尔首都加德满都，当地作家协会举行的招待会上

区、平原各有特点。歌舞中，歌唱舞蹈相竞赛，争胜负，因以赢得爱情。可以看出青年活泼、幸福的浪漫生活。有一歌舞，题为“可爱的两件东西”，一是手鼓，尼泊尔称为曼达尔（Madal），击鼓可以歌舞欢乐，使人生美丽。一是弯刀，尼泊尔语为卡古里（Khukuri），为尼泊尔特有的武器，几乎家家必有，人人会用。青壮年出门，一般都以弯刀别于腰间。弯刀可以杀敌作战，砍伐林木，创造生活。歌舞时，一面指点着手鼓和弯刀，同时表现和平快乐和坚强勇敢的两种气氛和两种感情。这一歌舞充分地表现了尼泊尔人民的性格，也深刻地说明了尼泊尔人民生活和工作的最典型特点。

6 月 25 日(星期二)

上午参观国家图书馆。藏梵文、尼瓦尔文贝叶古经、古史、神话资料甚多。这是尼泊尔古史的宝库,尚须整理翻译,供诸世人。贝叶一说为棕榈叶,英文作 Palm,梵文与此相近。唐音读 Pa 为“贝”,故称贝叶。贝叶经皆用竹笔书写,楷书工整。每页并附有精致美丽的插图,纤细如毫发,且颜色鲜艳,了不褪色或变色。闻以蛋清生粉、石绿等颜料作画,故能如此。最古的贝叶经在 1800 年前,即二三世纪成书,在法显、玄奘西游之前。法显、玄奘取回的佛经,即这一类贝叶佛经。待中国造纸术传入,始改用纸。惟仍保持贝叶形式:长条加宽,连贯成册,最后成为经卷装帧,并大量印刷。佛教文化之保存和流行,至此发生一大革命。故造纸及印刷术对于佛教文化的传播(包括其他文化的发展和传播)有着重要的、决定性的意义。在此见到梵文贝叶书最早为 1800 年前,尼瓦尔文贝叶书最早为 800 年前。又见到梵文书写的“Ramayana”①。见到 400 年前用梵文书写的纸本《罗摩衍那》,插图,皆精美。为所仅见。可知《罗摩衍那》在尼泊尔和印度一带流传普遍和被重视。另外有全部藏文佛经及国民党政府时代所赠送的书籍:《总理遗教》及殿版《廿四史》、诸子及《全上

① 中文译名为《罗摩衍那》,和另一部更长的史诗《摩诃婆罗多》是印度文化的基础,对印度文学、宗教的发展有相当大的作用,其内容主要讲述拘萨罗国王子罗摩(Rama)和他妻子悉多(Sita)的故事。

古三代秦汉三国六朝文钞》[1]，亦为馆中重要藏书。

参观谦德拉学院（Tri Chandra College），谦德拉为前国王名，创办于1918年，有学生1100人，有文理各科，据云为此间最大、最古老的学校。参观其教室、实验室、图书馆。盖已发展成大学校规模。学生热烈欢迎，并有歌舞话剧表演。惟以时间限制，表演未能全部看完。

参观教育学院亦有欢迎会并赠礼。校长说扫盲班，达到能读、能写的标准，约需120小时，即每周5小时，需6个月可以扫除一个文盲。我国扫盲则需要400小时，工人达2000个常用字标准，每周5小时，需时5年；农民达到1500个常用字标准，每天2小时，需2个或3个冬闲。可知汉字难认、难学的程度。

参观故王宫，宫门口石柱上有猴王像，故亦称猴王宫。为1640年由国王Jaya Pratap所建。铜门镀金，上有神像，如我居庸关。惟居庸关朴素威严，此处则精致、美丽、豪华。风格类似，但各有特点。入内有大院，院内有方形石坛，为现任国王加冕处。廊下有宝座，为国王接见大臣或各国使节呈递国书处。院内四围门窗、斗拱皆雕刻精致华丽。神像除面目端正美好者外，亦有各种狰狞状貌，作怪异兽形。如一毗湿奴神即作黑面猿嘴，将一人形横置于膝上，剖心挖肝。并有神魔战争、神灵获胜的雕刻多幅。又有露天浴池，作美丽图案。周围皆精雕各种神像，并有毗湿奴像。有五层园亭，略如我天坛。又有神庙，有国王逝世后停

[1] 《全上古三代秦汉三国六朝文钞》，是中国唐代以前文章总集，严可均（1762—1843）编，共七百四十六卷。

1957年6月，在加德满都，尼泊尔王宫，马亨德拉国王与楚图南交谈

尸处。亦有石幢，甚高。石幢下面有石龟。据云，石龟负重，大地亦负龟背，故以龟负石幢云。不知是否与中国赑屃①有关。故王宫全部建筑雕刻皆充分表现尼泊尔特有的风格。虽规模不如我故宫，然雕刻充满神灵故事，当是尼泊尔重要故建筑之一。宫门墙外有国王 Jaya Pratap Malla 所书17种文字的石刻。据云，该国王颇博识文，但17种文字，除少数外，大部分无人能知。

访首相，告别。并访纪兰将军、Shumshuer 元帅，并赠礼。Shumshuer 元帅以梵文尼泊尔历史文学书籍相赠，其中有梵文"*Mahayana*"(《大乘佛教》)一本。Shumshuer 元帅又出示其藏书，其中一本英文的尼泊尔历史，上载清帝封尼泊尔王为"统领

① 音 bixi，传说中的动物，形状类龟。旧时，大石碑底座多以赑屃负重。

兵马果敢王衔”;书中还有 Shumshur 元帅的父亲穿戴清帝所赐的双眼花翎及彩绣蟒袍的照片。此当为中尼一段历史关系的重要史料。

晚,举行招待会,到国王、王后,二王夫妇、首相,各部大臣,将军、元帅,印度大使及使馆官员,英国代办、秘书,及尼泊尔共产党总书记、人民党主席、大会党主席,尼中友协会长及各社会团体代表人物约 400 人。会上并表演我艺术家所学唱尼泊尔歌曲和舞蹈,颇受欢迎。国王谈话,称亚洲国家团结起来,发展亚洲人民文化已是时候。会后,国王、王后、首相等并参观尼中工艺美术展览。

### 6 月 26 日(星期三)

上午 9 时,首相来访,谈约一小时,称尼泊尔为多民族国家,有人有狭隘民族主义思想,统一困难。尼与中、苏友好,国内亦有人反对。尼文化落后,人民无知识,容易受外力操纵,工作困难,不如中国有长期民主革命历史,统一事业和建设工作容易发展。又云,尼处在两个大国之间,中国对尼真诚友好,平等互助,但对印度颇有微词。又云,尼绝不会做损害北面邻邦即中国的事情。请转告毛主席和周总理,并向毛主席、周总理问候,向宋庆龄副委员长问候。

又访外交部大臣,亦云,尼有外国势力,排除不易。亚洲国家必须合作发展亚洲国家的独立、自由和繁荣进步。

访文教大臣夏尔马,态度友好,谈笑亦甚欢洽。并以木雕小盒赠送,作为纪念。

归时，经市中心 Dhara Hara 塔，亦称 Bhimsn's Folio，为全市最高建筑物。据云为1816年战胜英国东印度公司的纪念建筑。英国没有完全统治尼泊尔。与此战有关。

12时，Shumshur 元帅来访，赠镀金小铜佛作为纪念。

车中与尼礼宾司司长闲谈，彼称：U. S. O. M（United States Origanation Mession——为美国援助尼泊尔技术计划机构），机构庞大，共有百余美国人；所谓美援，大部分被他们吃光。年受援只是有名无实云云。

晚7:30，文教大臣夏尔马举行送别招待会，出席者：国王、王后、二王夫妇、首相及各部大臣、各党派领袖、印度大使、英国代办及社会团体、文化艺术界代办人物约300人。会上有表演。其中一项为千余人组成的迎神行列，略如我国迎神赛会。有各种杂要，各种歌唱，各种器乐演奏。男妇追随狂欢，俨如盛大节日。最后则为宝盖神像。据云，平时迎神行列可长达一英里。本日则为演习式组织，所迎神即为文殊师利，即传说中开辟河谷，使加德满都可以居人者，故尼人每年有节日纪念。今日的表演对加强中尼友谊尤有极大意义。另有东部艺术队（Katal Mondis）演出五个节目，歌舞水平俱高，盖已经过加工，服装亦属新制。内容富于尼泊尔人民勇敢、进取、欢乐和虔信神佛的民族特色。表演毕，举行宴会，与国王、王后、首相等人同席。谈两国悠久文化历史关系和深厚友谊，应在新基础上巩固发展。夏尔马致欢送词，一再称中尼两国人民兄弟友谊；我亦答词致谢，并表明中国人民对尼泊尔人民友好的真诚愿望。会后，夏尔马并赠送我团在尼活动的全部照片及我所有讲话的全部录音。对于我团的招待隆重热烈,可以说达到高潮,亦似动员了最大力量。

### 6 月 27 日(星期四)

上午 9 时,离开加德满都飞加尔各答。机场有群众欢送,旗帜、鲜花亦极热烈。到机场者有文教大臣、交通运输大臣、纪兰将军及共产党主席、友协会长、文化界知名人士约百余人。文教大臣夏尔马致欢送词。我亦致答词,称:即将离开这美丽、热情难忘的国家,并向这个国家的国王、政府和人民表示我们的谢意和敬意!并祝两国人民幸福繁荣,两国文化昌盛,两国人民友谊万古长青。10:30 飞机在掌声中起飞,遂离别了这美丽的山国和热情好客的人民。然在机上,仍见地面上旗帜摇动,及远处天边喜马拉雅山银峰重叠,连成一片,给人以雄伟奇丽的最后一个印象,访问尼泊尔工作至此告一段落。

11:30 抵印度境巴特那,飞机在此加油,并办理入境手续。机场过磅为 136 磅,似体重略有减轻,来时为 142 磅。

12:30 飞机继续起飞,一路皆大平原,川流纵横,农村田舍,星罗棋布,似为印度最富庶的地区。午后 3 时,抵加尔各答,值大雨,马路积水未退。我驻加尔各答领事馆李华农同志来接。据云,印度雨季已经开始,天气转凉。雨季时期为每年 6 月后半月至 10 月后半月,约四个月。住 Grand Hotel。

一小时后印度《甘露市场报》(*Amrite Bajar Patrika*)记者来访,谈访问尼泊尔观感及中国文字改革。同时中国新闻记者亦来采访。两人皆常任侠旅印度时的学生,为广东籍印度侨生。

### 6 月 28 日(星期五)

上午参观动物园和植物园。动物园有犀牛两只,闻来自尼泊尔,据云,犀牛粗犷力大,不易捕获。植物园有大榕树(Banyan Tree)分枝入地,形成一大树林,其枝干连接共 947 根,占地周围 1328 英尺,为世界上最大的树木。

午后在旅馆看《人民日报》,知国内民主党派亦开始整风。主要为整掉“反社会主义、反党、反人民民主专政”的思想。

晚,我住加尔各答总领事陆曦[①]同志来访。说到印度宗教的影响,如每年毒蛇咬死人不少,但人仍崇拜蛇神,甚至电影亦有作此宣传者。又,生产方面,特别是农业生产方面效率不高。又东巴[②]流入难民约七八十万,如何安置亦是一大问题。

### 6 月 29 日(星期六)

清晨 1 时,周建人等 9 位同志先行飞仰光。

与常任侠到维多利亚纪念堂散步。纪念堂为大理石建成,规模宏大,雕刻精美,与泰姬陵为另一种风格。泰姬陵可作为伊斯兰教文化全盛时代的代表性建筑;维多利亚纪念堂则为资本主义全盛时期,特别是帝国主义、殖民主义扩张时期的有代表性的建筑。

晚,使馆方秘书来谈使馆对尼泊尔及印度的文化工作,又谈

---

① 陆曦(1906—1998),曾任外交部领事司副司长,后任北京外国语学院副院长。

② 即东巴基斯坦,该地区原为英属印度的一个省,1947 年印巴分治后,属巴基斯坦,称为东巴基斯坦。1971 年,脱离巴基斯坦,成立孟加拉人民共和国。

及尼泊尔教育情况：

高等学校9所，学生数千人；

中等学校60所，学生约万余人；

小学500所，学生约十万人；

梵文学校275所，学生约千余人；

社会文化团体约24个。

午后参观印度博物馆，收藏古物极丰富，石刻神佛雕刻占最重要部分。并有大秦景教流行中国时的碑刻及我国宋代俗人在印度所刻存的一块石碑。

晚，看印度电影《印地雅小姐》(*Miss India*)，上半部分尚有思想，下半部则明显胡闹。

**6月30日(星期日)**

与常任侠逛旧书摊，买《天方夜谭》一本，有木刻插画。

阅报，载我李先念副总理在人大所做预算报告，其中有几个重要数字如下：

1. 1956年总收入297.50亿元，其中有10亿元为上年结余。全部支出为305.74亿元；

2. 国防支出所占比例，由上年总支出的20%，减为1957年的18.85%，较1955年减6%；

3. 对外援助，1957年较上年增加25.71%；

4. 用于经济、文化教育、福利建设占总支出的63.22%；

5. 1957 年总收入为 292. 22 亿元,较上年增 1. 91% ,支出较上年增加 4. 14% ;

6. 1957 年行政费较上年减 8% 。

## 7 月 1 日(星期一)

今日为党成立 36 周年纪念。

午前 9 时,由加尔各答飞仰光,中途经东巴基斯坦首府达卡(Dacca),停一小时继续起飞,值风雨大雾,飞机颇有颠簸。午后 1:30 抵仰光。使馆李秘书来接,住滨海饭店(Strand Hotel),在此晤巴西亚马多[①]夫妇及智利聂鲁达[②]夫妇,相见甚欢。彼等应邀访问中国,以行李稽延,在此滞留。

晚,郑之禾(缅甸侨领,楚图南的老朋友)同志来谈,并托带参须一包给邓初老[③]。

## 7 月 2 日(星期二)

周建人等 12 人飞昆明。《人民报》记者陈平山、李军、杜正平、叶同志(皆进步华侨,当时在仰光《人民报》工作)等来约赴小镇吃典型的缅甸小吃。晚陈澧、周禾书两同志来谈,在乐群酒

---

① Joyge Amado(1912—2001),巴西著名作家及社会活动家,楚图南的朋友,曾多次互访。

② Pablo Neluda(1904—1973),智利著名作家及社会活动家,1971 年诺贝尔文学奖获得者,楚图南多年朋友,曾多次互访。

③ 邓初民(1889—1981),著名社会科学家,中国民主政团同盟发起人之一,后任民盟中央副主席。

家，吃中国餐，广东口味，较旅馆价廉。

### 7月3日(星期三)

阴雨。聂鲁达夫妇、亚马多夫妇虽行李仍留在加尔各答，尚未取来，已决定明日和代表团一道飞昆明。

### 7月4日(星期四)

乘我民航机返昆明。同行者，聂鲁达、亚马多夫妇等四人及文化代表团七位同志。中间经曼德勒停机加油。计在空中飞行四小时，于北京时间午后6时平安抵昆明。风光明媚，花鸟亲人，顿使人有清新亲切的感觉。来接者有袁勃①、赵诚伯②、杨明③诸同志。住翠湖宾馆。

### 7月5日(星期五)

上下午开始讨论中国文化代表团访问尼泊尔的工作总结。

晚看滇剧《青梅》，故事动人，表演亦细致。散戏后并与万象

---

① 袁勃(1911—1967)，时任中共云南省委宣传部副部长，《云南日报》社长。

② 赵诚伯(1888—1968)，早年毕业于云南讲武堂后投身军界，1949年参加云南和平起义。时任中国人民保卫世界和平委员会云南分会副主席，楚图南旧友。

③ 杨明(1919—2005)，云南白族戏剧艺术家，时任云南省文化局副局长，后任民盟中央常委，全国人大副秘书长。楚图南的老朋友。

贞[1]、彭国珍[2]等诸位演员晤谈，略致勉励。

### 7月6日(星期六)

上午，陆万美[3]、寸雨洲[4]来谈云南文化工作及民盟反右派分子斗争情况。

初步了解云南八年来，各种建设的突飞猛进。就发电能力说，解放前40年，仅12000千瓦；解放后，仅七年即新增42000千瓦。就水利说，早在公元1273年(元至元十年)昆明即开始修金汁河，到解放前已有676年之久，全省灌溉面积仅443万6千多亩。解放八年来，全省灌溉面积在原来基础上增加到1063万亩，增加了620万亩，较解放前扩大了1.84倍。全省共修建中小型水库及塘坝20多万个，其中蓄水量在1000万立方米以上的较大水库即有8个。解放前云南省建设厅水利技术人员很少，全省仅有三个测量队。其中两队仅有五六个测工，另外一队，仅有队长一人。全省水利工作范围仅限于昆明郊区。现在情况则全省有水利干部1682人，其中工程师24人，技术员1028人，测量工和

---

① 万象贞(1937— )，女，著名滇剧表演艺术家，艺名小八音。曾任云南省滇剧院副院长。

② 彭国珍(1927—1991)，女，著名滇剧表演艺术家，艺名状元红，第二届全国政协委员。

③ 陆万美(1919—1983)，云南著名文学家，早年参加左联，时任云南省文化局局长，作家协会云南分会主席，楚图南挚友。

④ 寸雨洲(1896—1978)，寸树声，字雨洲，云南著名爱国人士，教育家，曾任云南大学校长，民盟云南省委主任委员，第四、第五届全国政协常委，楚图南多年挚友。

普通工552人,行政人员78人。还有一些经过训练的群众性的、半脱产的水利干部25000人。解放前水利局仅有四架测量仪器;解放八年来,全省11个专区和100多个县,每地至少有一架测量仪器。水利局本身便掌握了91架。

晚,宴请聂鲁达、亚马多夫妇。

### 7月7日(星期日)

吴少默[①]来谈,并约到西山太华寺。便道省视父亲墓[②],杂草甚多,坟头刺树长大。过去曾嘱咐泽源[③]来扫,似从未来过。

晚看云南花灯剧《七妹与蛇郎》,颇佳。晤王旦东[④]及各位演员,略致勉励。

### 7月8日(星期一)

部分团员游温泉。

在旅馆整理总结初稿。

午后与杨明参观博物馆晋宁新出土青铜器文物。据云,已发掘四分之一,出土文物约4000多件,形制与中原各地所出土的青铜器文物完全异样,另成一体系。一种大型容器,上有人物、

---

① 吴少默(1901—1979),云南人,早年投身革命,1949年曾参与策动卢汉将军在昆明起义。时任云南省人民委员会副秘书长。楚图南多年挚友。

② 楚图南之父楚宝,字晓堂,1942年在安宁逝世,安葬于昆明西山。

③ 泽源,楚图南世侄。

④ 王旦东(1905—1973),云南戏剧家,早年投身进步文化事业,曾与聂耳同台演出,将云南民间群众喜闻乐见的演唱"花灯"发展为"花灯剧"。楚图南旧友。

牛畜等作为装饰,极精;牛背有瘤,两角分张,极美丽;如印度各地之牛,与云南现时所有的黄牛不同。有"滇王之印",金印蛇纽。知文物出土处为滇王墓葬之处。出土文物至迟当在汉以前。墓中亦发现有汉青铜镜,有铭刻,当为内地传来之物。有海贝甚多,为当时货币。有径长尺余的铜盘,上铸刻攻战、生产、祭祀等人物和社会活动。一盘上的人物约有百余人,有高台上坐王者及侍臣,两旁罗列铜鼓约29余。台上有屠牛者、豢猪者、抬铜鼓者、抬大鱼者、绑架杀人者,各有不同的服装并持有不同用具。为中外出土文物极罕见之物,可说明当时一个重要时代、一个重要地方的生活史。另有生产工具、用具及兵器多种,花纹精致,图案优美,惟无铭刻。一般多有兽形或人物装饰。当为中国考古学一重大发现。

其次参观图书馆,周泳先[①]管理善本图书。据云,全馆存书80万册,善本书约3万册。尤以最近在凤仪白汤天董氏(董贤)"金銮宝刹"大殿所发现的经卷最为名贵。全部经卷内容如下:

1. 南诏晚期和大理国时代的写本经卷共20余卷册;

2. 明初传抄南诏大理国时期的《阿吒梨教经》约10册;

3. 元代和明初云南白族民众刊刻的佛经共280余册,其中绝大多数是唐代译本的《华严经》;

4. 元代先后流传到云南的藏经,有南宋初年湖州刻本的《思溪圆觉藏》,宋末元初平江刻本《碛砂藏》和元代初年杭州刻本的

---

① 周泳先,云南大理人,云南省图书馆馆员,著名文物考古学家、文献学家,著录有《唐宋元金词钩沉》等多种。

《普宁藏》三种。共约 2460 卷册。其中最多的是《普宁藏》，约 2200 余册，最少的是《思溪藏》，仅 30 余册，其余是《碛砂藏》；

5. 宋元间刻印的其他经卷，明代初年刊印的南藏和明清两代云南白族民众刻写的佛经约 130 册。

其中还有从未见过的用白文（基本来源还是汉字，如日本、越南的文字均源于汉字；此处，白族文字称为字喃）注释的汉文佛经。这对于研究白族文化、历史，其价值尤大。

## 7 月 9 日（星期二）

游石林，见彝族妇女耕作，这是善良、勤劳并且善歌善舞的民族。十余年前，即抗战期间，曾一度来此，对这个民族有极深刻的印象。解放后，生活一般有改善，到处都可以看到健康、微笑的面孔和欣欣向荣的农村气象。

## 7 月 10 日（星期三）

唐登岷[①]、方仲伯[②]、杨明来访，谈闻一多事迹。

十六弟[③]夫妇及两个孩子来访。

晚，在民盟省委会礼堂向盟员同志作报告。内容为坚决走社会主义的道路，与反右派斗争和国际形势，中国在国际事务中

---

① 唐登岷（1918— ），云南保山人，早年参加中共和民盟，曾笔录和整理闻一多的最后一次演讲。后任第三届全国政协委员、云南工学院院长。

② 方仲伯（生卒年待考），四川万县人，早年参加中共和民盟，曾任李公朴的秘书，后任云南大学党委书记、副校长，云南省政协副主席。

③ 楚存南，为楚图南异母弟，按族谱年纪序十六，故称十六弟。

的作用及中国人民应有的努力和责任。听众绝大多数为高等学校讲师、助教以上盟员。闻全省盟员约800人，尚有个旧市委及大理市委。本晚出席者约300人。

### 7月11日（星期四）

上午，向全团作访问尼泊尔工作总结报告。

午后，到父亲坟山砍去刺树，对于荆棘杂草略有芟除。

晚，张进修（堂侄泽源之妻）来访。

### 7月12日（星期五）

上午9时，乘飞机离昆明。11:50抵成都，以西安天气不好，在此留宿。气候炎热，对昆明风和日暖、风光明媚，愈增怀念。

### 7月13日（星期六）

早8时，飞西安，经太原于午后3时抵京。离京已45日。来接者有会、局（编者按：指中国人民对外文化协会、对外文化联络局）诸同志及淑端和孩子们。在机场与周建人以下全团诸同志握别。

晚10时，胡愈之同志来谈民盟反右整风运动。据云，所揭发问题计有：

1. 反党问题，包括学校党委制问题；
2. 资产阶级科学规划问题；
3. 组织反动宣传报刊问题；
4. 盟的组织方针，即大发展，进行资产阶级政党的活动问题。

看样子，又将投入另一战斗工作中去。

# 1957 年 12 月 20 日至 1958 年 1 月 12 日 赴埃及开罗参加亚非团结会议

## 参加亚非团结会议的中国代表团名单

团　　长　郭沫若

副 团 长　包尔汉　　楚图南

秘 书 长　廖承志　　刘宁一

团　　员　郭沫若　　郑森禹　　杨春松　　马　坚

金仲华　　王　力　　唐明照　　赵朴初

——以上参加政治小组

包尔汉　　玛依努尔　董　昕　　邓　光

韩幽桐(女)

——以上参加社会小组

楚图南　　吴　晗　　达浦生　　谢冰心(女)

张瑞芳(女)　刘良模

——以上参加文化小组

冀朝鼎　　杨　煜　　王光英

——以上参加经济小组

朱子奇

——以上参加组织小组

工作人员 董宁川 梁志宏 资中筠(女) 陈乐民

沈佩蓉(女) 蔡同廓 郑达庸 李光鉴

郑万珍 计德容

## 1957年

### 12月20日(星期五)

上午9:30,与出席亚洲团结大会中国同人乘图-104喷气机离北京,来送者有陈叔通①及陈忠经、朱伯深②、张亦桦③诸同志。飞行2时半抵伊尔库茨克。在此休息1时继续起飞抵新西伯利亚。以莫斯科天气有变化,在此等候5小时继续起飞。约夜12时抵莫斯科,为莫斯科时间午后7时,晚餐后,莫斯科时间12时就寝。以后即用莫斯科时间。

### 12月21日(星期六)

上午,大使馆张映吾参赞来谈。看《莫斯科新闻》(*Moscow*

---

① 陈叔通(1876—1966),曾任中央人民政府委员,时任全国人民代表大会常务会副委员长,政协全国委员会副主席,全国工商联第一、二、三界主任委员。

② 时任对外文化联络局副秘书长。

③ 时任对外文化联络局办公室副主任。

*News*)上载苏联出席亚非团结会议代表团成员之一、苏联科学院世界经济权国际关系研究所长亚尔苏曼尼安同志谈关于落后亚非国家如何发展经济问题的意见,共有三条,大要如下:

1. 亚非落后国家开发经济首要工业化,生产生产资料、原材料、机器动力等,在这一基础上才能发展农业和工矿业;

2. 办法首先靠自力更生,其次,要和外国互助合作,取消外国特权,调整金融制度及国家预算,国家控制对外贸易,在平等互利的基础上利用外国资金;

3. 苏联可以无私帮助亚非国家建立工业和交通企业,科学教育机构可派遣专家,及互派考察团及留学生等。

午后,苏联出席亚非团结会议代表团长拉希朵夫(乌兹别克共和国最高苏维埃主席)及副团长土尔松(作家,诗人)等人来谈,谓最近赫鲁晓夫对外国记者所发表的关于和平的谈话及致各国建议及大国协商和平共处的文件,归纳起来,约有下列要点:

1. 1958 年 1 月 1 日起停止核武器试验;

2. 各国协商不使用核武器;

3. 有核子武器大国缔结互不侵犯和约;

4. 在欧洲建立中立区域;

5. 最近期间召开国际会议或通过联合国讨论裁军问题;

6. 大国协商高级会议。

大使馆文化参赞张映吾同志来谈中国对外文化工作,并反映一些情况,拟回国研究并适当注意。

苏联代表团约宴中、朝、越、蒙等国代表团。

## 12 月 22 日(星期日)

上午 9:30,乘图-104 飞机离莫斯科,同行者有苏联、朝鲜、蒙古、越南等兄弟国家代表团,约 11 时抵布拉格,有捷克保卫和平委员会(和大)负责同志来接。在此休息到下午 1:30 继续飞行。

经南斯拉夫上空,看山脉连亘,山上白雪皑皑,一望无际,信为东欧山国。以同生活斗争、同自然斗争,环境艰巨,故民性勇敢而强悍,民族主义亦旺盛,或者此亦原因之一。

续经希腊,下视连山起伏,偶见平原田畴交错,人类古文化发祥地,颇引人幽思。空中见日光反映五色云颇美丽。惟在高空中有希腊两架军用飞机尾随,似有监视之意。经地中海闻南北遥距约 800 公里。

不久即到尼罗河之国,两侧沃野千里,麦穗已出土,绿色如镜,清晰可见。沿河岸飞行约 5 时 25 分抵开罗,我使馆陈家康大使[①]及使馆同志来接,亦有群众欢迎,其中学生、工人并呼喊口号,手挥旗帜颇有节日盛况。闻迎接外宾此尚为空前盛举。由机场汽车行 1 时许抵 Hotel Semirammins。沿途近代建筑鳞次栉比,且霓虹灯耀人眼目,似颇繁华。经火车站,为城市中心。

晚,赴大使馆汇报。

此地时间比莫斯科晚一小时,故 5:25 实为埃及 4:25,以后即用埃及时间。

---

① 陈家康(1913—1970),时任中国驻埃及大使,后任外交部副部长,曾随周恩来总理参与多次重要外事活动。

## 12月23日(星期一)

上午6时,赴塞德港(Port Said)参加英军撤退塞德港一周年纪念庆祝大会。塞德港在苏彝士[①]运河北口,距开罗约200公里,沿途往伊斯马里亚(Ismailia)。沿途看异国风光,行人骑骆驼、骑毛驴,妇女头上顶水罐及包裹、食物等缓缓而行。与飞驰往来的汽车和火车,恰成一新旧并存的对比。田中已见新麦出土,又广种苜蓿,即我江南所谓金花菜,闻不断割取用作饲料。又有树如椰子树,但不结椰子,结一种椰枣,称为巴拉哈(Pelah)。有仙人掌,为人工种植,非如我西南各地,为野生植物。据云每年结果实,卖之可获厚利。且种植极易,不须掘土或施肥。伊斯马里亚以下,汽车沿苏彝士河岸行驶,又看见由尼罗河连接到塞德港一带的运河。既可供给塞德港淡水饮料,又可灌溉,使沙地变为良田。乃知在埃及,运河及水坝,其作用之大,似超过任何地方。苏彝士运河长百公里,宽度平均一百英尺。最宽处可两船对开,大部分地区只可单行。深度平均30英尺,现拟再掘深5英尺。两岸沙地一望无际,惟河水碧绿平静,极优美。想到在东西交通史上,在东西方文化和经济交往和东西方各国人民之间所起的影响及作用及最近在中近东所掀起的国际风暴,不禁引起我多少的想象。无言的百里长河,正是一首最伟大的人类近代史上的诗篇,自从埃及宣布将苏彝士运河收归国有,特别是埃及反对英法侵略的胜利,这一诗篇更会开始了最新的一页。沿

---

① 即苏伊士运河。

途观看风物，约9时抵塞德港。看战争时轰炸的废墟上面新建房屋焕然一新。闻半年内新建房屋约400多栋。可看出人民的力量，也是对帝国主义的一个有力的回答。

12时庆祝会开会，纳赛尔总统[①]升旗，并为战争中牺牲烈士的纪念碑举行奠基典礼，最后检阅保卫塞德港的人民队伍及武装部队。有空军及机械化部队。人民队伍中有妇女儿童，气概昂扬给人以很深的印象。

游行结束后，中国及苏联、朝、蒙、越、日本、印度等国家代表向无名英雄墓碑献花圈。当午即在塞德港午餐。

下午3时，举行群众大会，纳塞尔总统发布重要演说，反对帝国主义，坚持积极中立主义，保卫和平，主张禁止核武器，号召亚非团结及阿拉伯国家团结，态度似颇坚决。在讲话中，并列举事实，揭露帝国主义的颠覆阴谋活动。全部演说充满了信心和力量，使人感到古老的埃及也是新兴的青年国家，并且正在向着繁荣建设迈步前进。总统演说结束后，全国各城市代表向赛德港人民献礼、献旗致敬。有青年学生等集体歌唱舞蹈。表演人民力量打倒侵略的帝国主义及站立的埃及人民如何在坚强地努力从事建设。这不仅对埃及人民是一种鼓舞，对于亚非人民的团结和反对帝国主义和殖民主义的斗争，也是一种推动的力量。到埃及的第二天即参加这一盛大节日，看到这样伟大动人的场面，颇感欣喜而又兴奋。

---

① 纳赛尔（1918—1970），埃及第二任总统，是历史上最重要的阿拉伯领导人之一。

晚5时，归回途中与我国驻埃及使馆徐林同志谈阿拉伯文字。据云阿拉伯字母，子音28，母音无单独字母，惟以各种不同的附加符号表示三个长音，三个短音，以及六个母音。至于阿拉伯数字，据云略同印度的阿拉伯文字母，事实上也正是从印度传来，易写易读。如1到10。惟一般文字则屈曲如画符咒，虽亦拼音文字，但既不易写也不易读。乃知拉丁字母实为最简便、适用的拼音符号，世界各国大都采用拉丁字母作拼音符号，不为无因。我国文字改革，亦采用拉丁字母作拼音，实为最明智、最进步的办法。既便利广大的中国人民并有着广泛的国际影响。这不仅使中国文字的学习有了最捷近的道路，同时亦使今后中国文化繁荣传播更有了最有利的条件。这是中国历史上的一件大事，也是世界文化史上的一件大事。所以我积极拥护中国汉字拉丁化。

晚，陈家康大使约全体代表团就餐，吃中国饭，并报告埃及情况及亚非团结会议中应当注意的一些问题。

**12月24日（星期二）**

早起推窗，看阳光明丽，尼罗河岸椰枣成林，一切宁静优美，俨如画图。气候似略如我昆明，虽冬日亦有春意。此间亚非团结大会更名非亚团结会议，印、埃两国代表互争领导权的问题仍未完全解决。但无论如何。我团当强调团结，开好会议。据云：邀请国家共54国，应邀者已45国。筹备会并初步决定大会议程如下：

12月26日　上午10时在开罗大学举行开幕典礼。

下午3时至8时30分(中间5:00~5:30休息)

政治报告:

关于国际局势(印度)

帝国主义问题(埃及)

殖民主义问题(喀麦隆及印尼)

阿尔及利亚问题(阿尔及利亚)

种族歧视问题(苏丹)

核武器问题(日本)

经济问题(叙利亚、日本、苏联)

文化报告(中国、埃及)

12月27日　上午10时小组会,

3~7时大会,

9时文艺晚会。

12月28日　上午10时小组会,

3时大会,

9时电影。

12月29日(星期日)　上午参观,

下午小组会。

12月30日　上午参观,

下午大会。

12月31日　上午小组会,

下午大会。

1958年1月1日　上午大会,通过决议。

下午闭幕。

## 12 月 25 日(星期三)

报载艾森豪威尔[1]已在昨日即圣诞节前夕发表谈话,愿与苏联和谈。这说明北大西洋会议失败,世界和平力量壮大,美国受到各方面压力,不能不适当改变其扩军备战制造紧张局势的外交政策。

## 12 月 26 日(星期四)

亚非拉团结会议今日上午 10 时在开罗大学礼堂开幕。事先已经有群众聚集在旅馆及大学校门前及沿途向各国代表欢呼致敬,情形颇热烈。今日到会者有亚非各国及各地区的代表团约 45 个单位,共 500 余人。大会以雷动的掌声宣布开会。首先由埃及代表团团长、大会主席萨达特[2]致欢迎词,随即介绍各国代表团团长。宣读毛主席及纳赛尔总统及埃及议会贺电。

下午在埃及议会大厅开大会,发言者有印度的政治报告,埃及的反帝国主义,叙利亚、印度反殖民主义的报告,苏丹关于种族歧视的报告,阿尔及利亚关于阿尔及利亚问题的报告,叙利亚

---

① Dwight David Eisenhower(1890—1969),美国第 34 任总统,任期 1953—1961 年。

② Mohamed Anwar el-Sadat,时任埃及议会议长,后接任埃及总统。领导埃及进行第四次中东战争,外交上推行“积极中立”、“不结盟政策”。1981 年 10 月在阅兵式上遇刺身亡。

关于经济问题的报告,日本关于反对核子武器问题的报告,至下午 7:30 闭会。

### 12 月 27 日(星期五)

上午,日本花柳德兵卫来访。

10 时开小组会,分政治、经济、文化、社会福利、组织五个小组。我参加文化小组,组长为埃及教育部长侯塞因(Taha Hussein),副组长为中国(楚图南)及加纳戈弗特(Daivid De Guaft),报告人为印度奥都卡尔(R. V. Oturkar )。本日讨论成立起草小组,由中、埃、印度、缅、叙、锡、日本、乌干达等八国参加,并讨论中埃两国报告及埃及所草拟的文化合作决议。

下午大会,由苏联及日本代表作经济报告,中国代表作文化报告(编者按:报告人为中国代表团副团长楚图南);埃及代表侯赛因亦作文化报告;埃及代表还作社会、儿童、妇女、福利诸问题的报告。

晚,宴请伊拉克代表,到伊民族运动领袖等数人。

宴会后看埃及歌舞音乐,有浓厚的民族特色。其中一种半裸体的妇女舞蹈,乳部、腹部、臀部皆有颤动,随着音乐节奏婉转回旋,有时手指扣小铜钟叮叮作响,闻为埃及特有的舞蹈。毕已夜深 1 时。

与苏联代表团团长拉希朵夫及副团长土尔松两同志谈文化决议中的有关问题,重要者如对联合国教科文组织(UNSCO)及文化中心以及共同编辑教科书、互派留学生等问题,经协商讨论彼此意见取得一致。

## 12月28日(星期六)

上午，开文化小组会议，被推为执行主席。事前与埃及朋友侯赛因协商关于联合国组织问题，彼同意删去决议关于联合国文教组织的一段①，并在会上声明撤回，态度颇为友好，因此我在大会、小会亦处处公开表示尊重和支持埃及意见，并同情亚非各国的民族独立及反殖民主义的正义斗争。侯赛因30岁时，即双目失明，然仍苦学，并留学法国娶法国妻子，懂英、意、法、希腊等国文字，于埃及文化历史的研究，造诣尤深，为埃及当代最有名学者之一，在社会上威望极高。这两日与其接触，给予我的印象是很深的。

下午大会未出席，在旅馆阅读文件。

晚，宴请缅甸代表团。看埃及五彩宽银幕电影，为青年恋爱与爱国运动相结合的故事片，为大会秘书长亚巴依所编剧本，故事尚动人。

## 12月29日(星期日)

天气晴明。部分团员参观近郊纺织厂，部分团员参观埃及博物馆，博物馆中大部分为埃及古代王朝坟墓中的遗物，有石刻、木刻、人像、金石、各种形式的棺椁，及车船装饰等全部社会

---

① 因为当时中国在联合国合法地位尚未恢复，因此中国代表团在事先已经说服苏联代表团后，向埃及代表团提议，在有关决议中回避提及联合国有关组织的字样。

生活的用具。一般都雕刻象形文字,亦有壁画及各种装饰画。有草纸书写和绘画的文书,皆三四千年前遗物,最古有五千年乃至六千年前的遗物。尤以1922年前后在上埃及鲁克索地方所发现的埃及古墓遗物,最为完整而且丰富。可知当时埃及文化已达到很高的水平。后来通过腓尼基人传到地中海及亚洲各地。最近埃及学者著文称欧洲文化亦发源于埃及不为无因。

晚,全团讨论关于政治决议中关于恢复"联合国中国合法地位"及"台湾为中国领土不容外人干涉"两问题,如何写法的问题。

## 12月30日(星期一)

上午,参观开罗附近旧埃及国王法鲁克行宫及金字塔、古庙遗址及狮身人面像,皆为巨石结构,规模宏伟,皆用巨石垒成。开罗附近的三座金字塔,皆由巨石垒成,闻每一石的重量约2吨到15吨,皆为花岗岩,通过尼罗河由上埃及运来。一方面可以看出役使人力至为浩大,一方面又看出即使在四五千年前,埃及的建筑技术已经达到很高的水平。古代埃及国王一生业绩在于修筑坟墓。一切文物雕刻皆随死人的坟墓而流传下来。这是埃及古代王朝的特点,亦即埃及古代文化的特点。

午,萨达特宴请各国代表团,地点在附近小山上的一座别墅。俯视尼罗河流域肥沃平原及城市房屋风景甚美。惟土山及大平原,树木甚少,一片荒野,并有古代阿拉伯人征服埃及时所筑城堡,形式结构与在印度所见伊斯兰教古堡相似,使人有古战场的感觉。

晚，文化委员会最后一次会议，决议草案已大体决定，惟联合国教科文组织一段又非法加上，可以说明埃及政府的两面性。这与最近哈马舍尔德[①]访问埃及当不无关系。

晚，宴请加纳代表团。

**12 月 31 日(星期二)**

上下午大会，中苏两国代表团团长发言。

晚，赴埃及副团长摩赫丁约宴。

本晚除夕，苏联大使馆约兄弟代表团联欢。

# 1958 年

**1 月 1 日(星期三)**

本日为 1958 年元旦。

上午大会通过政治、经济、文化、社会、组织等各种决议、建议。

下午大会闭幕。

晚，纳赛尔总统在共和国宫接见各国代表团。

会议虽已胜利闭幕，然新的工作和新的斗争又重新开始。亚非乃至世界各地反对帝国主义、反对殖民主义、反对战争的运动达到了一个新的阶段。世界和平运动、职工运动和社会主义

---

① 哈马舍尔德(1905—1961)，联合国第二任秘书长。

运动又已开辟了新的广阔的道路。1958年将是充满希望和胜利的一年。

### 1月2日（星期四）

上午，中国杂技团高解及马加里两同志自尼斯来谈争取访问加纳及苏丹等国的问题。与大使馆袁心湖[①]同志商谈后各有布置。

中午，纳赛尔总统在库巴宫接见中国代表团团长、副团长及秘书长，称亚洲国家大部分独立，非洲大部分国家仍在多国统治之下。预计十年内非洲大部分国家可以取得独立。目前埃及代表团到非洲各地仍多困难。如最近埃及经济代表团拟访问刚果，经过五月交涉，并各方施加压力，始有五人可以入境，并仅限于谈商业问题。看样子纳赛尔不仅企图领导阿拉伯国家，且企图领导非洲国家。在亚非团结会议上非洲各地出席代表出席之多，且受重视，超过任何一次国际会议不为无因。

晚5时，埃中协会成立，埃宗教事务部长巴库尔为主席。巴库尔将来或以埃中友协会主席身份访华。会后中国代表团在大使馆宴请埃及代表团及埃中友好协会有关人员。会上与侯赛因晤谈中埃两国文化合作。

### 1月3日（星期五）

游亚历山大港，亚历山大港离开罗110公里，人口120万，为

---

① 时任中国驻埃及大使馆文化参赞处秘书。

埃及第二大城市。汽车行4小时到达。地中海碧波浩荡,亚历山大城市即沿海岸建筑。作半环形,高楼连云,纯为一新兴都市,看不出希腊的亚历山大、罗马的安东尼及拿破仑曾经百战登陆对敌作战的主战场及历史名胜遗迹。洋场十里多豪华旅馆、别墅及游泳场。

参观故埃及法克鲁国王冬宫、夏宫。1953年埃及政变,法克鲁自冬宫逃意大利,办公室尚保存当日日历。宫殿中陈设可看出最封建的帝王的最现代化的享受,宜为埃及人民所唾弃。

晚,归途中看沙漠大平原日落赤红如磐,彩霞万丈,极宏伟壮丽。不久月出,清光如水,大野宁静,又另是一种幽静清凉景象。

至晚10时归,食此有名的椰枣。

**1月4日(星期六)**

中午,教育部部长侯塞因约宴,地点在金字塔附近。三大金字塔和狮身人面像以外,并可看见远处许多小金字塔,据云建筑时间当在6000年以前,较三大金字塔尚早二千年。在三大金字塔附近发现在石槽中保存完好的4700年前的木船,长43公尺,共为615块硬木拼凑而成,不用铁钉,惟有木筒嵌接及麻绳捆绑,有大桨12,为世界所发现最古最老的木船。据云为4700年前杰俄普王殉葬之物。古代埃及人相信人死后灵魂复活,乘船可到天国,称为太阳船。古代神庙及古墓中有太阳船的雕刻及绘画。现发现此一巨大木船有实物印证,不惟雕刻绘画上的太阳船,可以更具体的说明,即对于埃及古代木结构及制作技术,提供了极重要的参考。宴会后教育部部长领导参观,并作详细解说。

当晚8时坐火车赴鲁克索城(Luxor),次日抵达,住冬宫(Winter Palace)旅馆。

**1月5日(星期日)**

在鲁克索参观。

鲁克索在开罗南面,尼罗河畔,距开罗671公里,古代埃及帝国古都即在于此。据云当时全盛时期人口达600万。风景优美,东西两山夹峙,尼罗河横贯其中。城在东岸多古庙等名迹,隔河西岸山谷中则为帝王陵墓,称为帝王之谷,亦称死亡之城。古埃及称日出于东,象征生命繁荣;日没于西,象征死亡毁灭。故西岸为帝王陵及庶民丛葬之处。东岸为活人居住地区,故多故帝王宫殿及祭神大庙。东西两岸名迹撮要记述如下:

1. 鲁克索大庙(Luxor Temple)为公元前1408—公元前1160,新王国Amenophis三世至Romses十一世时期的建筑。为水淹没、埋地下已数千年,近被发掘出土。以有巨大的莲瓣柱头的大石柱最为有名。

2. 卡尔纳克大庙(Karnak Temple)是古埃及法老(即国王又兼教主)献给太阳神和月神的庙宇。从公元前1870年开始建筑经过三代王朝,一直到公元后罗马帝国统治埃及时才最后完成。亦称为阿曼神大庙(The Great Temple of Amin)。大阙连云、巨柱插天、雕刻精美、规模宏大。据云为世界建筑的奇迹之一,有大石柱共16行,约234根,每根约8~9人可以合抱,高约16公尺;柱头可容15人站立。柱身满刻象形文字,亦为古代法老的名字。有巨大城门及石坊，最高达 38 公尺，皆为巨石建筑。门外有石兽、羊头、狮头、人面，有各种不同形式。有方尖碑二，一高 29. 5 公尺，重约 320 吨，其上亦满刻象形文字和彩色图案，记述法老远征的战绩。石为花岗岩，为一完整的岩石雕凿而成，其工程之巨大，使人惊叹。同时，亦可知当时役使奴隶的残酷和暴虐的情形。

3. 死亡之庙（Dead Bohari）为新王朝（公元前 1522—公元前 1484）时期的建筑。方形，分为两层。门前有巨型石像，庙内石壁上雕刻女王（Halshepsut）生前事绩，表示当时武功财富之盛。庙已倾圮，破碎石柱及雕刻满地，尚待整理。庙倚山建立。山为巨大钟乳岩，作各种人物形象，故为古代埃及极神秘的地区。庙左岩洞中则为埃及贵族坟墓，右则为平民坟墓。皆三千年前古迹，供人凭吊而已。

4. 帝王坟墓（Tombs of Kings）亦称死亡之谷，为埃及古代帝王埋藏木乃伊之处。凿山为石室，屈折而入，最后一室藏木乃伊的金棺石椁。外室则藏生活用具，乃至饮食起居所须一切必须的实物。以古代埃及人相信灵魂不灭，死后复生仍须饮食居处，故每一坟墓，严如古埃及的一个小社会。墓室壁石上及屋顶满刻埃及神话故事、死亡之书、死者的战争事绩及当时的社会生活。石壁上一般人物的雕刻约分为四层，最上一层为日、月、天上诸神，其次则帝王、贵族、武士，再其次则奴隶耕作或工匠制造等，最下层为囚犯罪人，背缚双手跪伏地上，大都已砍去头颅，留一脖在肩上而已。除人物雕刻外，石壁上又多有象形文字的雕刻，极美丽整齐，分阴文、阳文两种，皆雕镂极精。闻此间帝王墓已发现者约六十余处，今日仅参观三处，即十七号：1816 年发掘的十九王朝沙蒂（Setei）墓；第九号：二十王朝拉美西斯（Romeses）墓；最近发掘、最完整、内容亦极丰富的十八王朝图庚亚蒙墓（T of Tutenkhamon）。所有的陵墓一般皆凿岩石成室，曲折而入，有长廓壁道，有墓室，最深者百余公尺，墓室穹底上有彩色犹新的各种天文图案，及日月诸神像、高度艺术的建筑雕刻及一些珍贵精美的实物，表现了几千年前埃及劳动人民的创造和智慧和对于人类文化的贡献。

晚，尼罗河月色至佳。大夜宁静，大山峨峨，大林森森，大野漠漠，颇启人幽思。

**1 月 6 日（星期一）**

昨夜自鲁克索乘车返开罗，今日午后抵达。

中午，参观埃及爱资哈尔大学，为埃及最古的大学，已有一千多年的历史，一切尚保存古代的风俗及传统：大厅中，学生分批席地而坐，教授不同科目的教师则坐椅子上，大声讲说、喧嚷之声，犹如闹市。因学生可以选择教师，自由来去。教师必以动人的讲说争取学生，故学校讲堂嚷嚷如此，本日所见则是二十余起学生，每起约 30～50 人，各围着一个教师听讲。小学班尚有女生，高级则无女生。有图书馆多古籍，最名贵者则为各种《古兰经》，有金书、刻本、手抄、细描、夹注、插图及大小不同各种版本。学校门外则有方形广场为市集，货物买卖集散地，颇如在欧洲所见的古代中世纪的市场，这与繁华的现代开罗都市相对照，显然另是一个世界。

### 1月7日(星期二)

清晨9时,乘图-104飞机离开罗,以莫斯科天气不佳,不能着落,折回布达佩斯,住马林格勒旅馆,马林格勒旅馆在多瑙河中马林格勒岛上,有巨桥可通,风景极美丽,看布达佩斯市容尚可看见过去奥匈帝国时代遗留下来的豪华美丽的大建筑。去年(1956年)"10月事变"略有破坏尚未完全恢复。

当晚,我驻匈牙利大使郝德清[①]约宴,到亚非及兄弟国家使节及苏、蒙、越等国出席亚非团结会议的代表团正副团长。

### 1月8日(星期三)

飞抵莫斯科住北京饭店,为新建筑。餐厅中国式,并可食中餐。当晚刘宁一等六位同志飞返北京。

### 1月9日(星期四)

参加此间莫斯科苏维埃召集的各界人民与各国参加亚非团结会议的代表团见面大会。地点在柴科夫斯基音乐厅。会后有苏联及亚非各国音乐歌舞表演。颇精彩,柴可科夫斯基音乐厅建筑雅致优美,色调谐和,且音响效果极佳。

---

① 郝德清(1906—1993),曾任驻匈牙利、朝鲜、挪威、荷兰、伊朗等国大使、国务院外事办公室副主任,中国人民外交学会会长。

### 1月10日(星期五)

晚,莫斯科大剧院看芭蕾舞剧《睡美人》,票价30多卢布,合人民币15元以上,惟仍满座这说明社会主义国家人民生活水平提高,文化娱乐的要求亦随之增长。苏联芭蕾舞、歌剧、话剧、音乐以及绘画和其他艺术的各个方面亦正在迅速发展和进步之中。社会主义的文化繁荣昌盛与资本主义国家的没落衰退和贫血虚弱恰似一个鲜明的对比。

### 1月11日(星期六)

阅《人民日报》国内建设不断传来喜讯:

1. 滇越路由昆明到河口段,全长460公里,已接轨通车,可直达河内。

2. "除四害"讲卫生工作,已成为全民性运动,正蓬勃开展,既可改变社会风气,又可振奋民族精神。

3. 宝成路全长668.36公里,元旦正式通车,北京成都直达火车仅60个小时。

4. 我第一个五年计划期间,产钢共1656万吨,比解放前49年钢总产量多一倍以上。

5. 云南光学仪器厂已开始出产光学仪器。

6. 上海塑料已出产各种塑料产品、各种塑料用具、玻璃布及尼龙、丝织物品之类。

7. 全国开展群众性的水利建设运动,争取1958年产业的大丰收和大增产。

## 1月12日(星期日)

昨夜,乘飞机离莫斯科,途中经鄂木斯克及伊尔库茨克,温度皆在零下30至40度之间,与开罗气候18至22度相差约40至50度。一为春暖时候,一为严寒的隆冬。

今日北京时间午后2时,抵南苑机场,来接者有协会及和大的同志及淑端母子,温度零下2度。日光明丽,地上略有微雪,与西伯利亚相较,又俨然是一种境界。开罗远行至此告一段落。平安归来,感到祖国的伟大可爱,亦感到家庭的温暖。

# 1959年2月13日至3月1日赴朝鲜签订《中朝友好文化合作协定》日记

## 1959年

### 2月13日(星期五)

午后1:25离北京。来送者李永镐大使、马凤山参赞及屈武[①]、罗俊[②]、王仪、张亦桦(均为对外文委干部)诸同志及淑端母子。晚经天津到山海关一路,工厂林立,煤堆积如山。工业建设度长足惊人。夜中经沈阳。早8时,东望连山屏立如画,当为千山山脉。不久抵安东(编者按:现名丹东),人口25万,为中国朝鲜边境一大城市,市容尚繁华整洁。10时许,经鸭绿江大桥抵新义州,从此踏上英雄的朝鲜人民的国土。新义州往南沿途左岸为山脉,山下尚有窑洞,当为抗美援朝战时期的防空洞。各种建

---

① 屈武(1896—1992),中国国民党元老于右任的女婿,时任对外文化联络委员会副主任,后认第五、六届全国政协副主席。

② 罗俊(1913—2003),时任对外文委副主任、外文出版局局长。

设正在兴起，战争痕迹已不多见。此间时比北京早一小时。午后3:20，即朝鲜时间4:20抵平壤。

平壤新建筑连成一片，街道宽阔整洁，依然一片新气象。到车站来接者有乔晓光[①]大使、毛大凤专员及朝鲜崔基哲（对外文委副委员长）、黄徹（文化副相）、韩次男（对外文委社会主义国家部部长，女）、李北鸣（作家同盟副委员长）、杨永苟（外务省兄弟国家部部长）、黄增光（对外文委社会主义国家部指导员）。当晚住平壤国际饭店。崔基哲、韩次男、黄增光三人来陪同便餐，颇热情友好。随赴大使馆向乔晓光大使汇报工作，得知朝对外文委委员长许贞淑患病，朝鲜代表团尚未组织，此当亦原因之一。

## 2月14日（星期六）

早起，天降雨，气候温暖如初春时。推窗看大同江桥。闻我志愿军曾参加此桥建设工程。伟大的长桥将永远标志着中朝两国人民的深厚友谊。阅报知朝鲜不断有新建设的工厂投入生产，最近开工者有一大水泥厂。沼气发电站可发电约三千千瓦。新建住宅宅壁塑料贴社会主义的内容。此外，如在教育方面贯彻教育与生产劳动结合的方针，扫盲工作已经完成，并已实行小学普及教育(4年制)。普及初中三年制亦正在进行。全国大学约二十所，约三千多人。全国大中小学生约230万人。这些都可以看到朝鲜建设工业的突飞猛进及在文化教育方面的成就。参

---

① 乔晓光（1913—2003），时任中国驻朝鲜大使，后任中共中央顾问委员会委员。

观历史博物馆，其中有不少汉乐浪郡①出土古物与国内部出土汉代器物近似。

游览市容，马路宽阔，建筑整齐雄伟。市中心有牡丹峰，风景美丽。有解放塔及大剧院。对于雄壮美丽和整洁的平壤有极深刻印象。午后，游牡丹峰登乙密台（牡丹峰著名景点）看大同江蜿蜒如画。平壤市高楼巨厦远接天际。牡丹峰有地下剧场，工程艰巨，深 47 公尺，宽 1352 公尺。1951 年 5 月动工，8 月完成，为战时开会、演剧之用。晚看交响乐演出，其中《光辉的传统》和《和平统一之歌》极成功。可以看出朝鲜艺术家的创作天才。前者指挥全明永，后者朴广玉，及小提琴独奏《白头山》均极卓越。

## 有关朝鲜工农业生产的数字

1957 年粮食产量是 320 万吨（不包括薯类在内）。

1958 年拟提高到 370 万吨（合我 74 亿斤），可能达到 390 万吨，1959 年增至 500 多万吨。

现有 50 万每町步（合我 14 亩多一点）水利设施，拟增至 140 万町步。

我志愿军撤退时朝鲜举国欢送，有 680 万人为志愿军告别签名（除小孩外几乎所有的人都已签名）。

发电量 1959 年 97 亿度，1958 年 85.6 亿度。

① 中国西汉武帝时期在朝鲜半岛设立的四郡之一，四郡即乐浪郡、玄菟郡、真番郡、临屯郡。

煤炭1959年1000万吨,1958年700万吨。

生铁1959年100万吨(其中80万吨由大型企业生产)。

钢1959年67万吨。

水泥1959年300万吨。

化学肥料63万~70万吨。

棉布1959年1亿7千万公尺(平均每人60公尺)。

1959年将实现全国农村电气化(现农村中有36%地区没有电)。

1958年把1万5千个合作社合并为3873个合作社。每社约有150~300户人、400~500町步土地(包括果园、桑园在内)。

新义州橡胶厂创制鞋压榨机每3~5分钟生产一双鞋。把过去的29个工序变成单一工序,提高劳动生产率250%,并节约大量器材。

黄海南道延安村一合作社试验在稻茬子上再收稻子,即一种两收。第一次收每町步59吨,第二次2吨。

1956年实行小学义务教育制,1958年实行中学义务教育制。

朝鲜电力、棉织、水泥、化肥、煤、钢,按人口比例已超过中国。

## 2月15日(星期日)

天阴大雪,但气候温暖如初春,且空气润湿不如北京干燥。

乃知平壤山水风景物产气候皆有优越条件，故自古以来为朝鲜有名的都市。

朝鲜文化代表团名单已交来，成员如下：

团长　崔基哲　对外文委副委员长

团员　李乐彦　教育文化省副相

　　　韩次男　对外文委第一部部长（兄弟国家）

　　　杨永苟　外务省第二部部长（兄弟国家）

上午，参观工农业博物馆。其中用一切方法如土洋、如大中小方法办水泥厂，办电站，颇值得学习，劳动与生产结合新的发明创造亦值得注意。陈列安排特别突出自力更生、创造国际水平及金首相的号召。午后参观卫国战争博物馆，共16馆，英雄馆中有朝鲜英雄481人，中国志愿军英雄404人。有重要战役的图画及模型。战争后期的坑道共1250公里，可由北京接到平壤。其中有工兵厂，有病院，有给养仓库及娱乐场所等等。对于英雄的朝鲜人民的优良的革命传统和坚强的斗争意志及中朝人民在对共同的敌人斗争中用鲜血结成的兄弟友谊，有着极为深刻的印象。晚到艺术剧院看国立艺术剧团歌剧演出。节目中除了《捽跤舞》为古典节目，表现古代人民英武气概，其余《小白兔舞》、《铁水奔流》及《合作社跨上千里马》等歌曲和舞蹈皆与现实紧密结合，与政策结合，到处可以看到青春的活力和旺兴的创作天才。我国艺术界还存在官气和暮气，应向朝鲜同志观摩学习，从朝鲜的歌舞艺术得到一些启发和鼓舞。

## 2月16日(星期一)

上午,继续参观朝鲜祖国解放战争纪念博物馆。其中有“12·11”高地坑道模型,看出战士们在战时的生活和娱乐,饱满的创作精神和劳动态度。战斗、劳动和学习紧密结合的最崇高、最优良的品质当是无产阶级革命战士的最重要的特点,这也是无产阶级革命战士信心百倍、勇敢坚强、不可战胜的理由之一。参观后人民军的两个军官以纪念册嘱题字。固写下下列一段文字作为纪念:“英雄的朝鲜人民有着优秀的革命斗争传统和坚强的革命斗争意志。对于朝鲜人民的这种高贵的品质谨表示最崇高的敬意。并祝中朝两国人民在反对共同的敌人的斗争中用鲜血结成的兄弟友谊万古长青。”

中午,乔晓光大使等约便餐,午后拜访许贞淑委员长。对中

1959年2月,在朝鲜平壤“祖国解放战争博物馆”门前

朝两国文化交流等问题略有交谈。晚，看国立民族艺术剧场演歌舞剧《仙花公主》，系根据民间故事改编，作者赵灵书、编曲功勋演员赵相铉。本晚演出男主角演员为孔基南，女主角朴正玉。其中古代歌舞戴面具，歌舞略如中国古代农村的傩舞。全剧结构颇佳，特别在结束时民间歌舞欢乐达到高潮，表示了人民反封建的胜利，表示真诚的爱情的胜利，虽属历史剧目却富有教育意义。

## 2月17日(星期二)

天晴。早起旭日照窗，鲜朗如春。本日朝鲜实行新币，即新币1元等于旧币100元，旧币从今日起停止使用。朝鲜实行新币证明朝鲜有了巩固的财政基础和丰富的物质准备，朝鲜劳动新闻称这是朝鲜人民在社会主义建设中取得的又一个胜利。午后参观金首相诞生地，地名六谷村，为金首相外祖父母住处，为贫农家，尚保存当时农具、家庭用具等等。草屋周围并建大房保护。另一室则为金首相生平事迹照片。金诞生于1912年4月15日，生后即随母回家，地名万景台。父为雇农。七岁时到东北临江读书，后入吉林毓文中学，1929年被捕入吉林监狱。出狱仍从事革命活动。1937年中日战争起，渡鸭绿江回到祖国。1945年苏军登陆，金回到平壤。金的一生斗争的经历代表了朝鲜人民争取独立和解放的革命斗争的历史。

## 2月18日(星期三)

午前9时，由崔基哲同志陪乘汽车赴黄海南道参观黄海钢铁联合企业。11 时许抵达。规模甚大，有职工一万五千人。有炼焦炉每天出焦炭 900 吨。有炼钢平炉五座，每炉一次出钢 100 吨，五炉全年出钢 40 万吨。有炼铁炉每日出铁 700 吨至 800 吨。有轧钢厂，轧钢轨及各型钢及钢丝。有机器厂及各种机器。此为朝鲜规模最大的钢铁基地。一青年工程师代为解说并参观出钢出炭。在此便餐后南行，天气渐暖。田中积雪已化，冬麦也已出土。沿途村落人民服装整洁，证明战后生活已改善。经沙里院，战时炸成一片平地，但现恢复，已成为一繁华城市。志愿军亦参加建设工作，故此地有志愿军街。南行山愈多愈大，车道曲，屡行万山中。午后 7 时，抵有名的开城。开城正在三八线南。战时被光复，故停战时划入停战线北。开城党委副书记、人民委员会副委员长及宣传部长设宴招待。饮朝鲜有名的人参酒及（品尝）各种菜蔬。其中神仙锅形如中国火锅，富味浓是其特点，闻其中有海味。鸡鱼及蔬菜瓜果等共 49 种。副书记金同志谈开城人口 17 万，有大学 4 所，工厂 54 座，其中有大型纺纱厂及被服厂，人民生活改善，社会秩序佳，工业亦发达，对南朝鲜为一强烈对比。故人心所向，为朝鲜南北统一做了宣传工作和政治工作。

**2 月 19 日（星期四）**

上午天气晴朗，赴人民军及志愿军烈士墓献花圈。两地紧密相连，各 12 坟，人民军每坟放千百人，志愿军每坟 350 人，皆在 38 线以南牺牲者。人民军墓碑有朝鲜文字铭文，志愿军墓有汉字“永垂不朽”四字。此地青山环绕松柏苍翠，烈士可在此安息。

游开城市，南大门为旧开城，南门楼上有大钟雕刻佛像，梵

1959 年,在朝鲜中国人民志愿军烈士墓前

文汉文俱精,为元至正时所铸。参观观德亭,为朝鲜古代贵族习射艺之处。在此可眺望全城。有典型的朝鲜古老都市遗迹及民族形式建筑。参观历史博物馆,有黑陶,这似说明与我山东、河南出土黑陶有关,亦可说明朝鲜与殷商的关系。参观高丽 31 代恭愍王及后的双墓,称为玄陵及正陵。青山环抱,风景清幽。而墓结构宏伟,人兽等雕刻亦精湛。石雕中有羊,疑为王后为蒙古人的缘故。两坟完全为恭愍王所设计。前者建筑凡七年(1365—1372),故朝鲜人谓李愍民不仅为高丽时代名王,亦是一艺术家。

参观人参圃,圃中搭草棚,据云人参不能经烈日和暴雨,故必以草棚遮蔽。人参一年下种,出土后移植至七年成长挖掘。枝叶夏长冬凋。故未及可看人参枝叶。全朝鲜据云以开城人参品质最佳。出土人参称水参,宜于妇科。漂洗后称白参,不合适一切人、一切病，且挖出后不易保管。蒸煮加工后称红参，适宜一切人、一切病，且易保管，故最有效亦最名贵。现为朝鲜重要出口商品之一。闻正拟大量栽培。一切栽植保管使用方法略如我云南三七。我三七亦一名贵药材，惜不如人参中外著名。

1959年，在朝鲜板门店非军事区

随参观板门店军事谈判处。事先有人民军官金荣锡同志来接。经12公里到非军事区。此已在38线以南（东部分界线则在38线以北），宽四千公里。中立国监察委员会波、捷、瑞士、瑞典分驻两方，营房遥遥相对。到板门店看当时谈判场及停战协定签字会场。非军事区还有监察委员会开会会场。看美军及李承晚缩在小屋中，不如人民军气宇轩昂生气勃勃。非军事区以北，田地整齐，已种庄稼。南部则荒山一片，地亦荒芜。在此可以看出两阵营的鲜明对比。

午后，参观开城纺织厂，职工二三千人，闻正计划发展将

（其）扩充十倍。

晚，职工业余演员演出音乐歌舞，皆有一定水平。这说明朝鲜人民对音乐歌舞艺术的天才，也说明朝鲜艺术教育的普及。

在开城可以看见朝鲜古老的典型寺庙建筑及民居建筑。民居实用而美观，小巧别致。入门之境，席地而坐，略有日本习惯，但有相对独立的特点。

一般庙堂的建筑形式住宅形式略图（编者按：以下为手绘寺庙结构及民居结构图，此处从略）。

### 2月20日（星期五）

天阴，离开城返平壤，中途在开城北部访朝中友谊农业生产合作社。全社农户700户，志愿军曾代为修筑水库。此时社员群众热烈欢迎，并有流泪者。社员中大部分为抗美援朝战中牺牲烈士的遗属，对中国感情颇深。在一老大娘家吃午餐，如同待亲人，男、女、老、少同座炕上共餐，亲切交谈，此当为我一生中最值得纪念盛馔之一。

### 2月21日（星期六）

上午天晴，10时开始中朝文化合作协定的谈判，朝方正式代表如下：

许贞淑：对外文委委员长

李东群：教育文化省副相

崔基哲：对外文委副委员长

杨永苟：外务省第二部部长

韩次男(女)：对外文委第一部部长

谈判极为和洽圆满，双方无异议，并决定下午7时举行签字仪式。午后3时看朝鲜电影。7时协定签字，事前交换全权证书，事后双方举杯祝贺。7:30，许贞淑委员长设宴招待，朝方出席者：

许贞琡、朴成哲(劳动党中央国际部部长)、李一卿(教育文化相)、白南云(科学院院长)、徐哲(人民军总政治部部长、朝中友协副委员长)、李乐彦、崔基哲、李东健(外务省副相)、黄徹(教育文化省副相)及其他同志约三十余人，我方出席者乔晓光大使、袁秘书及文化代表团全体同志。

**2月22日(星期日)**

天气晴朗，温暖如春。上午在旅馆休息并准备下午开座谈会时讲话材料。

午后4时，崔基哲、韩次男等同志约谈对外文化工作经验。略谈对资本主义国家文化工作的个人体会及我对不同性质的国际会议的态度。

晚，赴使馆看金首相访华记录片及北影《生活的浪花》故事片，发现问题甚多。

当晚11时，由崔基哲同志陪同乘火车赴咸兴。

## 2月23日(星期一)

上午6:30抵咸兴,为咸镜南道首府,距平壤约300公里,为朝鲜东海岸政治、经济、文化中心,距东海岸12公里,人口13万,有大学两所及专科学校七所,共有学生三万五千人,今后拟增至四万人。来车站接者有:咸镜南道党委副书记崔成勋及人民委员会副委员长金明淑(女)来车站接。

住招待所早餐,休息后即游卧龙山,登九天阁可俯瞰咸兴全境:四山环绕,中为城川江,两岸为咸州平原沃野,闻为朝鲜北部最大平原之一,方广约百余里。江上有古代万步桥及新建铁桥。咸兴1100年前已建城,500年前,李朝时期已为名城。旧城在山上,已圮毁,当时为防止倭寇。抗美战争时(1950年)曾为美军所占,圣诞节前一日收复。当时全城在海空军炮火下被毁,政府在山洞中办公,人民移居山后。停战后迅速恢复,面貌一新,已成为重要文化城市及轻工业基地。附近兴南为重工业基地。咸兴的发电量与兴南等地合计约70万千瓦,与水丰发电量相等。

本日参观咸兴工业大学:学生2300多人,分有机化学和无机化学、建筑材料、机械、食品加工等专业,亦并培养轻工业教师及工业干部,并设夜大学、函授学校,学校自设工厂,学生每日劳动两小时,教育与生产劳动结合,理论与实际结合,教学方法、教学制度及学生管理完全与生产配合;分三班,轮流生产、轮流上课,成效极大。此外还养蓖麻蚕、养兔十万只,种试验田,一公顷拟产40吨,还利用电石渣子制造水泥。预计1959年制出68种新产品。建校仅12年,已完全建成一座新型的社会主义的工业大学。学生利用废砖瓦建造厂房，用废铁冶炼制造机器；学生3年达到6级技工水平，4年达到副工程师水平，5年毕业达到工程师水平，可作工厂的全面设计及经营管理。短期内学校拟建筑75000平方米，学生增至四五千人。并全部生产机械化，制造新产品。发明创造，大胆革新，发扬革命传统，提高教员水平，满足学生要求。副校长金应尚为介绍学校情况，充满无限的乐观和信心。

午后，参观咸兴本宫历史博物馆。馆址为李朝第一代李成桂即位以后所建的宫殿。院中古松已达350年，曲屈若龙，姿态奇特而美丽。馆中陈列物有咸兴附近出土的新石器时代器物及汉代古墓出土遗物，说明这与汉代乐浪郡的关系。最后一馆陈列李朝时代遗物，说明当时文化有进一步的发展，惟最后遭日本侵略遂致中断。

晚，看电影：五彩片《金刚山》及故事片《母亲的怀抱》。知朝鲜电影艺术亦在飞跃前进。尤以故事片结构简洁而表现内在感情自然发展，至为动人。

### 2月24日(星期二)

虽天寒而天气晴朗，日光美丽。

上午，参观兴南本宫化工厂，为1935年日本财阀野口所建。至1945年朝鲜解放时始被收回。当时生产分四部分：

1. 电石、石灰、氮肥；
2. 阿摩尼亚(即氨水)及有关化肥；
3. 苏打、漂白粉、盐酸；

4. 有机合成产品，共有二十余种。

日本撤退时曾遭破坏，抗美战争期间又大遭破坏，计美机轰炸约3000余次，投弹约为4万枚以上。停战以后又迅速恢复。现有职工8700多人，工厂占地24万平方米，产品增至45种，被拟扩建染料厂、农药厂、塑料原料厂及人造纤维厂。工人干劲充沛，不断出现劳动英雄和模范工人。电石炉在日本时代每天产40吨，现在增至90吨，今年并拟增至110吨。职工文娱活动、福利设施亦极注意。现有俱乐部，建筑华丽，可容1300多人。职工业余文艺活动参加者约600人。有夜间静养所，有捕鱼船两艘，有奶牛，产品廉价供应职工。工厂恢复时期，有中国技师20多人来此相助。将来扩建以后将为朝鲜最大的化学工厂。

午后，参观兴南西湖水产事业，有捕鱼机帆船31艘，有冷藏库，每年11月前后为捕鱼旺季，除供应本国用外并大量出口。

此后继参观兴南化肥厂，为日本统治时期建立，1929年开始生产，1945年8月15日解放，回到人民手中。1950年6月抗美战争起遭受严重破坏，1953年后恢复建设，1955年8月投入生产，1958年产化肥（硫铵、硝铵）共36万吨。千里马运动实行机械化生产，1959年底，拟增产至100万吨。全厂职工1万多人，厂址100万平方米。据云为亚洲最大的化肥厂。

当晚，工厂业余文艺团演出音乐歌舞剧欢迎代表团。情况热烈，至为感人。

当晚乘车离咸兴。

2 月 25 日(星期三)

昨晚以车误点,今日上午 11 时抵平壤。午后为朝鲜文学新闻征文撰稿,题为《向跨上千里马飞跃前进的英雄的朝鲜人民致敬!》,晚看电影《乡村工作者》。

2 月 26 日(星期四)

午后,参观南浦冶炼厂。在平壤西 42 公里,汽车一小时半可达。为朝鲜规模最大的有色金属冶炼工厂,日本统治时期的 1919 建,生产金、银、铜、铅、锌等各种有色金属。抗美战争期间 80% 建筑遭破坏。战后经苏联援助 10 亿卢布恢复建设,规模巨大,并有现代化设备。捷克并援助延压设备,可以出产铜线、铜板。全厂职工 5000 多人(其中女工 1000 多人)并附设技术专科、技术传授学校及职工福利设施。本日参观炼铜及用电解方法生产金、银、铅、锌。

晚,乔晓光大使举行招待会,到朝鲜方面许贞淑、何仰天、徐哲、崔基哲(在中国时名金元浩)、玄弼勋、朴成哲等人及我驻朝鲜大使馆部分同志。

2 月 27 日(星期五)

与全团同志及乔晓光大使等谈此次文化代表团访朝工作。乔晓光大使对朝鲜情况作了一些重要的说明。对我们对朝鲜文化工作的帮助极大。

午后 4 时,朝鲜副首相洪钊熹接见,洪为一汉学家,对中国的历史掌故很熟悉。本日略谈中朝文化关系及今后社会主义文化繁荣问题。

晚，崔基哲副委员长设宴欢送。双方致词。徐哲、朴光善、黄徹、朴八阳诸同志纷纷祝酒，感情真挚而热烈，充分表达了中朝两国人民的深厚友谊。

当晚，对外文化联络委员会向中国代表团赠礼。

### 2月28日（星期六）

离平壤返京。来送者有乔晓光大使及袁秘书、韩秘书等使馆十多位同志。朝方来送者有许贞淑委员长、崔基哲副委员长、徐哲委员长、朴光善副相等同志。火车开动，握手告别。惟对于美丽而雄壮、古老而新兴的平壤，对于充满青春活力和深厚友谊和热情的人民，仍留下极为深刻的印象和永远不能忘怀。

### 3月1日（星期日）

上午11:25抵北京。来接者淑端及罗俊、王仪诸同志。朝鲜大使馆马凤山参赞亦来车站相接。北京积雪颇厚，闻最近曾下大雪，故气候似较平壤寒冷。

计2月12日离京，3月1日归国，连旅途在内，共十八天，完成了对朝鲜民族主义共和国的访问，并签订了《中朝友好和文化合作协定》，这将有助于加强中朝友谊和促进文化交流。

# 1959年5月2日至5月17日 访问瑞典日记

### 1959年参加世界和平理事会特别大会的中国代表团名单

团　长　郭沫若

秘书长　廖承志　刘宁一

团　员　包尔汉　李德全　胡愈之　孟用潜

金仲华　梁思成　楚图南　喜饶嘉措

赵朴初　载　涛　乌　兰　吴耀宗

区棠亮　周培源

（编者按：名单不全）

## 1959年

### 5月2日（星期六）

上午6时30分乘图-104飞机离北京赴瑞典斯德哥尔摩参加世界和平理事会扩大会议。中国代表团以郭沫若为首共20

人，连工作人员共30余人。本日偕廖承志[①]、李德全、胡愈之等18位同志先行。到机场来送者有淑端母子及罗俊、周而复诸同志。途中略有风雾，中途停伊尔库茨克及鄂木斯克各停1小时。午后8点30分抵莫斯科，为莫斯科时间午后2点30分。来接者有张伟烈[②]代办及驻苏使馆同志。由机场赴市区途中巨厦连片，房屋栉比，皆为近一二年内新筑。使人感到社会主义的伟大苏联蓬勃繁荣新气象，令人耳目一新。街上遍插红旗及各种建设指标标语牌，行人熙来攘往皆着新衣，精神焕发，犹有节日气氛。当晚住莫斯科饭店。

晚饭后到马路散步，游览马雅科夫斯基广场。有马雅科夫斯基巨型铜像，青石为座；整个雕刻规模雄伟而有气魄，令人想到马雅科夫斯基桀骜勇敢一往无前的个性及其急风暴雨般的诗歌的作风。当为一代名雕刻手的杰作。沿途看莫斯科街道繁华，汽车往来如织，但马路旁人行道宽阔。望众多小剧院、小电影院及小公园广场，这样有效地解决了繁华都市的广大人民文化娱乐和休息的问题。这种办法和经验值得我国新城市的建设规划方面作为重要的参考。

**5月3日(星期日)**

天晴微热，俨然如春时气候。上午街道散步，经高尔基大

① 廖承志(1908—1983)，时任中国人民保卫世界和平委员会副主席，中共第十二届中央政治局委员。

② 张伟烈(1911—2006)，外交部驻外大使，时任驻苏联大使馆政务参赞。

街，商店中衣服、饮食用具等百货充斥且极精美。商店中顾客拥挤，然有礼貌有秩序，行人衣着整洁，儿童美丽活泼，说明苏联近年来轻工业相应发展，人民生活富裕，文化水平亦高。伟大的社会主义社会欣欣向荣给人以莫大鼓舞。午后阅报知苏联 1958 年国际和平列宁奖金已经委员会决定奖给下列 5 人：

赫鲁晓夫（N. S. khrushchev），公众领袖，政治家，苏联人；

杜波依斯（W. F. B. Dubois），学者，作家，美国人；

巴契维兹（Otto Bnchwig），工人，运动活动家，德意志民主共和国人；

瓦尔纳里斯（Costos Varnalis），作家，希腊人；

蒙塔古（I. Montagn），出版家，世界和平理事会理事，英国人。

晚，与越南同志黎廷探、阮春水、陈文伦及胡愈之、梁思成、孟用潜诸同志到莫斯科大剧院看歌剧《费加罗的婚礼》，根据法国小说改编的喜剧，莫扎特作曲，故为最著名的歌剧。

### 5 月 4 日（星期一）

上午 10 时，乘苏联双引擎飞机离莫斯科，12 点 50 分抵波罗的海海滨立陶宛首府里加，在此休息一小时，继续起飞，经一小时四十分，约莫斯科时间 3 点 50 分即瑞典时间 1 点 50 分抵斯德哥尔摩。天气晴朗，风和日丽，正为北欧春时。来接者有董越千大使及使馆诸同志。住近郊布拉马旅馆(Hotel Bramma)。晚赴大使馆,廖承志同志报告会议准备情形及所了解到的思想情况。

## 5 月 5 日(星期二)

本日移住马尔门旅馆(Hotel Malman)在闹市中心,行人拥挤,汽车往来如龙,与 Hotel Bramma 之在郊外,附近且有小山、小森林,环境优美,纯然两个绝不相同的境界。

午后 4 时,访安德琳夫人,为世界和平理事会副主席,曾得斯大林和平奖金,为瑞典著名医学家及社会活动家。1952 年访中国调查美国细菌战,有正义感。1954 年参加赫尔辛基和平大会,曾与之有接触。1955 年率古典歌舞剧团访问瑞典亦得其协助。此次往访并邀请其国庆访华,彼一再表示感谢并认为光荣。

瑞典文翻译陈维明同志为江苏沛县人,来此工作已有六年。车中谈及瑞典人民生活情形要点如下:

1. 普通工人每月收入 800 克朗,但所得税占去 1/4,房租占去 1/4,实得不过 200 克朗;

2. 普通农民收入每月平均 400 克朗到 500 克朗;

3. 普通人一月伙食约 100 克朗(使馆同志每月伙食约 80 克朗);

4. 鸡蛋一公斤(约十五六个)价 4 至 5 克朗。鸡蛋、牛乳、黄油等副食品一般尚不缺乏且可出口;

5. 每 1 克朗折合人民币 4.7 元。Malman 旅馆房费每间一人住 22 克朗,两人住 33 克朗;出租汽车由旅馆到机场约

10 克朗。

遇阿根廷马里亚等,彼自阿根廷来,据称阿根廷共来四位代表,亦住 Hotel Malman。

各国代表纷纷到达。参观露天博物馆及王子画廊及雕刻陈列厅。1955 年曾到此参观,似一切如旧,惟都市生活似较前繁华,货品多为国货。机械化设备已较普遍,如商店中的计算机,旅馆中的自动擦鞋机、吸尘器,街道中的自动售货机,出租汽车中的旅程计算机等等至为普遍,节省人力物力颇有足取。

**5 月 7 日(星期四)**

据云本日为耶稣升天节日,瑞典各机关学校商店皆放假一日。本日郭老(郭沫若)、包老(包尔汉)、喜饶嘉措、载涛、乌兰诸人自莫斯科乘飞机到达,同行者有苏联代表考涅楚克等人。

与拉丁美洲代表马丽亚・路莎谈话,共涉及三个问题即:

1. 中国与阿根廷友好文化来往及今年国庆节邀请阿根廷文化代表团访问中国问题。马介绍一名电影导演访问中国。

2. 关于此次世界和平理事会扩大会议内容问题,彼提出四点:①改选领导组织;②亚非拉丁美洲召开万隆性质的民间会议;③德国问题——柏林成为自由城市问题;④与西方和平运动者合作问题,彼认为不应该使用冷战言语使人害怕。

3. 拉丁美洲代表一般是进步的,都有重要性,特别秘鲁代表第一次参加和大,人数不少,且多为国会议员,应多做工作。

据了解拉丁美洲已有 12 国的代表 60 多人到达,智利万徒勒里亦已于今日到达,相见甚欢。

阅《北京周报》(*Peking Review*)第16期关于"总路线"及"长期共存,相互监督"的英译已较前简明妥当,特录如下供参考:"鼓足干劲,力争上游,多快好省地建设社会主义"(Go all out aim high and get greater, quicker, better and more economical results to build socialism)";"长期共存,互相监督"(Long-Term coexistence and mutual supervision)。

**5月8日(星期五)**

下午3时,大会在公民厅(The Hall of Medborgarhuset)开幕,到70国代表约250人,由瑞典安德琳夫人主持,致词欢迎各国代表,并向逝世的和运杰出人士约里奥·居里等人默哀。继由各国代表团领导人:法国的戈登夫人、苏联的考涅楚克、阿根廷马丽亚·路莎、中国的郭沫若、喀麦隆代表 Onanli 及约里奥·居里女儿海伦先后致词祝贺,最后由英国贝尔纳教授报告,并宣读各国领袖贺电,重要者有赫鲁晓夫、宋庆龄、周恩来、格罗、苏加诺、胡志明、卡塞姆诸人。到会者每人发纪念章一枚。会场空气热烈谐洽,美国代表团15人亦出席今日会议,这说明十年来和运的成就影响深远而普遍,和平的旗帜已照耀全世界并已为各国人民所拥护,今后东风进一步压倒西风,以苏联为首的和平人民力量日益强大,人类和平和光明的前途将更有保障。

**5月9日(星期六)**

本日上午,大会讨论并续有各国领袖贺电。发言人遍于五大洲。一致拥护和平，反对战争，反对帝国主义和殖民主义，反对试验并使用核武器，拥护中欧成立非核武器区，并和平解决德国问题。惟印度国大党代表查门拉尔称：北大西洋集团之成立，是由于受到威胁，并称印度自动放弃对西藏的治外法权，似为印度扩张主义分子作辩解。并建议举行“世界和平日”，反对军事集团。其发言的大部分内容代表帝国主义和南斯拉夫主张，颇为反动。

会上晤希腊代表 Michel C. Kyrcos，称其子曾访问中国，受到友好接待，深致感谢，并称愿为促进两国文化交流、人民友好往来尽一切努力。

瑞中协会副主席埃里克松（Erikson）来谈瑞中协会工作情况，使馆徐中孚参赞亦参加。据称，《中国建设》杂志 1954 年在瑞典销 200 册，1956 年 300 册，1959 年则增至 700 册。1958 年有关中国文学书籍在瑞典共销 800 册，合 2000 克朗。瑞中协会会员共 685 人。此间需要反映中国人民生活及人民公社活动情况如 16 毫米电影拷贝及幻灯片，并要现代画家原作来瑞典展出并公开出卖；此外并就人员来往及书刊资料展览会等问题交换意见。

**5 月 10 日（星期日）**

上午大会进行讨论，发言者有日本、西德、波兰、伊朗、捷克、伊拉克、苏联、印尼、约旦、蒙古、瑞典各国代表。其中锡兰代表萨拉南卡拉法师发言，严肃谴责在东南亚地方接受美国津贴成为富有的资本家的佛教徒借西藏问题对中国进行冷战，并企图干涉中国内政，说明印度、锡兰等地一小撮反动分子借宗教问题大肆叫嚣的真相,博得全场热烈掌声。

下午开小组会,分为政治组和组织组。政治组又分为德国问题组及民族独立问题组。

晚,中国代表团便宴阿拉伯各国代表,到伊拉克、约旦、叙利亚、黎巴嫩、沙特阿拉伯、突尼斯等国代表约二十余人。晚纪念约里奥·居里博士大会,戈登夫人、郭沫若、贝尔纳、爱伦堡先后讲话,仪式颇严肃、隆重,一致表示向约里奥·居里为人类和平进步事业献身的精神学习。

报载5月8日威廉·皮克(时任德意志民主共和国总统)总统发表声明,要求日内瓦外长会议采取步骤拟定并缔结对德和约,并结束东西柏林占领制度。声明并指出苏联提出的对德和约草案是从保证和平和承认德国人民的主权出发,有助于德国沿着和平民主方向发展,并为两个德国接近和协力创作条件,使两个德国统一成为和平民主的国家。

### 5月11日(星期一)

上午各小组分别开会。我与金仲华诸同志参加德国问题小组。各国代表纷纷发言。其中挪威代表发言称西方人士完全支持《北大西洋公约》,颇引起异议。最后推举苏联、东德、西德、波、捷、法国、意大利代表各一人共7人草拟关于德国问题的文件。

### 5月12日(星期二)

上午常委会商讨组织问题,下午大会发言,各小组会通过文件,关于组织问题初步方案如下:

1. 设理事会、执行局、主席团

2. 主席团初步决定下列人选：

| | |
|---|---|
| 达士的(E. D'Astier) | 法国 |
| 布鲁姆(Blume) | 比利时 |
| 加沙诺瓦(Casanova) | 法国 |
| 加塞拉(Casella) | 阿根廷 |
| 戈登(Cotton) | 法国 |
| 文幼章(Endicott) | 加拿大 |
| 弗德里希(Friederich) | 东德 |
| 英费尔德(Infeld) | 波兰 |
| 爱伦堡(Ehrenbarg) | 苏联 |
| 考涅楚克(Korneitchouk) | 苏联 |
| 郭沫若 | 中国 |
| 伦克维斯(Lundkvist) | 瑞典 |
| 斯巴诺(Spano) | 意大利 |
| 森德拉尔(Sunderlal) | 印度 |
| 塔日帝(Targetti) | 意大利 |
| 塔里特(Tabet) | 黎巴嫩 |
| 维拉士科(Velasco) | 巴西 |

另有非洲、拉丁美洲、印尼、美国、日本各一人尚未推定。

下午大会继续发言，非洲和拉丁美洲代表发言踊跃，一般对保卫世界和平，维护和争取民族独立运动和反对帝国主义和殖民主义有强烈愿望。美国代表弗里希曼(Fritchmen)亦强调指出美国广大人民热爱和平和愿意同各国人民友好相处。并称《生活杂志》和《时代周刊》并不代表美国人，博得大会热烈掌声。

晚，中国代表团和拉丁美洲各国代表联欢，到会者纷纷发言，谓中国是拉丁美洲的榜样，是拉丁美洲的希望。对新中国的社会主义成就和支持世界各国被压迫民族和民族独立运动推崇备至。其中有秘鲁议员 25 人，委内瑞拉妇女代表 4 人，并已应邀访问中国。

**5 月 13 日(星期三)**

上午大会继续发言。

下午大会选举主席团，通过各种决议及宣言等文件后胜利闭幕。

此次大会到 70 多个国家的 300 多位代表。总的表现是社会主义国家及亚非拉丁美洲国家显示出坚定强大力量；西方显得软弱无力；阿联(编者按：指当时埃及和叙利亚联合成立的阿拉伯联合共和国)未派代表参加；印度过去声望显然下降。这可说明世界总的趋势和和平运动总的趋势。

我驻芬兰文化专员汪普庆、陈大远，驻挪参赞成君宇，驻瑞典参赞徐中孚及秘书戴舒翘汇报北欧各国文化工作。传达张致祥同志就方针政策、国际形势和调研、宣传、总结经验等项具体工作的重要指示。

晚，董越千大使招待部分中国代表团及瑞典中国协会主席林曼、副主席鲁宾斯坦、埃里克逊、瑞共书记约翰逊、瑞典和大主席安德琳夫人等，宾主纷纷发言，气氛颇热烈友好。

使馆司机杨同志谈瑞典人口七百万，而养狗却有三百万，早晚多见妇女牵狗散步街头，或逛公园，每人有牵狗二头以上者；狗的食品超过贫人的食品，经常淋浴，冬日穿衣如人。不久以前，斯德哥尔摩曾举办狗的展览会，富人乘飞机火车携带各种不同的品种赶来参加，轰动全市。其胡闹无聊且浪费金钱、人力、时间如此，所谓西方资本主义社会的生活方式大体类此。

### 5月14日（星期四）

天阴，准备明日乘飞机赴莫斯科。今晨与包老（包尔汉）、吴耀宗出街购零星用品。

晚，大使馆约中国代表团与使馆同志聚餐，吃中国饭。廖承志同志作总结报告。略谈此次中国代表团采取又团结又斗争的方式在各方面取得巨大胜利，同时亦使和平运动有了新的进展，这是值得重视的。此次会议重要的问题有三个问题。

第一，国际问题。将和平运动同反帝反殖民主义运动同民族独立运动联结起来，旗帜鲜明，对德国问题亦表示了明确的态度，通过了宣言号召声明及致日内瓦外长书等十个文件，总结了过去和平运动成绩并表明今后工作方向。

第二，关于组织问题。左派领导力量加强，右派削弱，建立集体领导，设24人主席团，设苏中法三国组成的书记处，这是组织工作的一大胜利。

第三，西藏问题。印度颇想钻空子，但由于我事先准备并分别向印度左、中、右各派人士表明态度并根据事实作有理、有力的斗争，并向有关各国代表作适当说明，使印度知难而退并在整个和会上陷于孤立并不能不转而向我方寻求友好。我汉满蒙回藏各族代表及两个喇嘛出席，阵容整齐，先声夺人，国内文件及时接到、分别散发宣传，这是西藏问题获得胜利的一个重要原因。

总的说来，在整个会议中，社会主义国家和亚非拉丁美洲态度坚决，力量强大。西方国家显得无力，右派逐渐失势。阿拉伯国家逐渐团结在伊拉克代表周围。阿联没有代表出席，这说明了今后和平运动的新的动向和新的力量的发展。表明了十年来和平运动得到胜利。和平运动在五洲各国更有了广泛基础。建立集体领导加强左派的核心领导，更为今后和平运动的开展准备坚实可靠的基础和充分有利的条件。

### 5 月 15 日（星期五）

上午 12 时，乘斯堪的纳维亚航空公司（SAS）四引擎飞机离斯德哥尔摩，午后 3 点 45 分即莫斯科时间 5 点 45 分抵莫斯科。住北京旅馆。当晚看全景电影，似又比宽银幕电影进一步逼真，使人有亲临其地、亲接其人之感。闻尚在实验中，尚待研究改良然后大量生产。

### 5 月 16 日（星期六）

午后 2 时，参加莫斯科列宁加强国际和平奖金委员会给赫鲁晓夫同志受奖典礼。大会由奖金委员会主席斯科贝尔琴主持。中国郭沫若、法国戈登夫人、苏联吉洪诺夫、东德女作家安娜·西格斯、印度森德拉尔及苏联工人代表、农夫代表、青年代表分别致词祝贺。最后赫鲁晓夫同志讲话，全场热烈鼓掌。赫鲁晓夫同志称，列宁关于和平的理想是苏联对外政策的基础，并宣布苏联当前对德国问题、裁军问题、禁止核武器的主张，号召全世界人民共同保卫和平。本日大会在克里姆林宫苏维埃会议厅举行，出席者有苏联各界人士及各国和平代表二千余人。我与中国代表共十人参加主席团，会后，苏中友好协会及苏联对外文化联络协会招待参观友谊宫，此为苏联对外28个友好文化团作的联合办事机关，有华丽精美的会所及电影放映室，图书阅览室，会议室等。并陈列有关各国的书报杂志、画册图片等。

Визжнин（维日尼）同志报告两个协会的工作，称已同200多个国家有文化友好联系。友谊宫为发展同各国友好的基地，平时举办电影报告文艺晚会、各种招待会等活动。现正积极准备庆祝中国国庆十周年，这种组织和活动方式颇值得我参考学习。

## 5月17日（星期日）

上午参观普希金艺术博物馆，馆内陈列俄国过去古典绘画名作。但主要是希腊、埃及的古代雕刻艺术品，极名贵。亦有少数巴比伦遗物。昨今两日有大风雪。温度约在20℃左右，比斯德哥尔摩气温略高5℃至10℃。

晚11时离莫斯科乘图–104飞机飞返北京。以气候关系飞机起飞时间推迟3小时，飞抵鄂木斯克时天已大明，据报飞机时速为920公里，高8000公尺，空中气温零下40℃，机内20℃，中经鄂木斯克及伊尔库茨克各停一小时，抵京来接者罗俊诸同志及淑端母子，半月远行至止，告一段落。

# 1960年1月22日至3月10日
# 中国文化友好代表团和
# 中国民族歌舞团访缅日记

中国文化友好代表团

团长　楚图南

副团长　赵朴初

副团长　林　林（兼中国民族歌舞团团长）

秘　书　叶文茂

秘　书　李　进

翻　译　许清章

翻　译　朱坚根

秘　书　孙济昌

中国民族歌舞团

副团长　刘铁山

指　挥　任　策（兼合唱队队长）

合唱队、乐队、舞蹈队及舞台工作人员共58人（名单见后）

## 1960年

### 1月22日（星期五）

清早7:20，乘飞机离北京，同行者赵朴初、林林、刘铁山等15位，其余同志已先期分批离京赴仰光。是日，来送行者有丁西林、罗俊及委内诸同志，及缅甸驻华大使觉温。

飞机经太原上空西行至西安，沿途农田修整，甚少山坡，丘陵地带亦精雕细刻整齐美丽如画。这可以看出1958年“大跃进”及人民公社所发挥的威力。

11:30飞成都，得重庆电话，称昨日周运敦（歌舞团女同志）因病留重庆。午后由成都飞重庆，晤周运敦同志，约定明日偕同飞昆明。当晚留宿机场。

### 1月23日（星期六）

上午天阴微雨。

10:20飞昆明，值大风，飞机颇有颠簸。

12:45抵昆明，来接者有省人委张子斋秘书长及外事处长李平，文化局副局长彭华、陆万美诸同志。缅甸驻昆明总领事吴茂梭及副领事M. Hen Tun亦来机场相接。午餐时并晤我驻锡商务参赞王德光同志。

昆明风和日丽如初春天气。市区各新建筑，面貌焕然一新，住东风路国际旅行社，入室兰花气氛袭人，国内外徒知云南茶花有名，不知云南幽兰尤香绝人寰，且品种甚多，闻最佳品种为素心兰云。

晚，张冲副省长、徐家瑞厅长诸人陪同晚餐，食云南典型菜饭，家乡风味十足。张冲健谈，为述南水北调伟大计划，并述云南历史、地理、动植物及地下矿藏特点，眉飞色舞，引人入胜。

### 1月24日（星期日）

上午7:30由昆明起飞，约飞行三小时抵曼德勒，休息半小时，空气炎热已如初夏时候，11时继续起飞，1时抵达仰光。

我驻缅使员雷阳①代办及肖明参赞等人来机场相接。缅文化部长吴漆东、缅技术学校校长宇庆貌等亦来机场相接，并献花。态度尚极热情友好。

当晚住柬埔寨宫（Kombawja Palace），地点在郊外燕子湖畔，风景优美。室内气温30℃，电扇不停，犹感炎热。室外太阳如炙，鸟噪花明，绿树蓊郁，俨然异国风光。闻缅方安排明晚歌舞团演出，故今、明日工作当甚紧张。

晚，团部到使馆与使馆诸同志研究并讨论缅全部日程。

### 1月25日（星期一）

上午11时谒昂山将军墓并献花圈。

12时，拜谒吴漆东部长，并略谈访缅日程。彼云总统接见并

---

① 雷阳（1914— ），时任中国驻缅甸大使馆参赞，后任外交部教育司司长，驻波兰大使馆参赞等职。

看演出已改期，并云缅大选前不到外地访向演出。似缅方已另有考虑，故有此重要变化。

是日，天气炎热达33℃，即华氏96°。午后，雨天天气转凉。

晚，我民族歌舞团在大金塔路交美里虎露天剧场(Jubilee Hall)开幕演出，吴漆东部长致欢迎词，称中缅为兄弟之邦，愿促进文化友好关系。我致答词，称带来了中国人民对缅甸人民深厚的友谊并介绍我民族歌舞艺术，并向缅甸悠久的文化传统和优美的歌舞艺术学习，并表示加强两国的友好关系和文化交流，是两国人民共同的愿望，亦符合两国人民共同的利益。本晚出席观看演出者有：缅最高法院院长吴敏登、副总理兼外交部长吴伦布，及其他部长及苏联大使各国外交官员和观众五千多人。开幕仪式尚显得隆重热烈。

## 1月26日(星期二)

上午天阴。

10时到缅总统府贵宾室签字。

10:30，与雷阳代办及全体团员游览大金塔。大金塔每年一修缮，今年此时正在修缮并贴金。殿堂走道等已较过去清洁。

午后天雨、天气稍凉。晚演出仍有四千多人冒雨观看，据云为仰光自有艺术歌舞演出以来未有的情况。我演员情绪饱满亦博得观众好评。

## 1月27日(星期三)

本日为旧历春节前夕。仰光《人民报》嘱为题词，早起写“敬祝侨胞发扬热爱祖国团结互助的优良传统，并为增进中缅两国人民友谊而努力”送去。

10时参观和平塔及石窟，皆为吴努任总理时新建筑。和平塔陈列蒲甘王朝时代古物不少，足以说明蒲甘王朝时代已有比较高度的文化。石窟为第六次佛经结集大会会址，内有中国所赠宋《碛砂藏》经[①]及有关佛教文化图片不少。并陈列有我国及锡兰所赠佛牙模型。

11时参观仰光大学。该校艺术学会少数学生排队欢迎，教务长拉敏博士致欢迎词，并招待茶点。学生在室外围观者甚多，虽被驱散，但仍呼“中缅友谊万岁”口号。闻该校学生万人，分七八个系，校址面积广阔，校舍有新旧各种式样建筑，已有四十多年历史。

晚6时，与雷阳代办参加此间华侨文娱广场开幕，由仰光市长帽吞盛上校剪彩并致词。广场在华侨中学，规模甚大，有各种工艺图片展览及电影戏剧等，可以看出华侨饱满旺盛的生命力及组织团结、互助合作精神。我华侨所到之处皆能赤手成家，并逐渐形成为一种力量，这就是主要原因之一。参观文娱广场后，随到大使馆吃饭。全体团员与使馆同志除夕联欢，同志们皆饱食饮酒，并有舞蹈歌唱表演，直到夜深。我则与丁国钰大使夫妇及王德光参赞打麻将消遣。丁国钰及王德光两日后即分别赴巴

---

① 全名为:《宋碛砂延圣寺刻本藏经》，简称《碛砂藏》，闻名中外的佛教经藏汇编，南宋理宗绍定二年（公元1229年）开雕于平江府（今苏州）碛砂延圣寺而得名。

基斯坦及锡兰就任。

**1 月 28 日(星期四)**

本日为旧历春节。

上午参观博物馆,陈列物品大体如我 1957 年路过仰光时所看到的。惟新增前缅甸王朝时代的巨大金色宝座,尚富丽。闻为英人掳去,现已索回。又前吴努总理访华时,我赠送全部礼品,过去亦陈列于此,现已全部移去。

随参观博物馆邻近的艺术学校,校长杜尼斯曾访问过中国,颇殷勤接待,并令学生分别表演民间乐器、民间歌唱、民间舞蹈等节目,民族特点极为浓厚。继承、发扬传统的民族文化,这方向是正确的。现仅有学生 70 多人,校舍简陋,属文化部领导,闻正在扩建增收学生。校长对此校所具有的信心和毅力,值得钦佩。因略赠礼品并致相勉之意。午后并派我团几位同志来此校学习一两个缅舞蹈和歌唱。

**1 月 29 日(星期五)**

本日天晴,气候炎热如初来时。

上午阅报知中缅两国总理已于昨日在北京签定《中缅友好和互不侵犯条约》及《关于中缅边界协定》等两个重要协定。这是 1960 年初在东南亚国际关系中一件大事,有了这个范例,中印及其他国家一切有关问题皆可和平协商,得到公平合理的解决。同时也增进了亚非各国间的友好团结,对于帝国主义的挑拨离间是一重要的打击。

10时，参观仰光动物园，见白象、白鸦、黑豹及印度产的一种四腿两耳，带黑白斑的一种无角的野鹿，足为在此间所见到的最珍奇的动物。

晚演出，增加了新的节目如：《海南岛三月三》，山西民歌《闹元宵》等，并歌唱了缅甸歌曲《海鸥》及《白鸽》，缅甸舞蹈《瓦城的花朵》，亦有改进，颇受欢迎。

**1月30日（星期六）**

上午，参观植物园及昂山公园。

缅甸以气候炎热且雨量充足，故植物繁茂，多奇花异草。一种木本植物开红花，满树鲜红，如同火焰，故称为"森林的火焰"，夏秋开花极为美丽。本日所见者为白色秋海棠、粉红色凤尾花、白色及各色叶子花及其他各色大叶子植物及芋属、仙人掌种植物多种。

中午，奈温总理自北京经香港飞返仰光，与雷阳代办及大部分团员赴机场欢迎。赴机场欢迎者，尚有缅政府官员及各国驻缅外交官及团结协会群众数百人。团结协会为奈温上台后成立的全国性的群众组织，以绿旗白狮徽为标志（廉洁派以黄色，巩固派以红色，民族阵线以蓝色为标志）。情形尚热烈。此间各报亦称颂奈温总理乃是胜利归来。

晚，驻缅大使馆领事部招待侨领，被邀出席并祝酒。出席者旅缅侨领50多人，大部分属闽粤籍。从事大米、木厂及商业经营；北部多滇籍，从事珠宝玉石生意。宴会后赴剧场看我演出，吴漆东部长及吴登貌亦来看演出，略与商谈留仰光期间访问演出日程。

**1月31日(星期日)**

本日休息,不作演出。

上午,读完《人民日报》1月29日社论《中缅友好关系的新阶段》,看新华社《新闻公报》(*News Bulletin*),公报载关于1959年我国的建设成就,我电力去年已达415亿千瓦,比1958年增67%,预计第二个五年计划,即1962年完成的400亿到470亿千瓦的指标业已提前三年超额完成。在煤炭方面,去年达到了三亿四千七百万吨,比1958年增29%,比1949年增加9倍,在产量方面超过英国。在1959年有19个矿区产量达500万吨以上;其中有7个矿区达1000万吨以上。设备技术等皆已逐渐现代化。1960年的生产建设,当仍是继续跃进。

下午,主人为安排参观赛马,规模甚大,为赌博性质,每星期举行一次。售票万张,票价为1元、3元、5元不等。缅甸方面陪同官员三人,本日购买彩票1输25元,1输75元,1买10彩票赢30元。

晚到使馆看《雕龙记》、《渔童》、《泥人张》三个美术电影短片。

**2月1日(星期一)**

天气晴朗,微有海风,颇感凉爽。

午间香港《大公报》、《文汇报》驻缅仰记者赵宣扬来谈缅甸风土及华侨情况。据称:

1. 缅甸人一般无姓，名字上面冠一词表示身份如吴（U—先生），貌（—将军）、妈（—小姐）、杜（—女士）、哥（—平辈男子）。称华人为金缪、胞波，意即金亲，兄弟。

2. 缅 1942 年年产石油 90 万吨，现正恢复中。大米最高年产 700 万吨（合我 140 亿斤），出口 300 万吨，留用 400 万吨。现在产额未达此数。此外，出口柚木（Teuk）、钨砂、豆（由香港转日本）。

3. 缅华侨经营企业，最大者为大众烟草公司（资金二千万缅币）、织锦公司、华侨企业米厂、木材加工厂等。此外为饮食店、小商贩贸易等，皆白手勤俭成家。春节文娱广场，每日参观者几千人乃至万人，进行买卖兼作戏剧、体育等正当活动，已逐渐消除过去赌博成的风气。并使家人团结，游玩娱乐亦改变过去分散活动、家庭不睦的不良情况。

4. 印度侨民 150 万，大部已入缅籍，为缅公民，现仅存 12 万保留印度国籍。华侨 30 万，亦有 23 万入缅籍为缅公民，惟 7 万保留华籍。

5. 仰光最大娱乐场所为华缅合资经营的有冷气设备的首都电影场，每日演出，共座位 670 个，票价由 3.5 元到 75 元，每场收入 2200 元。放映美、英及中国电影，我宽幕五彩片《老兵新传》即在此上演。

晚演出，缅方出席观看演出者有民族院上院议长萧恢塔（即苏瑞泰）、文化部长吴漆东、外交部常务秘书巴林顿。

### 2 月 2 日（星期二）

上午，赵朴初同志来谈万慧法及佛学有关问题。我意将来佛学汰去宗教迷信落后成份，其全部内容，如哲学、文学、建筑、医学、绘画、雕刻及高僧传记等等仍可批判地接受。作为文化遗产，或学术遗产，特别是作为东方文化遗产，或东方学术遗产的重要组成部分，接受保留下来。因建议我佛学会似宜成立佛学图书馆，并组织人才搜集资料作好准备工作。这样才能走社会主义的道路，并与社会主义文化建设事业合拍。

晚第七场演出，新增《荷花舞》、《鄂尔多斯舞》及所学缅甸新歌舞节目，颇受欢迎，今晚出席观看者有昂山夫人杜钦芝及文化部长吴漆东等人。

## 2月3日(星期三)

上午，参观亚温(Aone)电影制片厂及英缅电影公司制片厂。两者皆为私人企业，前者职工60余人，年产电影片3部；后者职工40余人，年产电影4部。晤缅甸最有名电影明星吴吞盛。吴最近所拍摄的故事片《爱情桥》正在仰光放映。据云缅甸放映外国电影，美国第一位，印度第二位，第三则为英、法、意大利、日本等国电影。

午，华侨居士林的胡肯堂、黄忠泉等人来访，并持陈步墀、陈启彰等人来函，约明日到北郊高解福山寺素食便餐。

晚，缅甸华商商会约宴，宾主约三百多人，地址在1958年新建的华商商会大厦。会长徐世民讲话，致欢迎词，我亦致词，感谢并勉以热爱祖国，团结互助，并为增进中缅两国人民友谊而努力。出席宴会者尚有缅文化部长吴漆东及其有关缅方官员。宴会后并为华侨中学、南洋中学及伊江合唱团等团体作文艺表演，情形热烈,为旅缅侨胞的一重要盛会。

**2 月 4 日(星期四)**

上午,拜会外交部长吴千吞昂,彼表示最近访问中国及签定两国条约的观感,称中国的建设经验及各种办法如小型炼钢,大、中、小结合,土洋结合等值得缅甸学习。西方国家不可靠也不能依靠。亚洲国家应该在、也可以在万隆会议五项原则的基础上团结合作。帝国主义的挑拨离间是不会成功的。又云我文化友好代表团访问及歌舞团演出获得很大成功,乃至最坏的报纸受美国津贴、美国化了的报纸《民族报》(*Nation*)也不能不说好话称赞。

中午,应华侨居士林约素食便餐。侨领陈步墀、陈启彰、胡肯堂、黄忠泉等人谈此间华侨组织及居士林等筹组经过,知我侨胞劳动创造精神及组织协作精神,实为在艰苦条件下,在海外获得发展之重要因素和基础。如再加强现代科学文化知识,则所产生的威力和作用当更巨大。

午后,文化部长吴漆东夫妇招待团部诸人茶点,吴夫人亲自烹调缅甸典型小食品,颇可口。

部分团员经环城铁路游览市容,并看缅甸电影。

**2 月 5 日(星期五)**

上午,拜会吴伦布副总理,据云将往曼德勒主持我演出开幕式。

中午,李一氓大使自北京返抵仰光,与团员赴机场相接。往机场迎接者尚有苏、捷、德、罗马尼亚、朝鲜、越南等兄弟国家驻缅使馆外交官及商务代表。

午后，部分同志参观制药厂，现代化设备，出产针剂、片剂及药膏，现有职工700多人，为缅甸国营规模最大的制药厂。厂方设茶点招待，并赠送药品两箱。

晚，在孟加拉东陆军医院为缅国防军演出。奈温总理夫妇及高级军官多人出席观看。演出后奈温总理夫妇设宴招待全体团员食鱼翅、燕窝及烤小猪，为广式烹调，据云厨师为群乐酒家主厨，群乐酒家为仰光华侨经营最大的饭店。席间谈两国总理签署友好条约及边界协定，中缅两国关系进入一新阶段，友好往来及文化交流应加强和发展，为亚非国家团结合作和睦相处作出范例。情绪颇热烈友好。直至深夜12时始散席。

## 2月6日（星期六）

旅仰云南同乡会周禾书、田尹耕、杨革非、邓永汉、李文龙诸人来访，约请代表团晚餐。盛情难却，决定找分部团员约30人出席。届时邓永汉致词欢迎，并送礼品。

缅甸四年一度国会大选今日在全缅200多个选区同时举行。仰光选区则分为九个选区举行。闻仰光共选出9名下议院议员。以仰光为首都所在地，故各派领袖在此竞选，竞争颇激烈。各有旗号，各有讲台，各有政纲，各有队伍。最后结果当取决于今日之投票。据报刊上所公布之主要候选人：

廉洁派——吴努、德钦山威、吴丹瑞

巩固派——吴巴瑞、吴觉迎

民族阵线——吴巴帕

佛教民意党——吴吞盛

公平党——吴盛约

无党派——吴巴吞、吴翁丹、德钦卡

国民总会——吴盛

我缅人党——吴阵貌

## 2月7日(星期日)

本日离仰光赴曼德勒。

上午9时,在李一氓大使住宅分别晤谈。李赠所著《花间集校》。

午后3时,向全体团员同志讲话,小结第一批段工作,并略谈形势、反映、工作及学习诸问题。最长并勉以对外慎重对内团结,加强学习,努力工作,注意生活。

晚8:30乘火车北上,来送者有吴漆东部长及使馆肖明诸同志。

## 2月8日(星期一)

早晨从车窗外望,沃野千里,棕榈芭蕉一片碧绿,红树着花,鲜艳如火,据云即我广东所称的凤凰木,即孔雀花;云南称木棉或攀枝花;在缅甸称为"森林的火焰"。俨然一派异国风光。惟人民住棚屋,田地多荒芜,佛塔至多。穿黄袈裟募化僧人所见皆是。闻缅甸僧人包括幼年出家,或短期出家者在内约20万,占人口总数的百分之一。

午后1时抵曼德勒，意即增城，或聚集之所，或多宝之城，有多种解释。为缅最后一王朝故都所在地。去年5月为曼德勒建都百年纪念，曾有纪念会、展览会展出和歌舞表演。缅总统曾出席纪念会，开幕式颇隆重。（曼德勒）为缅文化艺术和佛教中心，亦缅甸第二大城市，人口30万，华侨约2万。本日来车站相接者有此间艺术学校校长吴盛纽及夫人杜久久，及缅方和华侨接待委员会负责人、华侨学生等多人，情形颇热烈。随乘汽车入市区，经古城至曼德勒山附近。住一新建的和尚学校。

晚5时，华侨举行盛大招待宴会，与会者约五百人。侨领苏知觉致欢迎词。缅方出席者有曼德勒专员吴巴拉及城防司令吴盛中校。闻缅行政组织有六个民族邦，及七个专区；邦及专区下各设县。曼德勒为缅北最重要的一个专区。即将访问的东枝则为掸邦的首府。当晚晤云南同乡及寸树久、李生荃等多人。晚与赵朴初、林林、许清章共四人移住铁路旅馆。

## 2月9日（星期二）

上午，李一氓大使自仰光飞抵曼德勒。午，同乡会宴请李大使晤下列诸侨领：

尹文琴——云南，华侨教员

钊文春——云南，洋杂货生意

许仁钦——云南，木厂

赵国珍——云南，百货商店

李祖沁——云南，布商

李生荃——云南，木厂

林　竹——福建，华侨学校校长

苏知觉——福建，缅北侨领、茶商

龚举陶——四川，（经营）布厂生产衬衣

谢兆丰——云南

晚7时，在艺术学校广场演出，座位容7000人，观众拥挤，为曼德勒少有的盛况。开幕时缅副总理吴伦布亲临主持并致词。出席观看者尚有曼德勒专员吴巴拉、缅北防区司令山纽准将及曼德勒缅方官员。闭幕时，艺术学校校长夫人杜久久及艺校学生多人上台献花，观众起立鼓掌，情形颇热烈友好。

**2月10日（星期三）**

上午7时，赴眉苗游览，眉苗在曼德勒东北40公里，为缅北避暑胜地。风景优美，汽车沿山路曲折而上，至山半有小村落卖茶水及饮食。有一华侨，亦在此经营饭店及小生意，相见招待饮茶颇视切。

9时许抵眉苗，游大花园。绿树参天，品种至多。有一种松杉植物，据云从昆士兰移来，为前所未见。又有各种蝴蝶花及各色凤尾花，亦为平生所仅见。园中有大湖、有花室、有佛塔，团员等人纷纷在此照相。

随游览市区。在一华侨饭店食面。闻此地居民约2000人，华侨约200人。附近多富人别墅。归途看木棉花高七八丈，满树繁花，如同火焰，花大如小钟，即我儿童时在故乡所见的攀枝花，广东人亦称英雄树。

午后2时，云南同乡及曼德勒各界侨胞举行盛大送别宴会。云南华侨商会会长董学初致欢迎词，并献锦旗。听滇戏唱片《千里送京娘》，乡音悦耳，至为亲切。晚上晤我驻腊戍总领事王泽同志。

晚继续演出。

全缅2月6日大选结果已大部揭晓，同盟廉洁派已获大胜，众院250个席位中已占149席，巩固派26席，其他党派13席。廉洁派60天内将组新政府已成定局。廉洁派总部昨日发表声明支持《中缅边界协定》，并谓中缅签定友好条约有利两国和平友谊。廉洁派领袖吴努并赞扬奈温将军眼光远大。从这些情形可略知今后缅甸政局的动向。当晚由铁路饭店移住杜拉旅馆。(Tunhla Hotel)。

### 2月11日(星期四)

本日为旧历元宵节，夜中看天上圆月如银盘，惟似不如在祖国所见澄澈朗静，这或者是因为气候炎热和山村雾气的关系。

上午游览实阶山上佛塔，经伊瓦大桥(Ara Bridge)，桥跨伊洛瓦底江，可通行汽车、火车，规模巨大。看江水浩渺，为缅甸交通动脉，同时亦为缅甸无穷财富的源泉。过桥抵实阶，山势曲折，树木蓊郁。山上山下普遍建立佛塔，金顶闪烁，白光耀眼，为风景名地，佛教胜境。

中午，曼德勒接待委员会举行欢迎宴会并献礼，到曼德勒专员及曼德勒大学副校长某。

宴会后,随即参观曼德勒大学,有文物室,陈列缅甸历代王朝部分文物,并有中国雕刻。有农学院,应用国营农场,配合农业部要求作研究工作,其中以培养水稻种子及病害虫研究最有成绩。参观毕,略送文化书刊,作为纪念。王鸿儒学专员代表我国十周年国庆筹备委员会赠送《中国建国十年纪念画册》及《中国画册》两种。

晚演出结束后,曼德勒艺术学校学生亦演出四个节目,颇精彩。闻该校共有学生200多人。学生半为幼年童,极有前途。

夜深归来,准备明日分批飞去东枝。我驻腊戌总领事王泽同志则准备明天飞仰光。

## 2月12日(星期五)

今日为缅甸第十三届联邦节,即1947年2月在掸邦彬弄举行缅各族会议的纪念日,为独立前一致争取独立、抗拒英国的节日。闻仰光有盛大庆祝会。

上午,全团同志分批飞里河转乘汽车赴东枝。我与团部诸同志午后2时离曼德勒,来送行者有曼德勒艺术学校校长夫妇及苏知觉、尹文琴、许仁钦、林竹等滇、闽、粤籍侨领及部分华侨学生。

飞机飞50分钟抵里河。来接者有掸邦教育部长苏瑞蒙及新闻官员吴觉顿、华侨学校校长伍绍初、老师学生等约数十人,皆自东枝赶来,盛意隆情,至为感人。由此乘汽车经一小时抵东枝。闻曼德勒距里河200英里,里河距东枝22英里。两地皆在曼德勒之东。里河西部属伊洛瓦底河大平原,里河以东则进山地。沿途风景壮丽,繁花如锦,气候温和,类似我云南风光。3时抵外宾招待所。

晚,缅方举行招待会,到会者有下列诸人:

邦议长:苏昆基

专　员:吴吞鲁

县　长:吴丹堂

邦教育部长:苏瑞蒙

邦警察总局长:吴　生

尚有其他部长等官员多人。邦长苏昆帕则在奥地利访问。邦秘书在仰光,闻明日可归。宴会前有掸族女孩献花,男女穿着掸族民族服装,素朴诚恳,热情友好,给人以良好的印象。

### 2月13日(星期六)

早起,推窗一望,林木参天,杂花生树,空气澄明,旭日丽天,风景至为美丽。宾馆为新建别墅,闻宋庆龄副主席、周总理访缅时,也曾住此。花木修整,如一美丽花园。有一种树高数丈,鲜花满枝,红光灿烂,花瓣如桃花,但却结实如豆。此外奇花果草,秀竹佳树,随地而有。这为缅境胜地。闻东枝为缅甸七个民族邦之一——掸邦的首府,居民多为掸族(亦写作珊族),有少数缅人及印度、中国侨民。东枝意为高山,以倚山建城,因此得名。邦有邦长,有邦秘书,有邦议会。设邮政、卫生、教育、公共工程、财政等五个部。下设五个区,设区长。全邦200万人。东枝两万人,华侨约两千人。

上午,拜会邦议会长苏昆基及教育部长苏瑞蒙。参观邦议会。掸邦华侨亦写作珊邦,以白虎头为邦徽。邦议会共50席。楼下为会议厅,楼上右为贵宾席,左为新闻记者及普通外宾席。议长、部长皆住官舍。部长夫人出而捧茶款客,尚保存东方国家的传统民间风俗。

晚,东枝华侨举行欢迎宴会。华侨学校校董黄新生致欢迎词。缅方出席者有文化部长吴漆东、掸邦秘书长吴山山及各部长及其他官员,宾主约270多人,颇欢洽。归时山树幽静,明月朗照太空,澄明如镜,知今日乃是旧历元宵节后二日。

## 2月14日(星期日)

天气晴朗,如中国初春时风光。

上午,吴漆东部长陪同参观畜牧场及新修水库并游览立佛山白塔。塔在山上,登山可见东枝全市及市后青山悬崖,美丽如同画屏。市前后山峦起伏,多茂树修竹,风景至美丽。

午后,吴漆东部长偕同登宾馆后面高山。山路迂回,松柏成荫,松针满地,履之软软,如行青毡。山后则各种栗木,结不同的大小栗实,亦坠落满地,俯拾即是。此山名东筇,东意即山,筇意为高。登山顶可俯瞰全市,房屋栉比,整齐而美丽。坡坨起伏,全被绿树。远处在西南方可看见白鸦湖,当地人称为"吉皮干","吉皮"意白鸦,"干"意湖泊。东南最远处隐约可见燕丽湖(Inle Lake),意即小湖。闻湖上有浮岛,岛上居人称为"英达"人。

“英”意即湖，“达”意即人。即预定明日到此游览。

晚，在东枝第一次演出，吴漆东部长主持开幕式并讲话。珊邦议会长苏昆基亦讲话，颇亲切诚恳。我致答词。是晚，出席观看演出者尚有珊邦部长、专员、市长等官员及观众五千余人。

**2 月 15 日（星期一）**

早起，吴漆东部长及珊邦部长、邦警察局长多人偕全团游览燕丽湖。先乘汽车至扬徽，由此乘船。船狭长形，由小发动机推动，每船可坐十人。湖上四山环绕，空气清新，水色澄碧，水明如镜，见英达人以脚摇桨，驶船前进，湖上多杂草丛生，形成浮岛。英达人即在岛上架竹木为屋，并种菜栽花，种植小树。彼此交通来往，皆用平底小船。赶集贸易，都在船上。成为名副其实的水乡或水上人家。湖面极大约如我江苏太湖。湖滨多苇苕。有一种小鸟黑翼白胸，颔下灰褐色，灵巧美丽，大如拇指，鸣声甚美。系巢于苇苕，迎风摇摆，《荀子 · 劝学篇》称：“南方有鸟，名曰蒙鸠……系巢于苇苕。风至苕折，卵破子死。”大约指的是这种鸟。湖中央有一佛塔，周围木构建筑，至为雄奇美丽。上岸略事游览，即在湖心亭中便餐。吴漆东部长在此分别，赶赴仰光，并约本月 6 日在毛淡棉相见。游览至午后 2 时归宾馆。

晚演出。座位不够，已增加站票。

报载赫鲁晓夫访印度，并签定贷款及文化协定。苏贷印度 15 亿卢布，助印度扩建钢厂、重机厂、石油厂等。闻访印度后并拟访缅甸、印尼、阿富汗等国。

## 2 月 16 日(星期二)

风和日丽,园中大树红花满枝,如我国碧桃。据云当地人称为“斑茄梨”,“斑”意为花,“茄梨”则为花名。另一种结实如豆荚者,尚不知何名。

阅报知吴努准备组阁,自任总理,并由自由同盟廉洁派的三位副主席即吴埃貌、德钦阵、帽巫旺分别任副总理兼部长。吴努本人则兼国防、外交、国民经济计划部;帽巫旺任副总理兼工业交通部;德钦阵任副总理兼经济农林部;吴埃貌任司法部长。其他各部亦拟有初步名单。并拟在 3 月 15 日召开廉洁派全缅代表大会作最后决定。并将廉洁派自由同盟改为联邦同盟。

关于缅甸种族资料[①]:

据云缅甸亦属多民族国家,若详细分别,共有五十多种族,以语言为标准,可分三个系统,即:

1. 藏缅语系各族

缅、若开、土瓦、冒达、柬育、燕达、达怒、建都、碰;

吉钦(景颇)、马鲁、剌系、阿系、孟撒(阿昌);

亲、哈加、亲濮、亲本、塞(帖族);

拿戞、拉旺、怒族;

倮倮(彝)、应些、栗粟、拉祜(果黑)、伊高(阿卡)。

2. 汉泰语系

① 黄绰卿,《缅甸联邦节谈民族》,《新仰光报》,2 月 13 日。

珊(泰)汉泰、恭、云暹寮;

吉仁、吉耶、勃奥(东都)、勃当、巴里、玛努玛璃、仁远里、仁波、沙仁。

3. 孟吉篾语系

孟(得楞)、崩龙、崩里、瓦(卡瓦)苗、傜、沙垄、马来。

据去年12月缅甸学会50周年纪念,缅文化部长吴漆东致开幕词曾讲到中国少数民族约有52种,中有20种是云南省的居民。汉、藏、缅三种文字中有一万二千共同字,缅字来自汉文者不少于750字。根据语言学的研究发现许多与缅甸同语系的民族如:

1. 藏缅语系

藏、景颇、纳西、怒族、独龙、羌(四川)、彝、栗粟、哈尼、広些、拉祜、阿卡、阿昌。

2. 汉泰语系

泰、沙人、侬人(云南)、布依(仲家)、侗(贵州)、僮、么老(广西)、黎(广东)。

3. 孟吉篾语系

卡瓦、崩龙、白族(明家)、布朗(蒲人)、苗、傜。

晚演出,出席观看者有珊邦议长苏昆基、代理内政部长吴漂及其他部长、专员等人。演出前代理内政部长吴漂代表珊邦政府向正副团长献珊邦有名的大银刀,向全体团员献挂袋(缅语为雷耶 Liua),并言赠送宝刀表示最亲密、最真诚可靠的友谊。献挂袋则表示文化友谊都献与朋友,一切与朋友共之。中国代表团亦有赠礼。对珊邦人民淳厚热情,有极深刻印象。

**2 月 17 日(星期三)**

上午参观高洛(Kalaw),为东枝西北 40 英里的一小城市,依山建屋,花草树木,繁茂如锦,为最美丽的山城。即在此间招待所茶点。室中陈列一四蛙铜鼓,据云得自附近的村落。疑铜鼓文化与骠国或泰人有关。亦在仰光见有不少铜鼓。我滇、黔铜鼓亦与泰族有关。

继续西行 12 英里抵宾德亚(Pindaya),为美丽山城。山有小湖,湖滨多巨大榕树,枝叶繁茂,荫约数亩。人口 5000,有华侨 300 多人。华侨学校学生 200 多人,华侨学校校长及部分教师列队欢迎,并在校中便餐。餐后游后山石窟。石窟高而深邃,内雕塑佛像,据云有四万八千,或云四千八百。大小不等,皆为坐像。入门处设有佛塔。石窟内通道,闻为我广东梅县僧人所募化修筑。故受附近缅人膜拜,俨如活佛。见我等至,颇欢喜,并设茶水招待,称来此已 23 年。附近华侨并以此石窟附会《西游记》盘丝洞,称此洞有蜘蛛精,曾掳一公主藏洞中,后为一王子救出,因成夫妇。又云此洞佛像 800 年前已有记载。在此盘桓片刻,归游宝山(Bow Saing),为银矿所在地。最盛时职工约 800 人。矿主吴森汉(Wu Sithan)在别墅中招待食缅甸最典型的午餐,并采摘山上茶叶、凉拌葱蒜等物,食之可口。又油炒大蒜为第一次吃到的食品。别墅在山上,风景甚美,培养花木亦佳。闻吴已被选为国会议员。游览至日落始归,准备明日赴毛淡棉。

2 月 18 日(星期四)

上午,分批乘飞机赴毛淡棉[1]。毛淡棉在东枝南,仰光以东滨海地区,为达那色林专区首府。人口 10 万,华侨约万余人。先乘汽车赴里河机场,来送者有珊邦议长苏昆基及县长、新闻官及侨领、侨校师生多人。苏昆基并告:艳如桃花之巨树名(Ngn),不仅有红色粉色,且有黄色和其他颜色。闻宋庆龄副主席来此时,正值此花盛开,颇为喜爱,前传为"森林的火焰"实为翻译误译。苏昆基并告缅甸舞蹈动作,源于木偶戏,并称缅甸音乐、歌唱、舞蹈、艺术有源于印度,有源于泰国两种。泰缅同为一族,故影响尤深远云。

飞机 9 时起飞,11 时抵毛淡棉,天气炎热,来接者有副专员吴拉比(U hla lue)、女作家杜纽纽及华侨学校校长雷碧书、副校长吴来真、教务长苏群材及教师学生等约数十人,并有乐队奏《祖国颂》,情形颇热烈。闻此间华侨学校有两校,一为"培植学校",学生 360 人;一为"培本学校",学生 100 多人。闻另有英人办英文学校,已有百多年历史,华侨学生在该校学习者约 1000 多人。培植学校为欢迎文化代表团,停课 10 天并将宿舍让给团员住宿。团长、副团长则住毛淡棉宾馆(Gesto House)。晚饭时,食西瓜,俨然国内盛暑时气氛。饭后即在培植学校庭中散步。侨生多人,一般都能说普通话及粤、闽方言及缅甸话。有居此三四

---

① Moulmein,缅甸孟邦首府,重要港口,全国第三大城市。

代并与缅甸人通婚者。然谈及祖国一切情形仍极热爱向往。称祖国来人为亲人包围谈笑,问长问短,如久别后家人团聚。

9 时许,副县长吴翁敏及区长吴克银来谈明日日程。

### 2 月 19 日(星期五)

上午区长吴克银导游市区,并登吉德南山,参观新建佛塔。塔四周有佛本生故事画。其中僧俗等人皆已作缅甸装束。山下傍沙尔温江,有木厂厂主为印度人,使用巨象托运木材,作种种表演,似颇灵巧。

11 时,访问吴索雅专员,并赠送礼品。

培植学校教员刘沃洲,广东人,来谈毛淡棉情况。据称毛淡棉为缅甸重要交通口岸,可通七八千吨海轮。主要出口为橡胶、大米、锡及木材等物。一般人民生活水平比他处为高,中学教员工资 200 元,每月伙食 40 元,缝一套西装 40 至 50 元,鸡蛋每元 7 ~ 8 个,工人平均工资约 100 元,农民每月生活费约 10 元左右。华侨多闽粤籍,经营商业。少数经营工业。毛淡棉地区除市长为廉洁派,其余专员以下皆为巩固派云。

午后 4 时,市长巴提在市府花园招待文化友好代表团及歌舞团全体团员。出席者有专员吴索雅、县长吴拉比、副县长吴翁敏及毛淡棉官员、各界人士约百余人。市长巴提闻为缅籍印度人,致词欢迎文化代表团,尚恳切友好。

晚 6 时,此间华侨各团体设宴欢迎文化代表团,到主、宾约 400 多人。缅方专员以下官员亦出席,并有缅甸业余艺术团体及侨校师生表演缅甸歌舞。有一种民族歌舞,颇健康优美,闻为博浪民族舞蹈。博浪民族在珊邦之北部，不知是否与中国历史《汉书》中所提到的"宝博浪"有关。是晚，出席宴会者尚有工商协会主席黄养明、培植学校校长雷碧书等侨领多人。接待委员会主席吴来真致欢迎词并献锦旗。欢宴直至深夜。以此间天气炎热，团员有数人患病，故明日上午不作其他活动，使团员充分休息。

### 2月20日(星期六)

上午，李一氓大使与吴漆东部长自仰光飞抵毛淡棉，与部分团员赴机场迎接。访县长吴拉比、市长巴提并送礼。市长巴提并以缅甸挂袋回赠。

午后1时，毛淡棉侨团宴李一氓大使，地址在工商协会，登楼远眺，沙尔温江碧波浩渺，一望无际。江中心有巨岛，绿树成荫，风景美丽。闻英人 Lord Amherst 侵入缅甸，盖从此处附近登陆云。

晚演出，吴漆东部长讲话。到毛淡棉专员、县长、市长多人及观众约5000人。闻票价为10元、5元、3元、2元，较他处为贵，但三日票已售完。

### 2月21日(星期日)

上午，李一氓大使回仰光。

吴漆东部长及吴索雅专员陪同游毛淡棉南50英里的吉克米(Kgeirkame)。地临印度洋孟加拉湾，半岛上有佛塔，有巨大凉亭。到时有男女学生列队歌唱，表示欢迎。学生系蓝领巾，闻为童子军组织。凭栏远眺，海阔天高，心情至为舒畅。

归时往钟克塔广大橡胶园，参观园丁割取橡胶，并参观橡胶厂。厂主招待食新鲜椰汁，并食椰子肉，颇可口。沿途见奇峰屹立。道旁有大湖，水清如镜。山树倒影如画，颇类我桂林山水。经武洞镇，在湖边食缅甸妇女用竹筒烹烤米饭。以附近有鲜竹，内层竹膜经烹烤，贴附米饭上，食之鲜美香甜。我国南方盛产竹林，惟尚无此种饮食。赵朴初同志称，回国后当为宣传提倡。

本日游览皆海滨沃野，橡树、椰子成林，地极富饶，因谓吴漆东部长："亚洲国家，地富而人民勤劳，团结合作，发展经济文化建设事业，应共有此信心，还有此力量。"吴颇首肯。途中畅谈，颇为欢洽。

赠送《伟大的十年》建国十周年纪念画册给下列团体，并分别作以下题词：

建德堂、华侨公会、和胜公会、广东公会：发扬侨胞热爱祖国、团结互助的优良传统。

棉城华侨工商互助会：发扬侨胞热爱祖国、团结互助的优良传统，为增进中缅两国友谊，为维护伟大祖国的国际荣誉而努力。

培植学校：热爱祖国，为人民服务，为培植青年一代，为文化教育、学术事业，为维护伟大祖国国际荣誉而努力。

## 2月22日（星期一）

上午，吴漆东部长返仰光。

下午，参观师资训练学校。闻全缅共有此类学校6处，惟仰光与曼德勒规模较大，可训练中学师资。此处则仅训练小学教师，共有学生247人，一年毕业。本日出面招待者吴拉翁，福建人，七岁来缅，已入缅籍。本日由学校学生表演七种舞蹈节目，其中有吉仁族舞蹈，颇素朴。闻吉仁族为缅甸南部少数民族，另有孟族，据云为缅甸最古的民族，不知与我国三国时云南的孟获，是否同一民族。

晚，在毛淡棉最后一场演出，专员吴索雅代表毛淡棉政府及人民向全团献礼。其中有象牙一对，银锣一面，牙雕佛像一座。

## 2月23日（星期二）

本日全团休息。

上午游览市容，并到海滨码头游览。闻缅甸三大口岸，除仰光外，即以毛淡棉和勃生为重要口岸。此间多华侨及侨生子，及华缅混血种人，但皆对祖国有深厚感情。说明中国人民根深蒂固的民族意识。天涯海角，凡有中国人所居住的地方，即有传统的中国人民的风俗习惯及文化传统和民族特点。这是极值得中国人民感到骄傲的事。舞蹈队团员李秀廉同志患歇斯底里痉挛症，本日已两次发作。经医生检查，谓心脏、血压正常，明日仍可乘飞机转仰光。已告刘铁山同志，应注意团员同志的劳逸结合，一部分患病同志，应充分休息。晚，作明日飞返仰光准备。

## 2月24日（星期三）

上午，全团分批乘3架飞机飞仰光。第一架9时起飞，送别者有毛淡棉专员、县长及侨领侨校学生约百余人。侨校学生依恋不舍,有泪下者。9:45 抵仰光,来接者有李一氓大使及肖明参赞等人。仍住柬埔寨宫的政府招待所。

晚,旅缅广东侨胞在市府大厅举行盛大宴会,欢迎文化代表团。缅方出席者有吴漆东部长以下文化部官员,我方有雷阳参赞以下外交官员及男女侨胞约 400 余人。侨胞领袖林锡桢致欢迎词,旅缅广东华侨商会会长曹涤宇献礼。并有粤剧清唱助兴,气氛颇欢洽热烈。报载全缅重要城市 23 日气温如下:

| | |
|---|---|
| 仰光 | 华氏 96° |
| 瓦城 | 华氏 91° |
| 毛淡棉 | 华氏 94° |
| 眉苗 | 华氏 80° |
| 卑谬 | 华氏 100° |

因空气炎热,团员中已有 8 人患病。

**2 月 25 日(星期四)**

上午,赴使馆招待所看望患病同志。经医生治疗和两日来休息,一般已体温正常。因决定明日仍继续演出。体弱同志可以停演或由别人代替。

晚,缅华文化界举行游艺晚会,欢迎中国文化友好代表团。文协主席李军致欢迎词,称文化代表团访缅对他们乃是一种极大的鼓舞。我亦致词祝旅缅文化界侨胞团结进步,华侨学生身体好、学习好、工作好。游艺节目共有缅华文化团体及各学校学生演出的17个节目，中国民族歌舞团演出的4个节目。出席欢迎会侨胞约一千多人。

## 2月26日（星期五）

上午，灵光法师来谈万慧法师生前事迹。灵光法师，云南建水人，16岁出家，赴西藏求学，与五台山能海为同学。旅缅已20年，现年40岁，精力充沛。在缅，特别在缅北小有声望。因勉以研究并了解印、缅小乘佛教，供祖国佛学会参考。

晚，我歌舞团为缅甸国防军演出，到貌貌上校（缅心理作战部负责人）等高级军官及国防军约5000多人。

阅报知缅甸火灾、疾病以及凶杀乃至兄弟互相杀害、父亲毒害妻女等社会新闻。在毛边镇地且有所谓“浙东大桥屡建未成，因而派出四五十个刽子手要砍杀人头三百个，作为垫桥墩之用，因而引起人心惶惶，街上行人冷落稀少”。这些消息使人感到怵目惊心，觉得对我友好邻邦以及过去和我国一样遭受帝国主义侵略灾难，遭受封建势力压迫的亚洲国家，有着更多的事要做，有着更加庄严的责任要努力完成。

## 2月27日（星期六）

上午，赵朴初同志来谈有关佛教的一些理论的问题：如极大与极小；如生与死；如人与我；如天眼与肉眼；如爱与憎；如食荤与食素；如绝对与相对；如常与无常；如不二法门，其实非不二法门；如物布施，解放恐怖布施，真理布施；以及大小乘及修持悟道各方面的问题。感到对于佛教全部学说，作辩证的整理，批判地接受亦可作为人类文化遗产的重要的组成部分，仍极值得重视。

中午，拜访昂山夫人杜钦芝。杜设午餐招待。食杜亲手烹饪的缅甸名贵食品，如椰子饭、黑米饭，类似橄榄的一种酸果，名马丽安(Marian)，一种称为美人指(Lady Finger)的豆类，一种油炸的小蚕豆等等。杜介绍并游览住宅附近的小型花园，(参观)各种花木及棕榈、松柏等植物。布置井井有条，错落有致，且紧靠燕子湖边，更显得高旷幽雅。杜谈及大选后的活动及促进中缅两国友好关系的愿望，并谈及缅甸妇女今后在政治社会事业中将逐渐发挥积极作用。并称日内将访问越南民主共和国。最后并且托代问候宋庆龄、邓颖超、蔡畅、李德全等人。颇亲切而友好。

晚，歌舞团演出，到外交部长吴千吞昂、内政部部长吴庆貌漂、文化部长吴漆东等高级官员及吴努夫人杜名意及观众五千多人。外交部长吴千吞昂并一再表示缅文化艺术急需积极维护，保持并不断提高，不断发展。在这方面中国已经做出了极好的榜样。

## 2月28日(星期日)

阅报知缅甸战前工业亦如其他殖民地国家一样，仅集中发展农林产品的加工工业。如碾米厂、锯木厂为缅工业特点，占缅工厂总数85%以上。缅独立后，政府积极发展民族工业，或用赔偿方式收归一切英国在缅的工业。或请外国专家等建国营工业，或由外国公司与缅政府签约直接承建工厂。如近年已先后建纺织厂、麻袋厂、永盛钢厂、制药厂等。据统计,全缅现有各类工业工厂达3095家,其中有50个工人以上的工厂约727家。在农林等方面还积极发展,并成立农村发展局,以志温上校为局长。1959年出口大米175万吨。1959下半年出口橡胶6793吨。1958~1959年出口黄麻190吨。1959~1960年当前已出口黄麻300多吨。1960年并将扩大种植橡胶,种植面积达15万亩。其中10万亩将种在刚开垦的土地,5万亩在原有胶园中种植。这说明由于民族工业的迅速发展,已逐渐基本改变了缅甸工业的面貌。

中午,法院法官吴千吞昂约便餐,饮食丰盛可口。屋中陈设极雅致。楼上有佛堂、金佛龛、佛像,来自世界各佛教国,四壁悬挂佛本身故事。画亦较在东佛塔上所见者为佳。在此见到一种金刚钻一类的植物,开白花,香气浓馥,称为"中国语言花"(Chinese Language Flower)。据云,古代两民族发生纠纷,中国长老将此花来令双方闻之,香气沁人,皆大欢悦,遂得和解。观桫椤树高数丈,枝叶浓密黝绿,花粉红色,花瓣六片,花蕊折褶如同书春,极芳香。据云园中有此一树,则满园皆香。又食一种鲜红果实,形如中国枇杷,惟红皮白肉,中有核,亦如枇杷。名为甲布(Jam Bu)。

晚演出,出席观看者有最高法院院长吴敏登、吴漆东及我、李一氓大使和缅甸华侨、外国来宾,观众约五千多人。以为最后一次演出,观众鼓掌热烈,曾一再谢幕,并一再重复演出或新增演出。吴漆东部长在演出前讲话祝贺,感谢演出成功,并强调加强两国文化友好关系。称中国代表团团长、副团长为兄弟,男女演员为侄男、侄女，态度亲切，亦极朴素诚恳。

接中央电，嘱尽可能争取签完文化协定。今晚已向吴漆东表示，吴称可商谈。又嘱视察我驻缅使馆文化处工作。因略作布置并征询李一氓大使意见。

**2月29日（星期一）**

缅第三届民族院今日普选。民族院125席分配：缅本邦62、珊邦25、吉仁邦15、吉钦邦12、亲邦8、加耶邦60。今日仅92个选区投票。

上午，尹兆国以周禾书、李文龙二人之介绍，来使馆领事部谒谈。尹是腾冲人，侨生子，年55岁，加入缅籍，为巩固派要角之一，与吴觉迎关系颇深，与国民党亦有联系。本日来访表明三点态度：

1. 虽入缅籍，为适应环境，谋求生活（尹在缅经营土产出口贸易），但永远不忘祖国。

2. 缅各派如巩固派、廉洁派一样对中国友好。

3. 缅华侨30万，以滇人占一半以上，颇望中缅贸易开展，滇侨生活较有保障。因就我对外，特别对缅政策，作适当说明，并给予鼓励。谈一时别去。使馆黄彬秘书拟即借此与彼保持联系。

晚，吴漆东部长设宴欢宴全团，地址在吴维沙耶路国防军剧院。出席宴会者有李一氓大使及使馆官员、缅民族院部长苏瑞泰夫妇、外交部长吴千吞昂、内政部长吴庆貌漂、交通部长吴山纽、前任最高法院部长吴登貌、缅历史编纂委员会主席吴帕貌阵、政府高级官员及文化艺术界人士近200人。吴漆东讲话强调两国悠久历史文化关系，我亦致词感谢，希望加强两国的友好合作。会上吴漆东并向全团赠礼。会后并由缅甸艺术家表演了音乐、舞蹈、歌唱等20个节目，宾主欢洽直至深夜。

报载我周恩来总理已复函印度总理尼赫鲁，拟于四月中应邀访问印度，商谈两国边界及有关问题。

## 3月1日（星期二）

上午，在大使馆就访缅工作初步总结。一般认为完成任务，有成绩，有收获。今后应在这一基础上进一步巩固和发展两国文化友好关系。

午后，缅甸总统吴温貌夫妇接见并设茶点招待全体团员。我代表刘少奇主席赠送礼品。谈话中一再提到因大选及接待赫鲁晓夫未能观看歌舞团演出，接见全团亦迟至今日。并言赫鲁晓夫访缅，去年很有气势，今年已比较谦虚。赫鲁晓夫对尼赫鲁邀周总理访印甚感兴趣，并问周总理有复信没有？又言赫鲁晓夫主张裁军，认为战争爆发，生命、子女都得牺牲。

总统接见后随访问苏瑞泰，彼正主持翻译巴利文（pàli-bhàsà，英文名称 pali，古代印度一种语言）《三藏经》[1]为缅文。闻为小乘佛经的总集，全书约五十多卷。现已出五卷，预计三年后可以出齐。苏瑞泰并允赠中国两部到四部。

晚，李一氓大使为文化代表团举行招待会，到缅外交部、文

---

① 《三藏经》是佛陀元寂后，弟子们将佛陀一生所说的教法结集成一部全书的总称。

化部等高级官员及各兄弟国家驻缅外交官员缅文化艺术界人士侨胞领袖约400多人。

## 3月2日(星期三)

上午根据中央电示,视察我驻缅使馆文化处工作。首先听程子平参赞、肖明参赞、王鸿儒专员、鲁威随员及万锡芬、唐复全、王嘉寿诸人汇报情况和所感到的困难问题、希望要求等等。下午继续汇报,林林同志提出下列问题,供文化处同志研究:

1. 与缅方缔结文化协定的估计及可能性;
2. 友协工作是否有改变和推进开展的可能性;
3. 佛教工作如何注意——文化界如何联系,如何有重点地研究文化动态;
4. 华侨力量如何有计划地培养及使用;
5. 调研工作如何选题;
6. 宣传工作如何开展——缅文书刊,切实可行计划如何拟定;
7. 电影发行工作有条件,如何利用。

## 3月3日(星期四)

上午,继续与使馆文化处同志开会。林林根据使馆文化处同志意见,提出下列四个问题,着重说明:

1. 对民族主义国家两面性的正确认识及政策的正确掌握;
2. 三大任务那是主要,不要看得太死、太机械,应抓时机,根据具体情况安排并使用力量;

3. 干部问题,补充可以,但一秘、二秘云云不现实;

4. 交朋友范围应扩大,特别是文化、艺术、教育、科学、新闻记者各个方面。

最后我提三个问题,勉励文化处同志:

1. 对工作要有感情,有信心,则永远乐观进取,一切困难也可克服,不致强调困难,影响工作;

2. 工作面宽,事情复杂,必须抓重点,改进思想方法和工作方法;

3. 辩证地看问题,对统治集体、各派系及人民团体,应根据每一时期条件的变化,分析、估计,主观能力与科学分析结合开展工作。

上午11时,刘铁山同志与团员48人先返昆明。吴漆东部长、李一氓大使到机场相送。缅艺术家并向团员献花。

午后,赴吴漆东部长住宅辞行。吴夫妇拳拳惜别之意,极诚挚感人。

## 3月4日(星期五)

上午11时,离仰光飞昆明。机场送行者有李一氓大使及使馆同志、吴漆东部长、文化部高级官员及侨胞领袖约数十人。在机场晤潘自力大使夫妇,潘自力于昨日自印度抵此,今日亦将赴昆明转北京。

飞行二小时,抵曼德勒休息30分钟,继续起飞。入国境后,万山起伏,空气渐觉寒凉。飞机过西山见滇地碧波万顷,田畴一片新绿,一切顿觉有亲切之感。仰光时间4:30,即昆明时间6时许抵昆明。机场来接者有张子斋秘书长及缅驻昆总领事吴茂茂梭、副领事吴拉丁及文艺界同志及歌舞团第一批抵昆同志。仍住东风路国际旅行社昆明分社。入门茶花盛开,红梅亦绚烂如锦。正昆明初春,梛黄花开时候。

晚,旅行社有跳舞联欢晚会,晤林彪副主席夫妇及阎红彦、孙雨亭、刘披云、朱家壁、张子斋、徐梦麟诸同志。会后沈大夫来检查身体,血压 60 ~ 100,心脏期外收缩每分钟一次,其余尚正常。

**3 月 5 日(星期六)**

上午天气晴明,日光煦和,气温 18℃,较仰光低 10℃左右。与赵朴初、林林二人,同游翠湖,看茶花盛开,惟湖水干涸,闻正拟挖深湖底,并引滇池水入湖。湖四周新建筑颇多,1957 年经此是又是一番新气象。

随浏览博物馆,在圆通公园右侧,亦为新建筑,陈列云南新出土文物不少。云南过去文化,似以三个地区为中心:一为东川昭通一带,为云南入川到中原通路,文化发达,文物不少,如汉碑、铜洗等的发现,足资证明;一为滇池附近地区古盖州地,最后晋宁出土文物,凡二三千件,并发现滇王金印一枚,说明当时文化已达到较高的水平;一为大理附近,古南诏国、大理国即在此建立。有广大领土,有较高文化,并包括多种民族的大国。收集史籍文物,似较前两地为完整,并有系统。但仍残缺,须继续发掘搜集和整理。

随浏览圆通寺,登圆通山。山石峥嵘、美丽多姿,并有新建亭阁点缀其间。山上有水池畜鱼。花木亦繁茂，并畜养各种动物，供人浏览。登山眺望全城，高屋连云，到处显示社会新貌。回想过去破落的城市和苦难的人民，已如隔世。浏览至12时归。

晚，云南省人民委员会设宴招待中国文化友好代表团及陕西戏曲演出团，出席者云南省委第一书记阎红彦、云南省长于一川、副省长刘披云及其他负责同志共约200余人。应邀出席者尚有缅甸驻昆明总领事吴茂茂梭。宴会后跳舞联欢，并放电影，并晤刘明辉副省长及欧根诸同志。

### 3月6日（星期日）

上午天气晴明，部分同志游石林，我偕文物局一同志参观植物研究所。便道游黑龙潭，沿途看公社社员积肥，川流不息，形成高潮。道旁多新建筑，有地质学校、农林学校及工厂及两个砖瓦厂。汽车开30分，抵黑龙潭，松柏高岩，绿荫参天。院内茶花盛开，并有玛瑙茶、玉心紫袍、小桃红、松子鳞、狮子头、菊瓣、牡丹茶、恨天高、九心十八瓣等名贵品种。植物研究所所长吴征镒同志，为介绍植物研究工作，称主要为搜集利用野生植物，并培植研究各种药用植物、森林植物及园艺植物，研究所由科学院直接领导，下设三个林场，一在西双版纳，一在丽江，一在昆明黑龙潭附近。昆明林场占地1400亩，将来拟扩充至一万亩，所存植物标本已达30万号。据称云南植物共约一万二千种以上，共占全国植物品种的一半。寒、温、热三带植物，俱适宜种植。最近已扩种咖啡及橡胶。边地及高山地带，不断发现原始森林及植物新品种。我在缅所见到的Ngu花，我云南也有此种植物，称为腊肠树，以花谢后结荚如腊肠故名。闻三年内将编纂出版《云南植物志》，此书如出版，不仅对全国植物研究及社会主义建设有重要意义，乃至对国际学术亦将是一种重要的贡献。吴征镒同志嘱题词面念，因书下列的几句话相勉：

搜集、整理、培植、发展各种植物的新品种，为丰富祖国植物大花园，为服务社会主义建设事业而努力。

午后，八弟媳蔡竹轩及泽源夫妇带三个孩子来访。略询有关亲友情况，并勉以努力学习、努力工作。

晚陕西戏曲演出团在艺术剧院演出秦腔《游西湖》，即全部《红梅阁》。对剧中人物及情节的处理较京剧、川剧各有独到之处。本晚马蓝鱼饰李慧娘，李继祖饰裴瑞卿，两人皆青年演员，唱作俱佳，可谓珠联璧合。

**3月7日(星期一)**

上午，与赵朴初逛书店，购《南疆逸史》及《先秦寓言选集》两书。

午后上西山，谒父亲墓。便道游西山华亭寺及太华寺，皆繁花盛开，万紫千红。其中尤以茶花、各色梅花、各色玉兰花、各色杜鹃花，最为鲜丽夺目。看滇池仍碧波万顷，风云开阔。惟草海一带，似渐淤浅。归途还望碧鸡关及高桥，皆为抗战时期曾居住游息之地。由车家壁普平村至马街子、黑林铺直至大观街一带，皆工厂林立，巨屋高厦，连成一片。重要工厂有电厂、水泥厂、化工厂、机器厂等。由大观街直至东风路一带，旧城折毁，修筑马路，坦坦荡荡，俨然新兴城市规模。闻昆明市区业已扩大，包括郊区人口约百余万。其中工厂职工约六十余万。过去的消费城，已成为工业发达、生产不断跃进的城市。

晚，民族歌舞团演出，到阎红彦、于一川等领导同志及各级工作干部约千余人。缅甸驻昆总领事吴茂茂梭亦出席观看演出。

**3 月 8 日（星期二）**

本日为“三八”妇女节，同时还为“三八”节五十周年纪念。我首都各界举行盛大纪念会，邓颖超同志报告，要求全国妇女同全国人民一起更高地举起毛泽东思想的旗帜，坚持发展社会主义建设事业的三大法宝，为实现持续的跃进和更好的跃进而奋斗。云南各族各界妇女还举行纪念“三八”五十周年广播大会，热烈响应，开展红勤巧俭竞赛，为 1960 年继续大跃进做出卓越成绩。各族各界妇女纷纷向党委报捷报喜，极显得活跃。云南省妇女联合会副主任房文健在广播大会上讲话，称在全省涌现出的几十万名女先进人物中，已有 198 名荣获全国“三八红旗手”称号，有 110 个妇女集体荣获全国“三八红旗集体”称号。她们中有保卫国家财产的女英雄徐学惠，有苦心钻研成为捕鼠专家的曹依秀，有帮助 75 个妇女成为标兵的女社员李仁英，有女工革新能手牟柱仙，有全心全意为群众服务的炊事员蔡贞妹，还有爱猪如宝的饲养员童桂仙等，这真是云南妇女的光荣和骄傲。

午后 3 时，与泽源赴西山父亲墓上芟刈丛草，并在此小坐，约

6时许归。

晚,歌舞团在国防剧院为云南军区演出。出席观看演出者有林彪副主席及秦基伟司令员等高级将领及解放军部队约千余人。国防剧院为1956年建筑,结构及音响效果等,似比艺术剧院为佳。

### 3月9日(星期三)

上午,向全团同志作访缅总结报告。

下午,由同志们分组讨论,总结报告,收集意见,再行补充修改,然后写为书面报告。总结报告共分六个部分:

1. 情况
2. 反映——影响
3. 工作——包括作风
4. 学习——包括学习人家的和提高自己的
5. 经验教训
6. 总的体会和所受到的教育

午后,许易源、吴少默来谈。晚缅驻昆总领事吴茂茂梭约宴部分同志约30人。

### 3月10日(星期四)

天气晴和。上午7:30与团员任策等17人乘飞机离昆。来送者有张子斋秘书长、外事处李平副处长等同志。缅驻昆总领事吴茂茂梭亦来送行。飞机经重庆、西安、太原皆停,并上下乘客。沿途飞机平稳,看白云霭霭、青天苍苍,地上田畴、村舍如昼。大城市附近且烟囱林立,房屋栉比。

午后5时许抵北京。来接者有文委张致祥、民委杨静仁等同志十余人。淑端亦来机场相接。缅驻华使馆一秘亦来接,并称大使有事未能来,特代致意。

计自1月22日离京访问缅甸四大城市,归国经昆明等五大城市。气温不同,如仰光37℃,昆明18℃。海拔不同,如昆明1800公尺,重庆400公尺,西安300公尺,太原800公尺,全程来回包括缅甸在内约8000多公里(其中北京至昆明为2200公里)。今日平安归来,前后已48日,访问缅甸联邦,至此告一段落。

**附:访缅中国民族歌舞团全团名单**

副团长 刘铁山

指挥 任策

舞台监督 任忠义

乐队队长 孔德全

乐器演奏员

马凤山(回族) 刘昌庐 阿拉坦仓(蒙古族)

乌斯满江(维吾尔族) 买买提·热依木(维吾尔族)

宋保才 宋仲奇 王宗葵 胡运籍

毕光贤 狄臣陆 张传德 邹啟鲁

合唱队队长 任策

副队长 张少云(女)

合唱队队员

李秀蜀(女)　杜丽华(女)　孙翠珍(女)　龚文曼(女)

王　瑾(女)　斯琴(女,达斡尔族)　关秀勤(女,满族)　刘业敏

张一骥　参不拉(蒙古族)　许承铉(朝鲜族)　杜瑞河

李光太　岳仁训

独唱演员

郑佐成　阿依木尼沙(女,维吾尔族)

马依努尔(女,维吾尔族)

舞蹈队队长　贾肇巽

舞蹈队队员

李　敏　余立勋　许文林(蒙古族)

贡吉·隆祖金库(藏族)　欧米加参(藏族)

杨金欧(苗族)　买买提达渥提(维吾尔族)　李顺连(回族)

米娜娃(女,维吾尔族)　李惠淑(女,朝鲜族)

金海淑(女,朝鲜族)　许明月(女,朝鲜族)

詹月娟(女,僮族)　格桑拉姆(女,藏族)　李秀廉(女)

张克新(女)　张斌英(女)　邱宁贞(女)　张莉菇(女)

张曼如(女)　毛国佩(女)　周运敦(女)

中国文化代表团及民族歌舞团共 68 人,包括中国 10 个民族。

# 1961年4月24日至5月21日<br>率中国友好代表团赴古巴访问日记

## 1961年

### 4月24日(星期一)

外办决定,派中国友好代表团应邀访问古巴,祝贺反美斗争胜利,对古巴表示支持,并与古巴人民欢庆五一国际劳动节和进行友好访问。经准备,于今日上午7时与许立①、林之源、汪普庆②、杨思瑞、吕惠书③诸同志乘机离京。来送者有张致祥同志④、陈忠经同志及淑端。同机离京者,有古巴文化代表团。

昨晚小雨,今日天朗气清。9时抵伊尔库茨克。此地,河湖面冰雪尚未完全融解。休息一小时半,继续起飞,午后2时抵鄂

---

① 许立(1905—1971),时任中共中央对外联络部副部长,任中国友好代表团副团长。

② 汪普庆(1917—2002),时任国务院对外文化联络委员会副司长。

③ 吕惠书,女,北京外国语学院西语系首届毕业生,任代表团翻译。

④ 张致祥(1909—2009),时任国务院对外文化联络委员会副主任。

木斯克，虽天气晴朗，但气候寒冷，仍有冬意。休息一小时后，继续起飞，6时抵莫斯科，为莫斯科时间午后1时。来机场相接者有刘晓[1]大使及使馆诸同志，当即赴大使馆。大使馆为苏联代为新建，在列宁山上莫斯科大学左侧。前有小湖，后有花圃。办公大楼、宴会厅皆极堂皇。整个建筑幽静、开阔而又壮丽。

据使馆同志谈，苏联近来亦大抓农业，九次中央全会，有七次以讨论农业问题为主要议程。是知农业尚未过关似为社会主义国家一般性问题，虽然工业高速度发展问题业已解决。此外苏联似注意民居建筑。又卢布比价较旧币为一比十，因此过去六个卢布抵我人民币一元，现在，六十戈比抵人民币一元。

### 4月25日（星期二）

清早6时起床，推窗远望，对面列宁山在雾霭中，唯莫斯科大学巍然耸立。

经略事准备，上午10时乘图-104飞机飞布拉格。张伟烈[2]代办及使馆同志来送。途中经华沙上空。

12时抵布拉格，为捷克时间上午10时，来接者卢耀武[3]及使馆同志。在此休息。约1:30，换乘伊尔-18式飞机飞瑞士。捷克时间（与瑞士时间相同）午后2时抵苏黎世，来接者有麦丰及使

---

① 刘晓（1918—1988），中共八届中央委员，时任中国驻苏联大使，后任外交部副部长。

② 张伟烈（1911—2006），外交部驻外大使，时任驻苏联大使馆政务参赞。

③ 卢耀武（1912—2012），时任驻捷克大使馆文化参赞，后任对外文委交际司副司长。

馆诸同志。随即乘汽车赴伯尔尼。途长百余公里，沿途小镇栉比，公路整洁，道路旁广阔草地、林木花圃随处可见。行经两小时抵使馆，晤李清泉[①]大使、崔中元参赞及劳辛[②]文化专员及使馆同志，相谈甚欢，并食最丰盛的晚餐。

晚餐后，与荷兰航空公司（KLM）联系，彼称：本月已经无飞机飞赴古巴。因此商定：明日返回布拉格，争取于星期四乘古巴航空公司的飞机飞赴古巴。并长途电话向北京汇报。

在从苏黎世至伯尔尼途中，麦丰同志谈及瑞士情况，撮记如下：

瑞士面积 9 万多平方公里，人口 450 万至 500 万，铁路 1 万公里，并已经全部电气化。主要产品为钟表、精密仪器及机械工业，矿产品有铝。粮食靠输入。因全国绿化，多草地，故畜牧业发达，牛奶产量除自给，并可装罐头出口。全国有 200 家大企业（资本家）。从事钟表业约 20 万人，占全国工人总数的六分之一。全国劳动力缺乏，故无失业现象，贸易每年入超，靠旅馆营业及国外投资利润抵补。苏黎世人口 50 多万，为全国最大城市。此外，伯尔尼人口 20 多万，日内瓦 20 多万。城市人口占全国人口的 70%。全国电能充足，平均每人有四千度。以长期和平环境，故社会秩序安定，人民生活水平甚高。惟无独特文化，与北欧各国不同。全国有大学九所，教育普及；义务教育一般达到初

---

① 李清泉（1919—　），时任中国驻瑞士大使，后来曾参加过中—法建交谈判、安排李宗仁先生回归中国大陆等重要工作。

② 劳辛（1914—　），时任中国驻瑞士大使馆文化专员，后来任中共中央直属局局长。

中程度。标榜和平、中立，实质上靠拥西方。普通工人平均工资400瑞士法郎，折合人民币240元（1瑞士法郎折合人民币6角），但房租约占四分之一，所得税亦近四分之一。

**4月26日（星期三）**

以古巴战争[①]刚结束，资本主义国家表示抵制，航运尚不恢复。荷兰航空公司（KLM）亦决定：短期内不复航。因此由瑞士飞返布拉格，准备乘古巴航空公司飞机直飞古巴。[②]

---

① 1961年4月17日，由1400余名古巴流亡者组成的美国雇佣军入侵古巴，在吉隆滩登陆后被古巴陆、海、空军合围聚歼，仅72小时共击毙雇佣军114名，俘获1139名，战事于4月19日结束。史称吉隆滩战役，美国称"猪湾事件"。

② 后来据楚图南同志回忆：行前，周恩来总理曾经指示，为安全计，飞赴古巴，应乘荷兰航空公司的班机。代表团到瑞士后，立即与荷兰航空公司联系：希望安排包机赴古巴，对方表示可以考虑，并承诺晚上答复。晚餐后，询及对方，彼称，已经无法安排航班。李清泉大使分析，对方开始是考虑商业利益，后来可能是受到美国方面的压力而拒绝安排赴古巴航班。因此惟一可行办法是返回布拉格乘古巴航空公司五一节前最后的航班赴古巴，因为当时古巴与美国还处于战争状态，因此，要请示周总理。经长途电话向北京汇报后，北京传来周总理指示，同意乘古巴航空公司班机，并已经通告古巴驻中国使馆，请协助安排，保证代表团及时赶到古巴。并要求乘飞机同志将所有文字资料，包括笔记本等一律留在使馆。到布拉格后，古巴航空公司从已经售出的机票中赎回六张，安排中国友好代表团赴古巴，因为飞机座位已满，原定的代表团成员吴强等人，被迫留在布拉格，未能成行。

**4 月 27 日(星期四)**

经接洽古巴航空公司,告明日可自布拉格起飞。今日由使馆同志陪同参观布拉格市容,并游览总统府、故王宫、旧教堂、胡斯广场及斯大林广场。

**4 月 28 日(星期五)及 4 月 29 日(星期六)**

在布拉格候机。

上午,在使馆庭院中散步,见一种类似杜鹃花的植物,繁花美丽。又其他树木数种,亦为平时所未见。

下午 2 时,乘古巴航空公司飞机离布拉格,飞行七小时,于布拉格时间晚 9 时抵葡属亚速尔群岛中的圣玛丽岛(Santa Marria),休息三小时后,于 12 时继续起飞,经十一小时后,到达英属巴哈马群岛中的拿骚(Nassau)岛,休息两个小时后继续起飞,经一个半小时后于次日即 29 日上午 3 时抵达哈瓦那,为当地时间上午 9 时,与布拉格时间相差六小时,与北京时间相差十三小时。

来接者有古巴对各国友协主席马扎拉(Majala)、古巴—中国友好协会主席阿尔瓦雷斯·瑞斯、古巴中国友协秘书阿美利加(America)及我驻古巴大使申健①等人。住 Riviera 旅馆,靠加勒比海,风景甚美。

---

① 申健(1915—1992),曾任外交部美澳司副司长,1960 年任中国驻古巴大使,后任中共中央对外联络部副部长。

晚，出席古巴对各国友好协会欢迎会。

4月30日（星期日）

参观市容，游览美国鹰坊、黑人革命者纪念像、国会会址、博爱广场、旧城堡、古教堂及工艺美术陈列室等。午后到我驻古巴使馆汇报：二人未来[①]。

5月1日（星期一）

上午4时起床，做参加活动的准备，6时出发，7时参加在哈瓦那何塞·马蒂纪念塔前面的西维卡广场举行的空前规模的游行示威和群众大会，庆祝五一国际劳动节和反对美帝国主义武装侵略斗争的胜利。何塞·马蒂纪念碑上挂着巨幅标语："我们必胜！"主席台前另一幅标语是："全世界劳动者团结起来！"群众成千上万高举古巴国旗，戴着红色围巾，围巾上或绣"保卫社会主义祖国！"或绣"社会主义革命万岁！"等口号。并高唱国际歌，高呼："要古巴！不要美国佬！""打倒美帝国主义！""民主、爱国和社会主义革命万岁！"等口号。游行开始，以卡斯特罗总理、多尔蒂科斯总统、布拉斯·罗加人民社会党（即古巴共产党）总书记及工业部长格瓦拉等革命领袖带领，通过凯旋门，随即是拉丁美洲及来自其他大陆的外宾，中国方面有：中国友好代表团、工会代表团及青年代表团。革命领袖及各国外宾到广场后即分别上主席台及观礼台，在此受到古巴妇女的献花。广场上国际歌

① 即吴强等二人在布拉格因为古巴航空公司机位紧张，未能成行。

频频演奏。首先是古巴起义少年先锋联盟盟员唱着革命歌曲齐步经过广场;后面接着是工人和农民的队伍,还有在萨柏塔沼泽地歼灭美国雇佣军的著名“西恩富戈斯”民兵营,国家警察大队和其他革命武装部队和民兵营。并有所缴获的美国武器,如机关枪、火箭炮、无后座力大炮、各种卡车等。广播高呼:“这是美国送来的礼物!”全场随即高呼并热烈鼓掌。华侨和华侨民兵队也参加了游行,受到欢迎。一辆装饰着中国和古巴国旗的中国式彩车也博得了热烈掌声。游行队伍中并有各种化妆表演和活报剧,说明革命胜利前后人民新旧生活和社会新旧面貌的对比,给人以教育,给人以鼓舞。游行直到下午 7 时,凡经十三个小时,游行群众约 150 万人,除哈瓦那市民外,还有来自全国各省的人民。

最后,群众齐集广场,听卡斯特罗总理讲话,卡斯特罗郑重宣布:古巴革命是消灭人剥削人现象的社会主义革命,古巴国家新宪法将不是承认人剥削人现象的资产阶级宪法,而是社会主义宪法。此外,并表示坚决反对美帝国主义的侵略和干涉,宣布俘虏雇佣军的数字及雇佣军的罪恶,宣布对中小企业及小农的政策,宣布对教会和教会学校的政策,对私立学校的政策等等。卡斯特罗总理讲话约四小时。全场情绪始终饱满,斗志昂扬,表示了古巴人民的力量、古巴人民的团结和对于保卫祖国和建设祖国的无比热情、力量和信心。大会至 11 时结束,归回旅馆已经在午夜 12 时以后。

**5 月 2 日(星期二)**

天雨。在华侨开设的北京饭店宴请委内瑞拉议员昆卡(Cuenca)及其女儿、墨西哥卡德纳斯[①]将军的秘书 A. Costa 及卡德纳斯的姨妹、巴西议员和全国和平委员会副主席 Bahiense、巴西议会代表团团长 Gomsalols 及巴西医生 Silva。

晚,古巴对各国友好协会举行盛大宴会招待各国来宾。卡斯特罗总理出席。宴会后,卡斯特罗回答外宾所提大小约四十多个问题,直到深夜 3 时始散席。

**5 月 3 日(星期三)**

天晴日丽,海风凉爽宜人。

上午参观纸烟厂,职工 700 余人,其中女工 300 余人;有自动化卷烟机及包装机共 32 台。卷烟机每分钟出烟 1200 支,包装机每分钟包装 120 包。古巴全国共有烟厂 7 所,今后将归并为 5 所。

糖和烟卷为古巴主要出产。

晚,古巴对外文化联络委员会主任安多尼亚(Antunia)宴请,同时被宴请的有以黄明鉴为首的越南文化代表团。宴会厅为旧时西班牙一女公爵住宅,为法国式建筑,内外装饰极为华丽。

---

① Cardenas(1895—1970),早年参加墨西哥民主革命,1934 年当选为墨西哥总统,1959 年应邀访华时,楚图南曾陪同其会见毛泽东、周恩来。

**5月4日(星期四)**

看进步华侨报纸。侨团广告有纪念殷太师先始祖比干诞辰(5月7日)聚餐会。不知何所根据。

午,在华侨饭店太平洋楼宴请巴西友人,名单如下:

巴西议会民族阵线主席:Bento Gonjaveg

农民领袖:Fransisco Juliao 及夫人

巴西保卫和平委员会副主席:Bahiense

议员:Mauro Lius 及 Salva

联邦议员:Arao,Anssa de Lema,Euro

巴西日报记者:Araojo

晚,古巴小农协会哈瓦那省领导人 Eladio Enrique(负责农民贷款,曾访华)及 Sargio Alvareg(小农协会书记,管理机械装备)、Tomas Hernandej 等来访,谈甚欢。

**5月5日(星期五)**

上午8时出发赴西部宾纳尔德·里奥省参观。经过 Mayies 看青蛙(即古巴牛蛙)养殖场,蛙大约4~5磅,最重达9磅;皮可制鞋及其他皮件,蛙骨并可磨粉作饲料,肉加工后做成罐头。繁殖后三月即可长成。我国南方似可大量养殖。(编者按:这次访问后,有关部门按代表团和驻古巴使馆建议,引进古巴牛蛙养殖技术)

在 Soroa 附近参观模范人民农场,养殖乳牛、火鸡、猪及其他家禽。随即在 Soroa 午餐。Soroa 为风景区,四周有山环抱,林木蓊蔚,中辟游泳池及小别墅多所,专供游人度周末及蜜月之用。一切设备极现代化之享受。

附近有 Pilila 兰花花园,植兰三万棵,计四千多种。主人为一大地主,其妻死后,即以妻名 Pilila 命名兰花园。终身从事培植兰花。花大色美,品种多样,满山满树,满室满壁,皆是兰花;有来自澳洲、非洲、南美洲的名种,惟无中国的幽兰。故有色无香,纯然异国奇丽情调,但亦优雅宜人。在此盘桓片刻,并登附近加维陵山,高约 700 米,可看附近丛山茂树及北面广阔大平原直到加勒比海。古巴山水奇秀,且风清沙美,开阔鲜朗,色调鲜明,超出瑞士甚远。随即继续西行,参观松树农场,经营农业、牧业,农场设备皆现代化、机械化。政府已投资 300 万比索,建农民住宅 500 所。农场用水及化肥培植西红柿,不用土壤;有乳牛千头,机械化饲养及挤奶。农场占地 240 卡(每卡折合中国 200 亩)。闻为巴蒂斯塔①儿子的庄园,革命时庄园主人逃往葡萄牙,革命后庄园被没收。

晚宿 Vinnales 小镇的茉莉花旅馆(Tios gajmines)。

## 5月6日(星期六)

早起推窗远望,异峰突起,四面环绕,树木葱茏,绿草如茵,

① R. F. Batista(1901—1973),古巴共和国总统,任期为 1940—1944,1954—1958,独裁者,在其总统任期内,多次宣布停止执行宪法,杀害爱国者 2 万多人。其政权在 1958 年底被卡斯特罗为首的起义军推翻后,逃亡到多米尼加。

俨然我广西阳朔风景。闻此地亦古巴有名风景区。

早点后出发参观 Rosario 人民农场，在此遇集中训练的扫除文盲教师 350 人，皆年在 18～25 岁。被培训者，按有初中文化程度，有政治觉悟，能够吃苦耐劳，愿意在农村及山区服务等条件挑选。

人民农场亦为一庄园改建，有土地 1100 卡（折合 22 万亩），人口 120 户，约 1100 多人，平均每人一卡耕地，约合中国 200 亩。现农场以 25 卡种棉，40 卡种小米，60 卡种牧草，10 卡种青饲料；并预计养鸡 20 万只，猪千头，牛 2000 头。现在已经建农民住宅 120 幢，农户另有 25 株树木及房舍附近的自留地。每户住宅有 3 间房，及餐厅 1 间，厨房 1 间，卫生间 1 间。农场管理员住宅有冰箱及收音机。古巴平均每户约 6～10 人，农民收入为：14 岁以上劳动力，每日工资 3.06 比索。医疗及学习皆免费。平均每周工作 48 小时，实际仅 44 小时。

随即到海滨 Esparanja 风景区参观，并在此午餐，食古巴有名的海味饭。饭后汽车南行经宾纳尔德里奥省省会（城市名 Pinardel Rio，与省名相同），再往南到 Huos Saij 农场参观，农场名即“兄弟农场”，因纪念 1958 年 8 月 13 日被巴蒂斯塔政府杀害的兄（18 岁）弟（17 岁）而得名。

被杀害的兄名：Luis Rodalfo Saij Montendeoca，其弟名：Sergio Enrijui Saij Montendeoca.

该农场为巴蒂斯塔时代农政部长的私人庄园，全部占地 28 卡，为古巴最佳种烟草场地。现以 9 卡土地办兄弟农场，4 卡种烟，2 卡种玉米。农场有农户 121 户，共约 700 多人。平均每人每日工资3.52比索，以14岁以上劳动力计算，工资全部一律。住房、医疗及教育免费。工资为宾省社会所规定，因烟田产值每卡约等于50卡甘蔗田，故工资较其他处高。随即参观烤烟场，并访问烈士父母，两人皆已经参加民兵。父50多岁，母40多岁。在此还遇到越南工会代表团。

参观后，汽车东行抵圣地亚哥（Santiago）之圭拉（Guira）小镇，亦为风景区并在此留宿，住Morado旅馆。此地距离哈瓦纳省83公里，距哈瓦那228公里。明日参观游览后即将返回哈瓦那。

### 5月7日（星期日）

车中与云晓参赞谈古巴情况，撮记如下：

1. 古巴有大小1600多个岛屿，面积114,524平方公里，东西最长处1175公里，南北最宽处225公里，最大山脉为马埃斯特拉山脉，年平均气温在20℃～30℃之间。人口据1959年1月统计为660余万人。

2. 1492年10月，哥伦布发现古巴。1511年300名西班牙殖民者侵占古巴，杀戮红印第安人；西班牙人大量移民并大量输入黑人，发展古巴的糖和烟草工业。

3. 19世纪初，美国势力侵入。1898年，发生美西战争，结果美国代替了西班牙殖民者的地位。古巴的经济命脉——糖业为美国操纵。古巴对美国输出占古巴全部输出的60%，美国对古巴的输入则占古巴全部输入的80%。

4. 1868年古巴爆发黑人起义，战斗持续10年，牺牲人数达人口总数的七分之一。1895年又爆发了以古巴民族英雄何塞·

马蒂、黑人将军蒙卡多及马西奥将军所领导的第二次独立战争。战斗第三年，即1898年2月，美国对西班牙宣战，战后缔结《巴黎和约》，美国掠夺了古巴人民胜利的果实。

5. 在1917年十月社会主义革命的影响下，古巴共产党于1925年成立，1944年改称为人民社会党。1953年7月26日，菲德尔·卡斯特罗在奥连特省举义，反对美帝支持的巴蒂斯塔独裁政权。即所谓“7·26”运动。三年之后，即1956年12月，卡斯特罗率领八十多名游击队员于奥连特省登陆，在马埃斯特拉山建立根据地，开展游击战争。终于在1959年1月1日推翻巴蒂斯塔政权，使民族民主革命获得胜利，为拉丁美洲各国树立了光辉榜样。

6. 全国分六个省，全境80%为平原，20%为山地，可耕地占全国总面积的70%，约60万卡，每卡折合中国200亩，即全国耕地为一亿二千万亩，约合中国可耕地总面积的十六分之一。

7. 因过去殖民地经济的影响，糖及烟草为主要产业，加工、包装、装配业亦发达。矿产品有镍，年产一万六千吨，现在苏联购1万吨，我购5千吨。石油每天产600桶（每桶50加仑，7桶为1吨），但每天消耗6000桶，过去由美国进口，现在由苏联进口。年产糖600万吨，过去主要销美国，现在每年400万吨销苏联、中国等社会主义国家。

8. 人民农场合作者占有古巴农业经济的50%，中小农经济占50%~52%。平均有可耕地1卡（折合中国200亩）为贫农，有可耕地5卡则为小农。土地改革时，有可耕地30卡以下者，不更动（古巴革命政府规定：1960年为“土地改革年”）。农民每日工资，过去为 2.5 比索，现在 3 比索。工人工资每月 200 比索，一般不低于 80 比索。全国企业有 82% 已经收归国有，资产在 5 万美元以下的小企业多在资本家手里。

9. 正规军约 4 万人，民兵约 20 万。民兵不脱产，每年一定时期集中训练。另外有扫除文盲教师约 10 万人，近于军事组织。

10. 全国文盲占人口的 20%，据云，今年 6 月可扫除 25 万，今年 11 月，可扫除全部年 70 以下的全部文盲。

11. 全国人口有 70% 为白种人，30% 是黑人；两者之间又有数目众多的混血种人。

12. 松树岛在古巴大岛的西南，面积约 3000 平方公里，约相当于我台湾的十分之一弱，人口一万二千，约相当于我台湾人口的千分之一强；首府 Gerana，人口 5 千。

早餐后游览附近的苛迪那公园，亦为过去大庄园主的花园改建。占地 14 卡，花木繁茂，流水环绕，有希腊和埃及雕刻及日本和中国式房屋，另外有西班牙式建筑，原为庄园主住所。西方资本主义国家的地主与中国封建地主的享受有天渊之别。游览附近小山，在松林中，树上建小屋，供游人度蜜月及周末。建筑别致，且回廊曲屈，有小亭，供眺览，亦在树上，称为 Calana，意即小屋。

12 时仍在 Mirado 旅馆午餐。午后 3 时，游览 Soroa 附近瀑布，深山密林，曲径通幽，鸟音甚美如众乐齐奏。不久渐闻水声，山半见瀑布倾泻而下，高约两丈。游人络绎不绝。可知此为古巴胜景之一。

游览毕，汽车东归。午后 6 时，抵达哈瓦那。沿途有小雨，空气清新，三日旅途劳碌后，至此后一小憩。

### 5月8日（星期一）

上午11时，古巴代理外交部长（政治副部长）Calos Olivares接见，谈话颇友好。

午后大雨。4时，访问古巴文化委员会主任Dra. Vicentima Antuna，并参观其办公大楼，闻过去亦为大资本家住宅，建筑颇华丽，并有花圃。

晚6时，古巴—中国友好协会主席阿尔瓦雷斯及秘书Dra. America Castillo来访，并谈及欢迎中国友好代表团问题。

晚，出席以黄明鉴为首的越南文化代表团举行的招待会，到会者有：古巴卡斯特罗总理、工业部长格瓦拉等要人，我申健大使及使馆同志，苏联使馆参赞，保加利亚、波兰、朝鲜等国大使亦出席。

### 5月9日（星期二）

上午天雨转晴，海浪微荡，作翠绿颜色，天上丽日当空，白云冉冉，空气澄明。窗台眺望，令人心情舒畅而开朗。

午后1时，古巴总统多尔蒂科斯接见中国友好代表团。

晚，古巴人民友好协会联络秘书雅朗德（Yalando）来谈今后五日活动日程，并决定明日赴松树岛。

### 5月10日(星期三)

上午,访问我驻古巴使馆有关同志,到新华社看望孔迈[1]等6人,到使馆文化处看望方晓及王家宾,到商务参赞处看望于、董两位参赞,到侨务处看望吴楚等及使馆的其他同志。

午后4时,由古巴人民友协联络秘书雅朗德及使馆黄文友[2]参赞陪同访问松树岛。飞行5分钟即可看到翠绿的海洋,不久看到如串珠似的大大小小岛屿,飞行半小时后,即在松树岛首府Nva. Gerona的机场降落。来接者有加尔维斯[3]少校夫妇及松树岛各方面官员及各团体代表。加尔维斯少校夫妇过去曾访问中国,颇熟识。见面时极热情,为介绍松树岛:本为一游览区,现回到人民手里。岛上还办人民农场,并训练民兵,为古巴军事要地之一。雇佣军进攻古巴时,曾遭轰炸,并企图占领此岛,作为根据地,成立新政府,亦未能实现。我祝贺古巴人民胜利及加尔维斯保卫松树岛的功劳。随即到离机场东南20公里处的Santa Fe镇风景区的游览旅馆(Motel,或译为汽车旅馆)休息。

晚,加尔维斯少校设宴招待,到松树岛各方面官员及各团体负责人。宾主畅谈甚欢。

---

① 孔迈(1919— ),新华社记者,1959年进入古巴,是最早报道古巴人民革命胜利和反击美国雇佣军登陆吉隆滩战役的外国记者。

② 黄文友(1919— ),早年从事军事机要通讯工作,后任职外交部,1960年任中国驻古巴大使馆政务参赞及临时代办,后任外交部美澳司副司长。

③ Willian Galves Rodriguez,卡斯特罗的战友,早起起义军领导人之一,曾在古巴军队总督察任上访问中国,由楚图南陪同会见过毛泽东等中国领导人。

5 月 11 日(星期四)

早起阳光美丽,丛树环绕,绿草如茵。各种禽鸟鸣声喧闹,约如缅甸风光。惟风景似较缅甸为美,气候亦较缅甸温和宜人。且一望平野,土地肥沃,看不出是一岛国。

早餐后,加尔维斯少校夫妇来接,赴儿童农场参观。农场正在建设中,为培养新农村农民而建。并在此检阅卢蒙巴人民军及起义军部队,战士约一营,欢呼"毛泽东!"情绪热烈。因讲话致谢。与事者,智利女诗人并朗诵聂鲁达的诗歌。归回时,战士举枪列队欢送。

随即到西南海滨胜地 Lide La Siguane 附近的 Colony Hotel。该宾馆并有红色海滩浴场(Playa Roja),设备完善,可眺望碧波万顷,天气渐热,气温达 25℃。闻过去资本家来此住宿一日需 50 元美金;现在已经归革命政府所有,又闻苏联米高扬访古巴时亦曾到此。在途中顺路还参观胜利农场,正在新建农民住宅,规格一如在哈瓦那省所见。还参观了何塞·马蒂 18 岁流放时的住所。最后经 Gerona 市区,看港口,内有雇佣军所炸沉的船舶。

晚 5 时许,归回 Santa El 旅馆。晚 8 时,加尔维斯少校夫妇来接,赴 Gerona 市晚餐,规模如中午。餐后经马路看 Gerona 市,商店、餐馆林立,完全现代化都市,看不出是仅有六千余人的小城市。最后在此间电影院放映中国电影《骄傲的将军》及《战斗的古巴》。观众情绪热烈,高呼"毛泽东"及中国口号,并向代表团献花,直至 12 时始归。

## 5月12日(星期五)

上午到黑沙滩(Playa Negra)。当地人述红印第安人浪漫故事,称一女郎失恋,投海自杀,故大洋浮滥黑沙,表示哀吊。参观模型监狱,内有政治犯三千人。随即乘汽艇游湖。最后加尔维斯少校夫妇乘车到机场送别。5:30抵哈瓦那。7时,古巴工业部长格瓦拉接见,谈一小时,接触到古巴及拉丁美洲的影响重要问题。

### 楚图南与格瓦拉交往轶事

格瓦拉(Che Guevara,1928—1967)出生在阿根廷的富裕家庭,受过良好教育。为追求拉丁美洲的政治进步、经济发展和社会正义,参加卡斯特罗领导的起义军,并成为卡斯特罗的主要助手和战友,1959年1月,古巴革命胜利后任革命政府的工业部长。1960年11月,由中国拉丁美洲友好协会邀请访问中国——由于当时古巴和中国还没有建交,因此以中拉友协名义邀请其访问中国——时任中国拉丁美洲友好协会会长的楚图南全程陪同,在1960年11月底陪同格瓦拉见毛泽东和周恩来、李先念等中国领导人,并陪同其一行在中国各地参观访问,相处极为融洽,格瓦拉访问结束后,1960年12月,中国和古巴正式建交。1961年4月,格瓦拉参与指挥击败雇佣军入侵的战斗。1961年5月,楚图南访问古巴时,格瓦拉专程安排时间会见老朋友,谈及马克思主义和武装斗争对拉丁美洲革命胜利的作用。格瓦拉忠于理想、面对现实的信念和生活简朴、勇于任事的品格给楚图南留下深刻的印象。后来格瓦拉放弃古巴政府给予的荣誉和职务，重新投入刚果和玻利维亚丛林中的武装斗争，并在1967年被美国中央情报局支持的玻利维亚政府军俘获后杀害。在“中国文化大革命”结束后，楚图南知道了格瓦拉殉难的消息后，对这位信仰共产主义，而且履行国际主义责任的殉道者颇为惋惜。曾收集有关资料，准备书写和回忆与格瓦拉交往的故事和对古巴和智利阿连德政府革命经验教训的文章，但因年事高，又体恤子女的工作繁钜，因此未能完成预期的写作设想，是为憾事。但是古巴朋友赠送的刻有格瓦拉头像的铜盘一直挂在楚图南的卧室里，作为对这位年轻的革命者的怀念。①

## 5月13日(星期六)

上午，古巴人民友协来谈日程，古巴文化教育委员会主任安多妮(Atunia)亦来谈邀请访问。10时出发赴马丹加省(Matanja)，到该省省会(与省同名)。闻马丹加为印第安语，意即屠杀。西班牙殖民主义时代，曾在此地大肆屠杀印第安人，故后人称此地为马丹加。此地现在为一重要港口，有大海湾，可通巨轮。

参观附近龙舌兰厂。龙舌兰即广东所谓剑兰，纤维可做缆

① 有格瓦拉头像的铜盘现在由楚泽涵保存。

绳等,可供水上船舶之用,产量甚大。据称,全国共有 18 个厂,现在并为 9 个,其中马丹加省有 5 个,称为合作社,实际已经是国营企业,生产自动化,渣滓可作为肥料。全国年产 2900 万磅,每磅值比索 9 分,并以年产值的 20% 分配给工人。其余 80%,除少量上缴以外,则作为再生产及基金之用。工人每日工资 3.75 比索(过去 2.5 比索)。

随即参观附近扫除文盲训练班,集训 8000 人,闻全国集中扫除文盲为 10 万人;扫盲标准为小学毕业程度。扫盲队伍为军事组织,称为扫盲军。工作人员颇积极,闻扫盲规定时间为三个月,但有一个月或八日即扫除文盲者。在此还遇多尔蒂科斯总统亦来此参观。

随后参观附近造纸厂,年产 80~90 万吨,以蔗渣为原料,出产新闻纸及图片纸。惟化学原料靠外国输入,故时有停工待料。

晚宿科伦(Colon),为马丹加东南一小城市,多餐馆、旅馆、商店,显得现代社会极为繁华。

**5 月 14 日(星期日)**

上午 7 时,出发参观澳大利亚中心糖厂。马丹加省为古巴主要产糖地区。有糖厂 24 个,最大糖厂为西班牙糖厂,亦在马丹加省。澳大利亚中心糖厂每日可压榨甘蔗 20 万阿卢巴(每阿卢巴等于 25 磅)。西班牙糖厂每日可压榨甘蔗 60 万阿卢巴,为本厂的三倍。本厂每日生产糖 2100 包(每包 250 磅)。每年工厂开工时间为三个月,工厂有工人 420 人,每日工资 4.32 比索,为全国糖厂最低工资,糖厂工人每年工作 120 天左右,停工期间没有工资。所需原料甘蔗由合作社、小农生产，本厂收买，以糖价的55%归合作社及小农，45%为本厂所有。古巴每年生产糖600～700万吨，以每磅4美分的价格卖给社会主义国家，并以一部分作价2.5美分向国际市场倾销。此部分倾销糖，仅以其收益的50%给糖厂工人。古巴全境的糖厂已经统一为国家所有。甘蔗田则或公有或私有不等。

雇佣军登陆时，敌机曾来扫视，尚有弹痕。附近有被击落敌机残骸。随即南行，出马丹加省，至拉斯维利亚斯省的长滩，看敌人登陆并作战处。敌人在此登陆约100多人，在西部吉隆滩登陆者约1500人，全部敌人共1600～1700人，被俘1100人，敌死82人，古巴战士牺牲87人，打落敌机14架，打沉敌船3艘，战事72小时结束，缴获美械甚多。一古巴少尉并以缴获的防蚊网相赠，作为纪念。

此地为沼泽地区，但海滨风景甚美，沙滩平阔。古巴政府投资300万比索，在此兴建150幢游览住房，两所旅馆及游泳池、走廊、机场等，已经大体完工。敌人由此登陆似拟利用此处新建房屋作为基地。战争中房屋略有破坏。据工程师云，又将新增20万比索，交工时间由三个月推迟到九个月。

随即北上至多宝湖（Laguna de Tesoro），此地开辟为公园、鱼池，模仿红印第安人，招徕旅客。在此食附近沼泽的名产螃蟹。房舍用本地木材和棕榈建筑，凉爽美观，别是一种风味。

晚6时，经过马丹加省返回哈瓦那。

5月15日(星期一)

上午,安多妮博士来约并陪同参观哈瓦那大学。大学最高委员会委员介绍古巴高等教育情况。据称,大学最高委员会为领导和改造古巴高等教育和技术教育的最高机构。古巴有三所大学,其中哈瓦那大学建立于1728年,规模最大,现有学生24000人,其余的奥连特大学和拉斯维利亚斯大学规模较小,共有学生六千余人。全国共有大学生三万人。现在正在合并和裁撤法学院,增加医学院。古巴平均每1400人有一医生,五年内争取不到1000人有一个医生,将来争取每800人有一个医生(闻苏联现时是每700人有一个医生)。此外并新增和扩充采矿、石油、地质等系。现在,工程系人数最多,医学次之。教授不足,教育部长哈特赴社会主义国家访问的目的之一即聘请专家教授①。大学逐渐做到向工农开门,现有公费生2000人,将来拟扩展到10000人。政治课称为公民修养,主要讲古巴革命理论及民族形成。古巴学制为:小学六年,中学初中三年,大学预备科三年,大学四至六年不等,四年毕业获学士学位,进修三至四年后可得博士学位。随即引导参观大学教室及科学馆。校门设一青铜女子雕像,表示母爱,雕像女子伸两手表示欢迎青年入学。参观生物系动物标本室,知古巴各种动物丰富且多异种;并有原始鱼,属剑齿鱼中的一种。

继参观国家图书馆,馆长 Maria Tereja 出面接待,称图书馆已

① 古巴革命政府规定,1961年为“教育年”。

经有50多年历史,现藏书60多万册。现正从英、美、西班牙等国抄录文献,整理古巴和拉丁美洲各国历史。同时注意普及工作,为劳动人民设阅览室,送出通俗书刊等。阅览室并可戴耳机听各种著名音乐唱片。古巴人民爱好音乐,音乐教育极为发达,似为他处所未见。馆中一专家写古巴华侨历史,共二百余页即将出版。据云,1873年时,已经有中国剧团从加拿大来,在古巴访问演出。古巴风俗习惯、民间工艺等受中国影响极深。

参观图书馆后随即登何塞·马蒂纪念塔,塔高102米,塔基海拔50米,因此塔顶高于海面152米。登塔顶可眺望全市及加勒比海,翠绿澄碧,至为可爱。

午后4时,访问美洲之家。美洲之家为古巴与拉丁美洲各国文学艺术、文化界联系及进行研究的机构。每年评选优秀文学作品,举办展览,吸收留学生,搜集拉丁美洲各国出版的书刊及历史文献。工作极重要亦极有意义,值得重视。闻该组织的主席由教育部长所任命,实际似为官方团体。

随后参观古巴国家博物馆,有埃及、希腊、罗马、中世纪及文艺复兴以来的古物、绘画、雕刻、用器等艺术品。颇多精品,但赝品亦不少。据云,其内容丰富,为美洲第二,仅次于美国纽约博物馆。

最后赴文学家、艺术家之家招待会,略如我文联组织,正在筹备中,据云,今年六月底召开代表大会,正式成立机构。该组织主席纪廉[1]及文学家、艺术家多人出面招待,座谈甚欢。

晚9时,古巴中国友好协会和中华总会馆华侨举行欢迎大会,宾主讲话并献礼。中华会馆有满清时二品钦差出使日、美、秘鲁大臣曹国清所题匾额现尚保留。装饰用具亦古色古香,可以看出华侨强烈的保守思想和民族意识。会后并与侨领谈话,直到深夜12时始归。

**5月16日(星期二)**

上午,访问古巴教育部,副部长 Jose Aguilava Maceiva 为介绍古巴教育情况。据称,古巴革命胜利前,5~14岁学龄儿童约150万,其中有50%即75万人不能上学。现在争取从今年九月起,全部学龄儿童可以上学,不会产生新文盲。教师月工资1959年为65比索,预计每年增加20比索,直到月工资达200比索为止。全国文盲占人口的20%,即150万人,现在组织扫盲委员会,训练10万扫盲教师,教识字,改进生活,贯彻革命教育,并参加劳动。

晚,申健大使为代表团举行招待会,到格瓦拉少校,外交部长罗亚及副部长,教育部副部长,卫生部部长,文化教育委员会主任安多妮,最高法院院长及朝鲜、越南、捷克斯洛伐克、罗马尼亚、保加利亚大使,德国代表团团长,苏联使馆二秘,古巴和拉丁

---

① N. Guillen(1902—1989),古巴黑人作家,以黑人生活为题材,用黑人诗歌韵律创作到了诗歌,古巴革命胜利后,1961年出任古巴作家和艺术家联合会主席,访问中国时受到楚图南等的接待。

美洲外宾共约200人。

### 5月17日(星期三)

上午,访问古巴与各国人民友好协会,主席马索拉(Majola)出面接待,互相赠礼。访问古巴—中国友好协会,秘书长阿美利加及副主席及华侨侨领出面接待,并参观会所。

随访古巴国家芭蕾舞团,阿丽西亚·阿隆索①及全体演员夹道鼓掌欢迎,并设茶点招待,还表演中国舞蹈、演唱中国歌曲,情绪至为热烈。

午后1时,古巴外交部长罗加②在"自由哈瓦那"会所设宴招待代表团,并讲话感谢中国支持和中国人民对古巴人民的深厚友谊。出席者有古巴外交部副部长及司长多人,还有我(方)申健大使。

3时归,整理行装。

晚到使馆做工作小结,直至次日2时始归。

### 5月18日(星期四)

9时,乘古巴航空公司飞机离哈瓦那。来送者有我驻古巴大

---

① Alicia Alonso(1921— ),享誉世界的古巴芭蕾舞演员,她所创办的芭蕾舞团,在古巴革命胜利后改名为古巴国家芭蕾舞团,访问中国时,楚图南接待过全团,并陪同阿隆索等会见毛泽东、周恩来等中国领导人。

② Blas Roca(1909—1987),早年是1925年成立的古巴共产党,1940年改名为人民社会党的总书记,卡斯特罗领导的革命胜利后,任外交部长,1960年4月访问过中国,会见过毛泽东等中国领导人。

使申健及方晓、于光荣、黄文友诸参赞，及古巴—中国友好协会主席阿尔瓦雷斯、秘书长阿美利加、古巴对各国人民友好协会联络秘书雅朗德及古巴文教委员会主任安多妮诸人。计在空中飞行十九小时，在英属地拿骚（巴哈马首府）及葡属地圣塔玛利亚各停留一小时，于次日（即5月19日，星期五）上午6时抵布拉格，为捷克时间12时。

午饭后，略事休息，看《人民日报》，并出外购买零星什物。此间同期天气尚如初春时分，气温15℃，与哈瓦那相差10℃。

住我大使馆招待所，并晤卢耀武参赞，略谈文化处工作。

### 5月20日（星期六）

在使馆座谈工作总结，准备回国后写成书面报告。

晚，在文化处看西德影片及法国影片；前者无聊，后者感伤。可见西方电影事业的没落。

### 5月21日（星期日）

上午12时乘图-104飞机飞赴莫斯科。下午2时，即莫斯科时间午后4时到达。使馆同志来接。称当晚9时有飞机直达北京。因到机场附近使馆别墅休息，9时前到机场，晤屈武①同志访问匈牙利归来，仍同机归国，颇为巧遇。

---

① 屈武（1898—1992），大革命时期的共产党员，国民党元老于右任的女婿，长期从事统战和联络工作，时任对外文化联络委员会副主任，后任第六、七届全国政协副主席。

9时飞机起飞，经新西伯利亚休息一小时，经伊尔库茨克休息三小时。22日上午9时安抵北京。来接者有张奚若[①]主任、张致祥副主任、委内诸同志及淑端。

来回三万八千公里的远行，带着中国人民对古巴人民的深厚友谊赴古巴访问，并祝贺古巴人民反对美帝国主义、歼灭美帝国主义雇佣军取得的伟大胜利并与古巴人民一道欢度五一国际劳动节，并进行友好访问，了解情况，传递中国人民对古巴人民的友谊，至此，完成任务，平安归来。

---

① 张奚若（1889—1973），著名爱国人士，早年留学美国，1949年前历任多所大学政治系教授，1949年任中央人民政府委员，教育部长，对外文化联络委员会主任等职务，是楚图南的挚友。

# 1961年11月18日至12月27日率领中国文化代表团访问日本日记

团　长　楚图南

副团长　周巍峙(1916—　,时任文化部艺术局局长)

秘书长　孙平化(1917—1997,时任中国人民外交学会理事,后任廖承志驻日本东京办事处主任,中日友协会长)

团　员　张有萱(1911—2001,时任国家科委副主任)

崔　嵬(1912—1979,北京电影制片厂导演)

王守觉(1927—　,中国科学院物理研究所研究员,学部委员,半导体物理学家)

常莎娜(1931—　,中央工艺美术学院副教授,敦煌学家常书鸿的女儿)

崔太山(对外文协工作人员,翻译)

吴应健(对外文协工作人员,后任中日友协理事,翻译)

## 1961 年

### 11 月 18 日(星期六)

本日奉命率领中国文化友好代表团赴日本访问。全团成员共九人。

上午 8:30 乘飞机离京,天阴雨。来送者有张奚若[①]、丁西林[②]、朱光[③]、马彦祥[④]、周而复[⑤]、林林[⑥]诸同志及淑端、杜曼[⑦]等同志。

12:00 抵武昌机场,天气渐感炎热,气温达 17℃,与北京相差 10℃。在此休息一小时,午餐,午餐后继续起飞,午后 2:30 抵长沙,休息半小时继续起飞。4:45 抵广州,住羊城宾馆,为新建巨厦,高伟雄壮,陈设华丽。据云有房 700 间。气温 27℃,又较长沙、武汉等地炎热。在此换穿夹衣,并做好出国一切准备。

---

① 时任中国人民外交学会会长,对外文委主任。

② 时任对外文委副主任,对外文协副会长。

③ 时任对外文委副主任。

④ 时任文化部艺术局副局长。

⑤ 时任对外文协副会长。

⑥ 时任对外文委亚非司司长。

⑦ 楚图南秘书。

### 11 月 19 日(星期日)

上午 7:45 离广州乘火车赴深圳。10:50 抵达,在此办理赴香港手续。并晤以崛田善卫为首的日本文学代表团一行五人,为经此赴我国访问。车中并晤广州作家周钢鸣[①]同志,昔在昆明相聚,并做民主文化运动,别且十余年。

午后 1 时,乘火车赴香港,约 2:50 抵达。住山顶道 40 号新华社招待所。晤孟秋江、梁上苑、罗某诸同志。

晚,新华社有关同志约宴,商谈赴日访问,应坚决贯彻经批准的访问计划及一系列方针政策,以及生活、学习、工作等方面应行注意的事项及在日访问的初步日程。

晚宴时,同席的在港澳工作的同志:

梁威林,时任新华社香港分社社长

梁上苑,时任新华社香港分社副社长,由外交部派出

孟秋江,时任香港文汇报社社长,楚图南多年挚友

费彝民,时任香港大公报社社长

潘静庵,时任香港中国银行襄理,原八路军驻香港办事处工作人员,1941 年曾参与组织在香港的爱国人士和文化界人士返回内地

---

① 周钢鸣,早年参加左联,时任职于广东省文教厅。

## 11 月 20 日(星期一)

天阴雨。晚 5:00 乘英国 BOAC(英国海外航空公司)的波音飞机起飞赴日本。当晚,日本东京时间 10 时(为北京时间 9 时)抵达日本东京羽田机场。有群众欢迎大会,日中友协会长松本治一郎[①]及日本—中国文化交流协会会长中岛健藏[②]分别讲话,表示欢迎。我致答词,表示带来中国人民的友谊,并表示谢意。

当晚,接见新闻记者,并回答所提问题,有善意,则善意回答;有误解者,则认真解释;有恶意挑衅者,则不予置理或适当回击。谈话直到深夜。

由日本朋友代为安排住皇宫旅馆(Palace Hotel)。松本治一郎同我乘车,并送我到旅馆。车中闲谈,称年近八十,尚未结婚。拟满百岁后再考虑结婚云云。谈话友好而又风趣,如久别故人重逢,了无拘束。

旅馆房间不如我国北京饭店等大旅馆高大宽敞,但屋内家具什物、陈设装饰等一般颇精巧实用,雅洁美观,似经济亦感舒适。

---

① 松本治一郎(1888—1966),日本著名社会活动家,曾参与创建日本社会党,曾任日本参议院议员、副议长,首届日中友协会长,多次访问中国。楚图南的好朋友。

② 中岛健藏(1903—1979),日本著名文学评论家,1956 年创建日本—中国文化交流协会,曾多次访问中国,楚图南的好朋友。

## 11月21日(星期二)

早起,推窗眺望,天朗气清,气温约13℃。看东面日本皇宫,苍松翠柏,绿树森森,已有冬意。南面护城河内白天鹅浮水面,悠然自得,顿觉闹市中颇有野趣。

上午日本朋友大阪的大塚有章[①]来访。日共国会议员须藤五郎[②]来访。日共中央文化部长藏原惟人[③]及统战部长内野竹千代[④]、日共中央书记袴田里见[⑤]的秘书宫崎繁来访。日本保卫和平委员会(和大)主席平野义太郎[⑥]来访。各以不同的方式、不同的角度、不同的内容交谈,彼此都感到满意。

中午食日本餐,所谓天妇罗,亦称田普乐,以鱼虾等海味及蔬菜、葱蒜等油炸蘸醋料食之,尚可口,据云为日本典型食品之一。

午后2时,赴接待委员会招待会,日语称欢迎执行委员会,出

---

① 大塚有章(1897—1979),日中友好活动家,曾创建日中友好学院和毛泽东思想学院。

② 须藤五郎(1898—?),日本进步音乐家,曾数次代表日共当选日本参议院议员。

③ 藏原惟人(1902—1991),日本社会活动家、文学评论家,曾任日共中央文化部长,后任日共中央政治局委员。

④ 内野竹千代(1901—?),日本社会活动家,曾任日共中央统战部长,书记处书记。

⑤ 袴田里见(1904—?),日共中央委员,政治局委员,副委员长,曾参与二战后日共重建等重要工作。

⑥ 平野义太郎(1897—1974),日本社会活动家,日本和平委员会主席。

席者有下列诸人：

松本治一郎

中岛健藏

三岛一①

三好一②

吉田法晴③

林弘高④

杉村春子⑤

亀井胜一郎⑥

田中执之进

宫崎世民⑦

长谷川敏三⑧

牛原虚彦⑨

---

① 日中友协副会长。

② 日中友协事务局局长。

③ 参议院议员，日中友协副会长。

④ 演艺界人士，艺人经纪公司“吉本兴业”东京本部负责人。

⑤ 杉村春子（1909—1997），著名演员，主演过《欲望号街车》（1953）等影片。

⑥ 亀井胜一郎（1907—1966），文艺评论家，日中文化交流协会副理事长。

⑦ 宫崎世民（1902—1985），日中友协理事。

⑧ 早年为日本军人反战同盟成员，战后力主日中友好。

⑨ 牛原虚彦（1897—1985），著名电影导演，首届日本第一访华团团长（1957）。

此外还有风见章[①]，据云患癌症，未能来，特托人致意。

会后，访问日中友协会所，会见工作人员，勉励并感谢为促进中日两国人民友谊所做的努力，并向协会赠送礼品。

出席日本朋友举行的电影周，宾主讲话，共祝中日两国人民友谊和文化交流不断发展。

晚，在东海林华侨饭店食中餐，松本治一郎陪同活动，直到深夜始归。

### 11 月 22 日（星期三）

早起，天阴雨。但气温上升达 10℃。闻东京因太平洋暖流关系，故冬时亦多雾多雨，冬无严寒，夏无盛暑。纬度略同北京，但气温调和，有海风，不如北京干燥。

上午前进座[②]座长河原崎长十郎[③]名演员中村翫右卫门[④]。

午后，访问松本治一郎住所，访问中岛健藏住宅。部分团员参观法兰西画展及日本画展。

访问日本朋友时，初步了解日本东京附近人民经济生活如下：

---

① 风见章（1886—1961），曾任近卫文麿内阁书记长（1937）、法务大臣（1940），后受日本军部排挤，退出政界，战后主张日中友好。

② 日本著名剧团，成立于 1931 年，曾演出《鉴真东渡》《天平之甍》等中日友好为题材的剧目。

③ 河原崎长十郎（1902—1981），日本演员、导演、戏剧活动家，楚图南多年朋友。

④ 中村翫右卫门（1901—1982），日本著名演艺世家中村梅雀的第二代传人，前进座创始人。

日元 150～160 円(日元)折合我人民币 1 元;

普通市民夫妇二人生活费用月需 30000 日元,如自有住房,则需 17000 日元;

大学毕业生就职可得月工资 17000 左右,最高可达 20000 日元或至 30000 日元。

晚 7 时,以松本治一郎为首的接待委员会在“八芳园”(日本著名餐厅)设宴招待文化友好代表团。“八芳园”为过去大久保别墅,为典型的日本式园林,绿树参天,配以池塘流水,小桥庭院,优美如画。室内亦布置雅洁,古色古香,坐竹木躺椅,啜清茶,看瓶花及壁上悬挂字画。有明治八年(至今已有 88 年)实美①书写的横额:“志气恢廓,规模宏远”。可想见日本明治时期一部分统治阶级人物的野心和气概。亦有日本名画家雪舟②的山水横幅,据云为临摹本,但墨色、笔气、布局、结构颇有我元明人画意。

餐时,席地而坐,食日本风味的“天妇罗”,饮日本米酒。侍女前后照应,持杯把盏甚恭,此当是封建时代传来的旧习。并有歌伎弹古筝,唱日本歌曲,并观赏日本舞蹈。古筝奏古曲《六段》及新歌《伦敦夜雨》,舞蹈节目为《文乐》及《风月之桥》。日本朋友吉田法晴亦唱《矿工之歌》,三岛一唱古歌《袁太郎》及在日本

---

① 三条实美(1837—1891),日本明治时期的元老重臣,1889 年任内阁总理大臣。

② 雪舟等杨(1420—1506),日本水墨画的开山鼻祖,被尊为“画圣”。

最流行的儿童歌谣《黄昏的蜻蜓》助兴。据云,日本群众举行游行示威、携手前进,如遇军队警察阻挡,即高声歌唱此等儿童歌谣,使军警亦听之入神,唤起儿时的回忆及纯真童心,即使顽恶不化者,即所谓干涉阻挠和破坏行动亦不过奉命行事,稍稍有所收敛。此虽对牛弹琴,不易生效,然亦不失为群众运动中的新的手法。宾主宴乐欢谈,直至夜 10 时许,尽欢而归。

### 11 月 23 日(星期四)

早起,空气清新,天宇开阔。推窗远望西南方,远处可隐约看到富士山顶白雪皑皑,衬以蔚蓝苍天,美如画屏。

中午,日中友协常务理事会在汤岛的"江知胜"宴请中国代表团,食另一种典型的日本民族风味的餐食"鸡素烧",略如中国的火锅或朝鲜的神仙锅。宾主边吃边谈两国的文化友好工作,并即席唱日本歌曲,频频举杯祝两国人民友谊不断发展、反对美日反动派的斗争不断取得新的胜利。

午后 2 时归旅馆时,便道游览市容。先到台东区游览上野公园,规模颇大,绿树成荫,闻此处樱花最有名,惜在冬时,未见繁花似锦,游人成队的景象。园内并有图书馆、博物馆、动物园及各种文化艺术展览场所。

游宽永寺,据云建于 300 年前德川家康时代,经五次火灾,现重建已 80 年;门坊、斗拱及院落中的石碑、石幢等似可看见中国唐宋时代古寺庙建筑的规模和风格。日本佛教自隋唐时由中国传入,代有发展,现时已有十三个宗派。宽永寺则属于天台宗云。

附近有本愿寺，李德全[1]曾在此接受并安葬抗战期间在日本牺牲华侨的骨灰。

随即游浅草公园，中有金龙山观音堂，为市场及市民游乐区，晚间尤为拥挤。同时亦为流氓、骗子、妓女、小偷等出没场所。略如我解放前北京的隆福寺、天桥，河南开封的相国寺，及上海的大世界等地。团员中的青年从此处看出旧社会的阴暗面。街道两旁遍布电影院、商店及各种娱乐场所。电影院海报色情、惊险、鬼怪、恐怖，分门别类，无所不有；票价有廉至50円者，亦有贵达500円者。影片新旧亦分各种等级、各种不同票价。资本主义社会虚伪繁荣的表面现象掩盖下的没落腐朽、贫富不均、苦乐不均的阶级实质，可以在此得一侧面的了解。

晚6:30，出席日本戏剧电影界酒会招待会。到中岛健藏等数十人，重要者有：

久保万太郎[2]

村山知义[3]

白石凡[4]

---

① 李德全(1896—1972)，女，中华人民共和国首任卫生部长，1954年曾率领中国红十字会代表团访问日本。

② 久保万太郎，日本文学团体“文学座”创始人之一。

③ 村山知义(1901—1977)，剧作家，曾率日本新剧团访华，曾将《红岩》改编为日本话剧。

④ 白石凡，剧作家、日中文化交流协会常任理事。

阿部义雄[①]

下元勉[②]

尾崎宏次[③]

牛原虚彦

薄田研二[④]

木下顺二[⑤]

新藤兼人[⑥]

秋田雨雀[⑦]

千田是也[⑧]

岸辉子[⑨]

河原崎长十郎

中村翫右卫门[⑩]

乙羽信子[⑪]

---

① 阿部义雄,话剧演员。

② 下元勉(1917—2000),电影演员。

③ 尾崎宏次,演艺界人士。

④ 薄田研二(1898—1972),电影演员。

⑤ 木下顺二(1914—2006),日本剧作家。

⑥ 新藤兼人(1912—2012),电影导演、编剧,作品有《原子弹下的孤儿》、《裸岛》。

⑦ 秋田雨雀(1883—1962),日本戏剧家、作家、世界语学者。

⑧ 千田是也,日本话剧团体“俳优座”创始人之一,导演。

⑨ 岸辉子,女,日本话剧团体“俳优座”创始人之一,演员。

⑩ 中村翫右卫门,演员。

⑪ 乙羽信子(1924—1994),主演《裸岛》,获国际电影节大奖,电视剧《阿信》主角。

藏原惟人[①]

八田元夫[②]

市川猿之助[③]

丰道庆中[④]

讲话时祝愿日本文艺、文化界朋友发展有着悠久传统，有着独特民族风格，有着丰富生命力的民族的、大众的、进步的日本戏剧、电影文化艺术，并与帝国主义、资本主义腐朽没落的黄色文化作不调和的斗争。相信在日本革命、进步、健康力量的领导、支持和鼓舞下，日本人民的新的文化艺术事业是有着新的、广阔的、光辉的前途，并必然在反对帝国主义、资本主义的斗争中做出贡献，并取得最后的胜利。

**11 月 24 日(星期五)**

中午，日本书法家丰道庆中以日本的"茶道"并举行家宴招待我及常莎娜、译员崔太山。出席者有日本社团法人、日本书道联盟书记长山本正一及日本书道艺术院常务理事、事务局局长香川峰云等二十余人。茶具为陶制，丰道并以孙中山生前挚友头山满所饮用的茶具奉我饮用，并以自设计、题字的陶具相赠作

---

① 藏原惟人，日共中央文化部长。

② 八田元夫(1903—1976)，话剧导演。

③ 市川猿之助(1888—1963)，日本歌舞伎世家二代传人，演员，导演。

④ 丰道庆中，即丰道春海，1958 年率日本书道代表团首次访华，楚图南的朋友。

为纪念。家宴时，食火锅，丰道夫人及子女等出而殷勤招待，并有书道会员即席舞蹈，日本著名女歌唱家赤坂小梅[①]即席歌唱《寒山寺》及日本民谣。另，日本画家大石顺教[②]，双臂残废，能以口衔画笔作画，并当场画兰竹各一幅赠作纪念。丰道并出示壮年时书写的楷书《多心经》条幅供欣赏，我亦题字相赠。常莎娜并为丰道及女舞蹈家作速写画像。东方人所谓古道素心，及亲切好客态度可于此处略有所体会。

晚6时出席社会党、共产党、“总评”[③]及日本文化界所共同发起的要求恢复日中邦交第二次全国统一群众大会。会所在日比谷公园。中国文化友好代表团受到大会群众的热烈欢迎。讲话时对日本各界人民对中国的深厚友谊表示感谢，并着重说明中日邦交恢复、中日两国人民友好团结是两国人民的共同愿望和要求，也符合两国人民的共同利益，并有利于维护和促进亚洲和世界的和平与进步事业，这是历史的潮流，是美日反动派所破坏和阻挠不了的。最后高呼口号：“祝中日两国人民在反对共同敌人美帝国主义和日本军国主义的斗争中所结成的战斗友谊万古长青！祝日本人民革命斗争胜利万岁！祝亚洲和世界和平进步万岁！”

---

① 赤坂小梅（1906—1992），日本民谣歌手。

② 大石顺教，一位女尼的俗名，年轻时不幸双臂被截，遁入尼庵后受到启示，用嘴衔笔作画，成为画家，作品为许多知名的图书馆收藏，所写的一部心经，日本人称为“无手的心经”，视为国宝。

③ 日本工会总评议会，简称“总评”，是日本最大的工会联合会，有会员300万人。

会后已深夜，闻归途中有情况①，因绕道金刚饭店晚餐。饭店主人为日本人，饮食料理则为中式，并有中国厨师，可做四川菜和广东菜。

饭后，看乙羽信子等人所主演的所谓《第三次大战》(*The Last War*)，为日本五大影片公司之一的东宝影片公司出品，设想第三次世界大战、核武器毁灭东京，日本成为一片火海，同时伦敦、巴黎、纽约、莫斯科亦同归于尽，宣传核战争恐怖，对于发生核战争的帝国主义原因及制止核战争的全世界人民进步力量却避不谈及。整个内容显然是很反动的。

### 11 月 25 日(星期六)

天清气爽，气温 12℃，俨如北京秋凉时节。惟闹市拥挤，车祸惊人，仰俯之间，天堂地狱，纯然是两种境界。

与日本朋友闲谈，继续了解日本情况，特别是东京地区人民的经济生活情形，有着一些数字，撮记如下：

皇宫饭店(Palace Hotel)为东京第一流旅馆，我所住房间每日 6000 円，早午晚三餐 4000 円，各纳税 10%，两项合计为 2000 円，每日房饭开支共 12000 円；

普通餐馆每餐 1000 円，贫民食堂每餐 35 円至 50 円；

小学教师月薪约 8000～10000 円；

---

① 据楚图南事后回忆，有极少数日本人预谋在代表团的归途中用驱虫剂、烟雾弹袭击所乘坐的车辆。

高等学校即高中教师月薪约12000円;

大学教授月薪约15000円,并另有津贴;

工人中,临时工每日工资350~400円;

工厂职工每月工资8000円,按工龄年次递有增加;

农民粮食自给,五口之家月需20000円;

鸡蛋每个15円,面包每磅15円,肉每磅450円;

出租汽车每两公里80円;

房租极贵,每“榻榻米”(即一席之地)约1000円;

地价极贵,在市内,每坪(即两“榻榻米”约1.8平方米)地价约50000円;

在闹市中心,即银座附近,每坪约100万円,最高达500万円;

西服每套约8000円,和服每件约1000円;

第一流电影院票价800円,二流300円;

第一流剧场票价1000~1500円,第二流300~500円;

报纸日刊10円,夕刊(晚报)5円。

上午,日共政治局委员、文化部长藏原惟人,日共中央统战部长内野竹千代及日共中央书记袴田里见的秘书来访。

午后2时,日中友协、日中文化交流协会及日本文化各界在椿树庄举行盛大酒会招待会。绿树成荫,绿草如茵。到会者有:松本治一郎、中岛健藏、平野义太郎、黑田寿男、宫崎龙介、秋田雨雀、南原繁、花柳德兵卫、市川猿之助、有吉佐合子、白石凡、丰道庆中及各方面代表人物约300多人。花柳德兵卫歌舞团并当场表演民间舞蹈节目，颇精彩，艺术水平亦较过去略有提高（花柳德兵卫歌舞团1958年曾经应邀到中国访问演出）。祝酒时，勉以努力发掘民间艺术和发展民间艺术——因为民间艺术为人民所创作，亦表达了人民，特别是劳动人民的生产力的和生活感情，是健康的，优美的，有力量的，因而是人民，特别是广大劳动人民所喜闻乐见的。花柳德兵卫舞蹈团所走的道路是广阔的，所走的路线是正确的。

晚6时，接待委员会等日本70多个团体约一千多人举行欢迎大会，热烈欢迎中国文化友好代表团。三岛一代表松本及中岛两人及其他团体致欢迎词。我致答词，表示各团体的欢迎是对中国人民深厚友谊的表现，特表深挚的感谢，并表示对日本人民反对美日反动派的正义斗争坚决支持，并相信中日两国人民的团结合作是符合中日两国人民的愿望和利益，是任何力量也破坏不了的。会上并有日本艺术家表演日本民间歌舞，并合唱日本民谣及中国歌曲。日中友协支部的业余音乐家并演奏交响乐，舞蹈家表演中国舞蹈——红绸舞及新疆民间舞蹈。最后前进座演员30余人演出中国的《猎虎记》，形式和内容都有所发展，更显得雄强有力，悲壮动人。演出结束，台上台下，手挽手，齐唱《东京—北京》，气氛热烈，直至深夜结束。

### 11月26日（星期日）

日暖风和，气温达17℃。上午应东京邦乐学校邀请，听该校教职员学生演奏雅乐。主要乐器为筝（十三弦）、三弦、尺八（即短萧），有时和以民谣及各种古典的及民间的舞蹈歌曲，本日出面接待者有东洋音乐会会长田边尚雄及其子田边秀雄。校长中岛雅音,则以事赴大阪,托人代为致意。另有岸边成雄,为东京大学教授文学博士,对我国隋唐音乐颇有研究,已出书两大卷,对我国隋唐时代乐理、乐制、乐器、乐曲、乐人、乐妓等方面皆有比较详细的叙述和论证。本日演奏节目有四个,即:

1.《六段》

2.《云井之曲》

3.《茶音歌》

4.《松风》

主要乐器为筝,伴奏乐器为三弦及尺八(即短萧)。所唱歌曲为日本民谣,即日文所谓的呗,在日本为雅音,亦称为邦乐。东京大学讲师吉川英史殷勤代为解说。并称雅音传自中国,在日本逐渐有所发展。现在日本弹筝有主要的两派,即山派用圆形指套,先田派用方形指套云云。田边尚雄最后致欢迎词,对中国文化积极推崇。我致答词祝愿两国人民继续增进悠久的文化关系和深厚的民族友谊。

午后1:30,赴东京都文化馆看松山树子主演的芭蕾舞剧《奥赛罗》。闭幕时并上台祝贺。陪同观看者有藏原惟人,及日本全国勤劳者音乐协议会联络会议事务局局长牧野弘之。东京都文化馆为最近的新建设,规模大,包括餐室、会议室及剧场等。剧场每日租金10万日元,有座位2327个。在此晤日本历史学家谷三泽三及松山树子之夫清水正夫[①],晤谈尚极欢洽。

晚,出席日中友好协会东京都积极分子大会。到会者皆日中友协基层组织的工作人员和领导人员。以人数约三百人左右,为便于宾主畅谈,特分两地举行。以工作关系一见如故极为友好热情。朋友们纷纷提出问题,要求回答,大部分是国际问题及有关中国各方面的问题,共归纳为12个方面的问题,当即分别一一回答,供日友参改并求指正,听者似极满意,不愿别去,欢谈直到深夜。

**11月27日(星期一)**

上午东京都议会议员、日中国际贸易促进地方议员联盟大久保重直,东京都议会议员、日本社会党中央委员久保田幸平,日本国际贸易促进地方议员联盟事务局长泰平国男等人来访,要求发展中日两国民间贸易关系和文化友好来往,特将所提意见分别记录拟回国后研究处理。

11时,往歌舞伎座看日本舞蹈协会公演。协会会长高桥诚一郎、副会长何竹繁俊等人出面招待。花柳德兵卫夫妇及舞蹈团艺术家并在伎座门口列队欢迎。据云此为舞蹈协会第五回公演。对于保存和发展日本传统的、民族的民间音乐、歌唱、舞蹈等颇起重要作用。歌舞伎座在东京闹市中心银座附近,为最典型的日本式剧院。灯光设备、舞台装置以及布景道具等皆富有

---

① 清水正夫(1921—2008),日本松山芭蕾舞团团长,日本著名芭蕾舞演员松山树子的丈夫。

民族风格。有花道可由观众场内直通舞台，似为日本舞台所仅有。全院共有座位2500，票价最高1500円，其次1000円，再其次500円。本日演出节目如下：

《四季之寿》
《松之羽衣》
《月》（长吹）
《猩猩》
《壇之浦》（花柳德兵卫主演）
《山姥》
《二人椀久》
《流星》
《连狮子》（长吹）
《保名》
《女夫狐》

其中以花柳德兵卫编导和演出的《壇之浦》，阪本晴江演出的《月》，阪本三津之丞演出的《流星》，猿若清方、猿若君代共同演出的《连狮子》更显得精彩。演出休息时舞蹈协会招待午餐，食日本生鱼。高桥致词欢迎，我亦致词感谢并祝两国文化交流和人民友谊不断发展，并祝两国艺术家亲密合作，互相学习，共同进步。

晚，日中文化交流协会在福田家举办晚宴，食"鸡素烧"，亲切友好，饮谈甚欢。到下列人士：中岛健藏、河原崎长十郎、林弘高、龟井胜一郎、花柳德兵卫、石川连三、松山树子、野间宏、牛原虚彦、中野重治、渡边义雄、井上靖、丰道庆中、南原繁、白石凡、土岐善麿、伊藤武雄、千田是也、铃木一雄等约50余人。宴会及略致词感谢女服务员及厨师等，一时全场轰动，女服务员（即日本所谓的女中）、厨师纷纷出而鞠躬感谢，甚至有流泪者。据云在日本，此等女服务员及厨师素不为人重视。中国贵宾提到她们并表示感谢，这在日本还是第一次，颇出人意外，故深受激动云云。

**11月28日（星期二）**

上午，日本电影明星乙羽信子来访，勉以表现人民生活、人民苦难，和人民的希望和前途并为此而努力而斗争。

日友来访谈外地访问日程。

下午1时，看日本"狂言"（《偷瓜的村人》）及"能"（《妬妇》）。"狂言"及"能"为日本传统的两种不同的剧种。本日演出地点在东京青山铁仙会舞台。铁仙会为日本古典戏曲研究和演出团体，其舞台为室内舞台，观众席地而坐。铁仙会负责人野村松木介绍"狂言"发生于600年前，一般为喜剧，道具简单，以对话说白表现社会风习及人民的机智喜乐为其特色。"能"亦发生于600年前，一般为悲剧，表演时多带面具，有音乐和歌唱配合剧情。本日所表演的节目皆为最典型的剧目，因录其节目单如下：

昭和三十六年十一月二十八日（火）午后1时始于东京

青山铁仙会舞台：

| | | | |
|---|---|---|---|
| 狂言 | 瓜盗人 | | |
| 能 | 葵上 | | |
| 大鼓 | 濑尾乃武 | 大鼓 | 欢世元信 |
| 小鼓 | 北村治 | 萧 | 一曾幸政 |

晚看日本“文乐”即日本的木偶戏。舞台豪华，布景壮丽，以黑衣人持木偶出场，一般以三人操纵一木偶，木偶略如人体大小，手、足、头部皆可动作并有歌唱，说白及音乐相配合俨然近似一种歌剧，此在木偶戏中形成独特的一种。本日表演故事为郑芝龙、郑成功父子企图报仇复国的故事，唱词音乐尚极激昂、悲歌慷慨、至足动人。

**11 月 29 日（星期三）**

上午 8 时，乘火车离东京赴京都。京都即西京，为日本旧都，距东京 400 公里。沿途东侧旭日照大海，西侧富士山顶白雪皑皑，高插青天，灿若银屏。山下良田万顷，岩壑松风，风景至美。经名古屋及岐阜两地皆有日中友协会员来车站迎接。抵京都附近，远看琵琶湖及东山秀丽如画。抵京都车站有群众欢迎大会。其中亦有华侨及华侨学生。京都大学教授贝塚茂树致欢迎词，并陪送至八千代日本式旅馆。房间编号不以数目字，而以诗词文字，如“星”、如“月”、如“梦”、如“雨月”、如“瓢箪”等为名。我所住房间名为“末广”，据云为前途广阔之意。以折扇之末端，开之则广阔，如人之前途无量云云。入门席地而坐，复室各有推窗可以相隔，亦有走道、有阳台、有浴池，至为清洁。入室不久京都府学者及知名文化界人士如贝塚茂树、重泽俊郎、桑原武夫、武藤守一、山田幸次、山口英二、塚本善隆等人皆来座谈，表示加强中日两国文化交流友好关系的深切愿望。态度极诚挚恳切。京都府为日本马列主义学者河上肇故乡。勉以保持河上肇传统，为学术进步事业，为人民幸福生活、人类光明前途共同努力。

当晚，京都府文化学术界朋友在桃园亭举行招待会，到各方面学者及知名人士百余人。其中大部分为研究中国问题的学者专家，三分之一能说流利的中国普通话，一般都能看中国古典文献及现代书刊。京都大学文学教授吉川幸次郎且长于中国旧诗词及中国文史考据。当即以所著旧诗词及论文集《知非集》一册相赠作为纪念。

晚宴后，出席京都府各界人民要求恢复中日邦交群众大会。群众列队欢迎代表团，鼓掌欢呼，情绪热烈如接亲人。会上各团体献花。日中友协京都府支部理事长、京都立命馆大学校长末川博致词欢迎，称怀着赔罪的态度，怀着感谢的态度和怀着学习的态度，欢迎中国文化友好代表团，态度极为真挚诚恳。最后并着重指出中日两国文化关系有着悠久的传统，两国人民友谊亦有深厚的基础，这就更显出两国邦交的重要性。并称将努力突破重重障碍，同国内外一切反动势力作坚决不懈的斗争。我亦致答词感谢京都府各界人民对中国人民的友好情谊和对中国代表团的热烈欢迎。中国人民始终将日本军国主义侵略中国的罪行同广大的日本人民区别开来。日本军国主义是中国人民的敌人，也给日本人民带来了灾难和不幸。因此中国人民坚决支持日本人民反对美日反动派的斗争，坚决支持日本人民争取建立独立、民主、自由、中立的新日本的斗争，坚决支持日本人民对中国友好团结和对争取恢复中日两国邦交的斗争。最后并表示向京都文化界的朋友们致谢，向京都府的日本人民致敬。会后末川博并陪同到旅馆畅谈。末川博为京都府知名学者和社会名流，其在京都府的地位和声望如南原繁之在东京，且思想进步，德望甚高，闻与故河上肇为连襟云。

### 旅日偶作

旭日照东海，万壑走松风。
人民千重秀，富士竖玉峰。

### 11月30日（星期四）

上午9时，访问末川博于其住宅，畅谈甚欢。末川博以所藏河上肇手书列宁名言手迹相赠作为纪念（其影印件及译文见后）。我青年时曾读河上肇著作，特别对其《新经济学》一书的自序，现身说法感人极深，至今记忆犹新，得此手迹至足珍视。

10时，赴乐友会参加京都府文化界座谈会，回答问题。到京都府文化界、学术界著名人士约数十人。晤日本著名史学家井上靖，及日本电影剧作家伊田义贤等人。除介绍中国文化教育方针及总的文化教育情况而外，并以继承和发扬河上肇治学精神和革命态度互相勉励。所谓河上肇精神据我的了解便是为学术进步事业而努力而斗争，为人民幸福生活而努力而斗争，为人类解放事业和光辉前途而努力而斗争。

中午，在旅馆午餐，吃砂锅豆腐，主人殷勤招待，如同家宴。

午后2时，参观日本清水烧陶瓷工厂，以生产艺术性陶瓷知名。全厂约工人50余人，有日中友协京都府清水烧支部。会员在厂门外列队欢迎，并设茶点招待，并以所出产品作为礼品相赠。我亦即席题字相赠作为纪念。

归时，汽车经京都府市区，经大明神社，及古庙石幢多处。路旁多古建筑物。亦有绿树成荫，小桥流水，地极幽静。如我江南风味。闻京都府建筑市街皆为方形、直线，其规划略如我国唐代长安古城。街首里巷尚多有唐人诗词用语，人民亦安详、素朴、幽静、和平，有文化、有礼貌，给人甚深的印象，与东京市之繁华喧闹，恰成对比。闻附近奈良古城尤多保存唐代风物，惜以为时匆促未能往游。

午后3:30，乘汽车离京都府赴大阪。大阪在京都府西南，相距40余公里，人口约300万人，为日本三大工商业城市之一（其他两城市一为东京，一为横滨）。沿途工厂林立，农田或已收获，或新苗油然，盖此地气候温暖，稻田年可种两季云。附近所有山冈及丘陵地带，皆已绿化和种各种松柏及果树和种茶树和各种庄稼。土地充分利用，似为亚非拉各国所仅有的国家。

5时，乘车抵大阪近郊，以汽车拥挤不易通过。据云大阪为日本车祸最多的城市之一，仅次于日本东京，今年死于车祸者已达千人。车在市区穿行，约经一小时始到达新大阪旅馆（Hotel of New Osaka），有以小畑英良为首的各界代表数十人在此欢迎。

当即一一握手致谢，并在此接见新闻记者，回答问题。

当晚赴梅田会馆参加大阪各界人士的欢迎宴会。出席者有大阪各界人士代表约160余人。接待委员会各界代表金子一郎（大阪外语大学教授）及国际贸易促进会代表酒井吉松、工会“总评”代表横手真夫、社会党代表土井晴美、日共代表候补中央委员林上弘一等人分别致词欢迎。我亦致答词。宾主欢谈热烈友好，据云为1958年长崎“国旗事件”以来，大阪仅有的一次中日两国人民的盛会云。

### 12月1日（星期五）

天阴，但气温达22℃，如北京初秋时气候。天未明即已汽车隆隆。起床推窗一望，周围巨厦连云，高屋栉比。旅馆紧靠大阪运河，地处闹市中心，俯瞰流水，远眺青天仍有清凉之感。上午10时，在松本治一郎陪同下访问部落盟总部及部落民居住区域。部落民不论老少男女及幼小儿童，皆列队鼓掌欢迎。日本部落民为封建时代所遗留下来的所谓贱民，职业为清道夫、粪夫、理发、屠宰，及皮革、擦鞋等。自来即受社会歧视，被压迫、被剥削且不能与所谓中上等人士通婚。40年前松本先生即组织联盟进行斗争，现在生活已稍稍改善，松本亦被选为国会议员。现部落民居住地区已有医院、浴室及少数现代住宅。但绝大部分部落民仍居住在湫隘潮湿、偏僻阴暗的木板破屋，拥挤杂乱，成为资本主义国家的贫民窟。亦即我国解放前在上海地区所谓的棚户。过去部落民以奈良为中心，38年前在奈良曾与所谓国粹派进行斗争，部落民一般持木棒、锄、犁、斧头、菜刀等工具与国粹派的刀、剑、铁枪等进行搏斗。据不完全统计,日本全国约有部落民300万人,以后以大阪工业发达即逐渐流入大阪。部落盟的中心组织亦移至大阪。今日参观部落民地区,约有住户一万多人。部落解放同盟全国委员会副委员长松田喜一致欢迎词。大阪府联合会副委员长田中执之进报告日本部落民情况及组织起来,要求解放斗争经过。据称部落盟前身为水平社,现统一为部落民解放同盟,全国共有6000多个分支组织云。致答词称部落民是劳动人民,但却受到压迫、受到歧视。我谨代表中国人民表示极大的同情和支持。并引我周总理的话:“你们是最受压迫的人,但是最受尊敬的人。”我毛主席亦说过:“卑贱的人最聪明,高贵的人最愚蠢。”并请转达我对日本全体部落民和其他劳动人民的诚挚的慰问和致意。中午部落同盟在大阪餐厅设宴招待中国代表团,并分别与部落民交谈,年老病残的职工甚至有流泪。认为中国的代表团才真正是同情和支持受苦受难的各国劳动人民。

下午,代表团团员分别活动。张有萱、王守觉参观工厂及科技研究机构;孙平化与贸易界进行座谈;周巍峙、崔嵬与音乐电影界举行座谈并了解情况;常莎娜、吴应健则与美术界座谈并交流经验。

至午后5时,大阪华侨在乐天阁进行欢迎宴会,食中国餐,出面招待者有大阪华侨总会会长刘炳文等人。当勉以发扬华侨热爱祖国、团结互助的优良传统,并同日本人民搞好友好关系,维护伟大新中国在国际上的荣誉。

宴会后7时许,参加大阪府民“要求恢复中日邦交”群众大会,地点在大阪中央公会堂。到各界人士约6000多人。大阪接待委员会委员长小畑英良致欢迎词。诗人小野十三郎献诗。各界代表向代表团献旗。我致答词表示感谢,并祝中日两国人民友好合作和战斗团结友好万古长青!祝日本人民反美爱国斗争从胜利走向胜利。会后书证座民族歌舞团(即“蕨草剧团”)演出日本民间舞蹈、鬼剑舞及插秧舞,表示勤劳的劳动人民生活,颇精彩动人。闻该团深入民间向农民学习,吸收民间舞蹈、欢唱民谣加以整理提高,故能有此成绩。另,民青社、青年同盟表演活报剧及中日民间歌曲。最后台上台下合唱《东京—北京》,欢声连成一片,并相互投掷鲜花,欢唱鼓舞,全场沸腾。充分表现了日本青年的力量和日本人民的力量,也充分表现了中日两国人民友好团结的力量,这是任何力量也不能阻挡的!

**12 月 2 日(星期六)**

天气晴朗,气温达 25℃。上午出席日中文化交流座谈会,到大阪、京都、奈良、神户各地方团体、学校、日中友协工作人员及积极分子约 50 多人,双方提出有关工作上的意见,并就解决有关问题提出一些可行的方案。宾主恳切商谈,态度亲切友好,座谈会主持人日中友协大阪府联合会事务局长雨宫先生最后致词感谢。西园寺秘书(某会社老板)古角松夫、延寿堂老板近藤良男并送来点心表示慰问。

午后 1 时乘汽车赴神户。神户在大阪西,距大阪约 30 公里,附山面海、风景俊秀优美。据云美国第七舰队船舰经常出入此港并有专用军港,故遭到神户人民的反对。

2:30 到达神户,日中友协神户支部委员会神户市会议员森口新一出面接待，当即赴先田会馆出席神户市各界欢迎大会。森口新一及神户市兵库县“总评”的代表、社会党代表、共产党代表分别致词欢迎，一致表示坚决主张恢复中日邦交，坚决支持恢复中国在联合国的合法席位，坚决反对美帝霸占中国台湾及日本冲绳及小笠原群岛。当即致词感谢，并表示坚信由于中日两国人民在反对共同敌人所结成的战斗团结，必能粉碎美国反对派的任何阴谋并取得最终的胜利。会后神户市各界献礼、献旗并合唱《东京—北京》的日本歌曲，气氛极为热烈友好。并在此晤神户侨胞领袖、神户华侨联谊会会长、福建同乡会会长陈恒化。据称旅日华侨约5万人，其中以神户华侨为最多约8000人云。

下午5时许，大会结束，社团员分别活动并参加华侨座谈会及文化艺术界文化交流座谈会。并有部分团员观看此间学校学生排练演出的中国话剧——老舍的《红大院》。

有关日本的一些常识：

1. 三大财阀：三井、三菱、住友。

2. 四大报纸：朝日、读卖、每日、产经新闻。

3. 五大影视公司：东宝、大映、东映、松竹、日活。

4. 关东关西以横滨的神奈川为界，以东为关东，以西为关西。

5. 日本的四大工业区：京滨、大阪、北九州、名古屋。

晚，中岛健藏自东京赶来并约在东天阁吃中国餐。店主张无为用各种旧道德标语、格言及所谓《子弟规》之类的印刷宣传并分送雇员及宾客。经谈话据云认识云南张维翰。似为解放后流亡到日本的一个没落的中国旧军阀。闻腿上尚带有伤疤云云。

12月3日(星期日)

在中岛陪同下,本日上午8时乘飞机离开大阪赴四国岛高知县进行访问。飞机飞行55分钟经东海沿岸及山地到达南岸的高知县。来机场欢迎者有高知市市长氏原一郎、县长沟润增己及各界人士、朝鲜侨民百余人。

沿途看高知县美丽风景及良田万顷,农民男妇勤劳操作。附近有五台山葱秀插云。据云800年前有日僧游中国五台山,归而在此山建寺并更名为五台山云。此亦中国人民和日本人民特别是高知县人民文化友好来往的一段佳话。入市区,沿途市民皆鼓掌欢迎。特别高知县的劳动人民诚挚朴实,如对亲人,给人以极为深刻的印象。住有名的日本式旅馆三翠园,女中皆盛服装饰,殷勤招待。

8时,赴市区中心广场高知县各界群众欢迎大会,到有各界代表及人民群众千余人。日中友协高知县支部委员长及总评、日本社会党、共产党及朝鲜人联合会代表分别致辞热烈欢迎。群众代表并表演民间舞蹈《庆丰收》及《击剑舞》,极富民族色彩并充分表现了日本人民的勤劳尚武精神。当即致辞表示感谢,并对高知县人民在德川幕府时代反封建的斗争传统及在明治维新时代所起到的民主进步作用及最近反美爱国的正义斗争中所作出的积极的努力和贡献表示敬意。并通过大会传达了中国人民对高知县人民的深厚友谊和诚挚的问候。在群众大会上除高知县人民外尚有四国其他三县派来的代表及人民群众,故我的答词不能不有所表示。四国在日本南部，古为四国，现分为四县，人口共400多万人。人民勤劳勇敢、热情好客最为知名。会后接见新闻记者并参观海滨横滨风景区。山上有瞭望台，可远眺高知县全景及太平洋入口海港，山下有海滨浴场，附近多古迹并有古碑题日语及汉语诗句。有明治维新时代名人坂本竜马铜像。参观水族馆颇有不少奇特新意；参观鸟禽馆，有高知县著名的长尾鸡及五色鸳鸯。即在海滨沙滩岩石上与朝鲜侨民座谈并了解朝鲜侨民情况，接见四国各县日中友协支部的负责人，感谢他们为增进中日两国人民的传统友谊所做的努力，并在海滨摄影留作纪念。

午后4时，赴高知县教育研究会欢迎大会并讲话，以继续发扬日本河上肇精神，为技术进步事业，为培养新生的年轻一代而努力。

晚7时，赴高知县各界欢迎酒会，到会的有各界代表500人，高知市市长氏原一郎致辞欢迎并有青年合唱中国歌曲《社会主义好》。最后全场合唱日本歌曲《东京—北京》。我致答词感谢，气氛热烈融洽，直至深夜始归旅馆就寝。

### 12月4日(星期一)

上午9时，乘飞机离高知县，高知县日本各界朋友及朝鲜侨民约数十人来机场相送。宾主讲话，表示惜别之意。日中友协高知县支部并请题字，因题"向勤劳勇敢而热情的高知县人民致敬，中日友谊万古长青"相赠。日中友协高知县支部委员长大野氏并随机送至大阪。

10时飞机飞抵大阪，来接机的有大塚等十余人。在机场稍作休息，看400年前日本名画家鸟羽僧正所作人民社会生活、鸟兽虫鱼漫画复制品，颇生动有趣，信为名作。

12时，由大阪乘飞机赴福冈，福冈距大阪约500公里，为九州岛第一大城市，全九州人口900余万，福冈县人口70多万，有市中心博多区属福冈县，因人民有光荣的反封建斗争历史且距中国近，在中国最古即有文化交流、人民往来的悠久关系，因此颇为人熟悉。日本战败后此地有美国军事基地及美军机场。附近八幡为日本最大的钢铁基地。日本钢铁百分之八十产于此，故地位极为重要，飞机应2时抵达，因美军飞机下降，为美军飞机让路，故在空中盘旋延至2:30始下降机场。来机场迎接的有福冈县知事鹈崎多一、福冈市市长阿部源藏、福冈市议会议长石村贫雄、日中友协福冈联合会书记长高丘惚及旅日中国侨胞，朝鲜同志约300多人。松本治一郎、吉田法晴及田中惚男等自东京先期赶来，亦同时来到机场迎接。以福冈为松本故里，故先期赶回，安排招待等有关事宜盛情至为可感。住福冈著名风景区日本式旅馆“大眺园”。推窗可眺望福冈全景远至海滨。

4时，赴福冈县各界招待酒会，到会者有福冈县市各界代表及九州各地方团体代表及工商界人士约100多人。其中鹿儿岛市长及华侨五人亦从远道来参加欢迎酒会。福冈县市长及各界代表致欢迎词欢迎，并献花献礼。并由当地艺人表演杂技，其中一种为旋陀螺，闻亦传至中国，但技术似已有所发展和提高。日友并云，博多地名，亦与陀螺两字拼音有关。九州大学校长菊池勇夫致词欢迎，提及郭沫若过去亦为该校医学专业学生。渔业代表致词表示感谢我连云港允许日本渔船避风。所有的讲话皆极热情友好,并对于美军在此设有基地深感愤慨。我致答词表示对日本人民反美爱国斗争的坚决支持。

晚,赴福冈大博剧场出席各界欢迎大会。到会各界代表及群众约1000多人,各界代表纷纷致词欢迎并献花、献礼。一般极热情友好,这或与松本事先的安排布置有关。我致答词对福冈人民反封建的斗争传统,及反美帝的斗争意志表示敬佩,并对当前日本人民争取建立独立、民主、和平、中立的新日本的努力和斗争表示最诚挚的同情和最坚决的支持。并对于福冈人民为要求恢复邦交,废除日蒋条约及要求恢复我国在联合国的席位所做的最广泛的签名运动,最广泛的宣传、斗争表示最深切的感谢。会后并有合唱团唱中国革命歌曲,最后宾主合唱《东京—北京》日本歌曲,全场一片欢声。与会群众气氛热烈,实为中日两国人民友好团结的大会,亦为对美日反动派示威的大会。

### 12月5日(星期二)

早起凭窗远眺,可见福冈市区,登高则祥云屏立;望远则海港外碧波浩渺,一望无际;仰视空中亦风和日丽,天宇澄清,风景至美。俨然如我国新秋时节。上午,日中友协福冈支部干事吉武健儿等三个青年来访并嘱题字,因写"祝学习进步,为增进中日两国人民友好团结而努力"相赠。

中午,松本及福冈县知事鹈崎多一邀约赴福冈胜地——三浦观光旅馆午餐,食当地有名的鸡汤火锅。据云福冈地区有三大著名食品,一为海豚,一为生虾,一即鸡汤火锅云。边吃边谈,松本尤兴致极佳,谈话极有风趣。直至午时 2 时由旅馆直赴机场,2:30 乘飞机返大阪。松本及福冈各界代表数十人到机场热烈欢送。据松本云福冈为美军在日本最大军事基地之一,朝鲜及印度支那战争,美军飞机曾自此飞机场起飞。故松本等人入机场时皆频频摇颈表示感慨和愤怒,称如入外国领土。可知美军到处横行只不过培养当地人民的仇恨和反抗,自掘坟墓而已。

午时 4:30,飞机抵达大阪,在机场迎接的有小畑英良、大冢、金子等数十人。此次访问日本经大阪凡四次出入。而日友及华侨皆殷勤接送,厚谊隆情至为可感。当即赴大阪附近风景区故桂太郎别墅休息并进茶点。桂太郎为日本明治维新重要人物之一。日俄战争时为日本首相,桂太郎的宠姬鲤子即在此居住。汽车由山道盘曲而上,沿途枫叶如火,翠树参天。别墅在半山丛树中,纯为日本式结构,精巧轩朗、开阔幽美兼而有之。有桂太郎题额"红风阁"三字,时间为辛亥年,正中国辛亥革命时,已五十年矣。而中日两国皆经两次战争和两次世界战争,世界形势变化之大已如隔世。特别值得注意的是中国已经解放获得新生,而日本仍在美军控制之下。这就使中日两国人民有了新的关系,并提供了共同的新的战斗任务。回忆过去,展望未来,同日友会谈顿觉分外亲切。此套别墅虽仍保持旧时规模,但已改为观光旅馆。在此流连,至午时 4:30 赴飞机场,转乘飞机赴名古屋。在机场与小畑、大冢、金子及日中友协、各界朋友及华侨告别。大冢并告我,自中国代表团访问以来,日本人民纷纷要求加入日中友协。友协亦拟成立日中友好学院,培养日中友好及文化交流的骨干和学生、并拟请末川博任顾问,金子任院长云。

7时20分，飞机抵达名古屋，机场有以清水武雄为首的名古屋及爱知县多地区的日本各界代表及群众欢迎大会。宾主致词，群众欢呼鼓掌并合唱《东京—北京》日本歌曲，情绪极为热烈友好。当即赴市区住览王山日本式旅馆井清寺。纯为日本式庭院建筑，雅静幽美为闹市中的胜地。与日友谈话直至深夜始就寝。寝时，忆及赵朴初的两句词“垂天方一息，明日又风云”。正说明我近日在日本的生活和工作。名古屋为日本名城，亦称“中京”。为日本仅次于东京大阪的第三大城市。人口160万。属爱知县。爱知县人口420万，为日本纺织工业中心。有悠久的文化历史，亦为新兴的工业城市。亦有华侨并有多人到机场相接。侨领刘锦铢以未能赶到机场，且来旅馆相见并致欢迎之意。

**12月6日(星期三)**

上午天气晴朗，气温似较福冈、高知等地稍寒。早起看窗外园亭有小溪松石，绿树参差，枫叶赤色如丹，颇有画意。

11时，出席在东山会馆所举办的名古屋及爱知县各界代表欢迎大会。接待委员会委员长清水武雄及名古屋市长、妇女会各界代表亦先后讲话，并感谢过去到中国访问所受到的热情友好的接待和所学习到的新经验和所看到的新事物，并表示愿为促进两国人民的友好来往和文化交流而奋斗而努力，并特别强调要求尽早恢复中日两国的邦交，并共同反对中日两国人民的共同敌人美帝国主义。并说明发展中日两国关系和恢复两国邦交，不仅日本广大人民有此要求，日本的上层社会及部分工商界人士亦同有此愿望。此次中国文化友好代表团所到之处，皆受到热烈欢迎，正反映了各种心情和各种愿望。

下午，团员分组与名古屋市及爱知县各界知名人士分别举办文艺、电影、美术、科技、和平友好等座谈会。

晚7时，“爱知县民大聚会”，欢迎中国文化友好代表团，地点在名古屋市体育馆，到会者约万余人，部分人士和群众且夹道欢迎、拍掌欢呼并纷纷要求握手。大会开始，先由工会主席致欢迎词并献花、献礼。我致答词表示对名古屋市及爱知县人民致敬和致谢。表示坚决支持日本人民的反美爱国斗争，和加强中日两国人民友好团结的愿望。日本亦在大会上报出了四条标语及口号：

1. 加强中日文化交流和友好来往；
2. 恢复中日邦交；
3. 恢复中国在联合国的合法席位；
4. 反对任何敌视中国和阻挠日中两国人民友好关系的政策。

最后由日本青年后生、男女职工和妇女团体分别表演活报剧并合唱革命进步歌曲。直到散会时台上台下仍洋溢着《东京—北京》的嘹亮的歌声，台上台下亦纷纷投掷鲜花，欢呼鼓掌，热情沸腾，给人以极为深刻难忘的印象。

## 12月7日（星期四）

早9时，乘火车离名古屋，来车站送行的有清水武雄等各界代表约100余人，其中学生及妇女界犹殷殷惜别。12时，火车抵热海，即在西热海午餐。西热海旅馆为圆形建筑物，高踞半山，可俯瞰热海全市及海口风景。据云此地亦日本有名风景区之一，并有温泉多处，故每年国内外旅客多到此地游览。全市人口五万多人，平均每月流动人口亦五万人。故全市人口经常在十万人以上。市区多娱乐场所，繁华靡丽，另是一种气氛，顺道访问日本名作家广津和郎①，广津已偕同其女儿先在门外相迎。广津患关节炎，养病家居。松川事件②时尽全力呼吁营救并要求抗议，始终主持正义，坚持到底，相见时特致敬佩及慰问之意，广津亦极高兴，连称病体稍愈即将访问中国，一了心愿。

离广津和郎住宅后，即乘汽车赴箱根，箱根在富士山下，为日本著名风景区，汽车行 2 小时，山路迂回屈曲，沿途多名胜古迹，乘务员随处代为介绍解说，远看富士山山巅积雪灿若银屏，乘务员并称富士山平日多为雪封，惟好运道和善良的人，富士山始鲜明开朗，笑颜相迎。今日中国代表团过此富士山更显得开朗美丽，似亦表示对中国人民友好欢迎云云，经十国岭，高于海面 800 多公尺。据云在往昔时代，日本分为许多小国，登此山顶可看见附近十国疆土，故称为十国岭，即在此休息片刻，并以富

---

① 广津和郎(1891—1968)，日本小说家、评论家。1953 年起，全力参加营救"松川事件"无辜被告的斗争，写出 50 万言的政论《松川裁判》，以事实揭穿这一事件的阴谋陷害实质。

② 1949 年 8 月 17 日，日本福岛县境内松川路段旅客列车脱轨翻车。司机等 3 人死亡，旅客 30 人受伤。次日，吉田茂内阁未经调查就诬指为工会所为。检察机关遂以列车颠覆致死罪起诉工会会员 20 人。并趁机迫害工会和日本共产党。1950 年福岛地方法院初审判处被告全部有罪，其中 10 人死刑。1953 年仙台高等法院复审，判处 17 人有罪，3 人无罪。但社会上普遍认为罪名并不成立，并发展为救援活动。1959 年最高法院否决原判决，1961 年仙台高等法院判处全体被告无罪。史称松川事件。

士山为背景照相留念，继续前进。经芦湖，水色澄碧，据云周围20公里，最深处达45公尺，平均深度25公尺，群山环绕，翠树参差，富士山倒影反映湖中尤极美丽。经古道，道旁巨松屏列，据云古代封建诸侯经此赴江户（即东京），附近居民佃农必须跪接跪送。有古代关卡遗迹，过去凡偷渡关卡后被捕必死。最后进入箱根市区，倚山面湖，幽静奇丽，信为游览胜地。住小涌园旅馆，青山白云，翠树葱茏，到处可见怪石清溪，在日旅途劳碌半月，即将在此作一日休息。

**12月8日（星期五）**

早起，吴应健同志为读日本报纸，知美军用飞机于7日在福冈撞死平民4人，并有多人受伤。拟即致电向死者家属表示吊唁，向伤者表示慰问，并对美军在日横行霸道，一再残害无辜平民表示严重抗议。午后游览箱根附近风景，先由小涌园到大涌园，看四面山亦称双子山，以从不同角度可看见双峰或四峰故名。海拔1400公尺，据云为箱根最高山峰，山腰可看见活火山，热气沸腾，烟雾弥漫，由热海到箱根随处皆有温泉，当为地下随处都有火山脉的缘故，在此有空中缆车，以风大达7级，恐有事故，故本日停止缆车游览，随到湖尾（音靠湖尾之意）乘船游芦湖，看芦湖运河隧道。《箱根风云》纪录影片即以此为背景。芦湖水波澄碧清澈，据日友云，如无风浪，水平如镜，可在湖中窥见富士山倒影，如雪美人临镜梳妆，湖周围为群山环绕，翠树参天，多松柏树。山上山下到处有别墅饭店及游客居住小屋点缀其间。湖边有神社，供九首龙王及山神。游览约1时许，船抵箱根，上岸，有居民数十家并有饭店旅馆，有神社，供石佛，亦有乡人以衣服食物供佛像前或披挂石佛身上，可知我国解放前民间迷信风习在日本部分地区仍然流行，盘桓移时，傍晚始归。

浅沼稻次郎夫人来访，闻已被选为国会议员，除致慰问外并以继承和发扬浅沼稻次郎精神相勉，白石凡亦自东京来，闻明日将陪同游览镰仓并偕返东京云。

在日旅途所见虽人未尽其力但地已尽其用。不仅农田修整，全国绿化，且种子改良，南部地区年可种双季稻。加以化肥充足，水利充分利用，故密植高产为世界第一。在日所食瓜、柿、橘、葡萄、萝卜、芋等水果蔬菜皆丰硕、水多、味甜、富于营养，足见其科学研究应用到农业方面成绩极大，颇足供我参考。

### 12 月 9 日(星期六)

上午 9 时，乘汽车离箱根赴镰仓。临行前，答应日中友协富士宫支部要求，题字“苍松翠柏，友谊长青”八字相赠。

11 时，汽车抵达镰仓，镰仓为富有文化古迹的名城，特别为 11～12 世纪以镰仓幕府时代并以此为根据地云。游览八幡宫即八幡神宫，两重牌坊，有神道，坊外有大石狮，坊内有拜殿，最后则为两重檐的大神殿。除石狮外皆为木构建筑，附近有国宝馆，藏镰仓幕府雕刻，书画文物，有铜鼓纯为中土形式。有两幅绘松猿的绘画颇精美生动，据云为我国宋画。继游览大屿山大佛寺，日本凡寺皆有山名，如东京浅草寺，山名为龙山，其他寺皆如此，大佛寺内以有大铜像而著名。佛像高数丈，伟大庄严，慈和宁静，使人赞颂欢喜，不仅为佛教史亦当为艺术史之一大杰作。据云 800 年前为中国僧人所造，用铜达 120 吨云，佛像皆供有铜炉，炉上浮雕两佛像，璎络华盖，神采栩栩，与大佛像的朴素、单纯而肃穆庄严恰成对比。闻亦为 300 年前所锻造的文物。

随到附近藤泽市聂耳墓碑献花圈。此地有海有浴场，看太平洋海阔天空、一望无际。附近有之江岛，上有塔，翠树蓊蔚，美如珍珠。在此眺望移时赴园赞寺参观，闻亦为镰仓古寺，属禅寺，亦称临济宗。寺僧出面接待，并称 1281 年时镰仓幕府北条实宗笃好佛学，因聘请宋僧无学东来创建此寺，寺内舍利殿，据云为最完整的中国唐式木构建筑。游览一周并谒宋僧无学骨灰塔。寺周围，青山环抱，翠树葱茏，规模颇大，闻现在正继续募捐，扩大建筑。附近有日本名画家前田青村住所，1960 年时前田曾率领日本画家代表团访问中国，故颇热诚，相见至欢。前田曾介绍日本名画家吉罔坚二、岩桥英达、河北伦明、北川桃雄、秋山光和诸人相见，前田妻女亦出面殷勤接待，吃日本式茶点，并欣赏前田所藏日本古代名画，及其本人杰作，最后宾主相偕赴附近好好亭餐馆食一种风味的日本餐食，谈笑欢洽，并各个签名留念，前田且在签名纸上画富士山相赠。

晚 8 时，离镰仓，前田及其家属、所有日友送到汽车站，殷殷惜别，颇有东方古代长者之风，前田年已 77 岁，其妻亦 70 岁，相见如亲人，并约他日当在日本或中国再次相见。

汽车行 1 小时 9 时 30 分抵达横滨，横滨为日本重要的商埠，属神奈川县，我周巍峙同志在此参观并赴华侨及日本各界朋友欢迎会。

晚 10 时，乘汽车返东京，仍住皇宫饭店（Palace Hotel）。

## 12月10日(星期日)

本日天明,气温10℃。

上午,三浦义一来访,称中国抗日战争时期,彼曾为日本驻我张家口领事,与华女名丛荣者结婚,育有二女,现住天津市和平区山西路32号楼上。拟请求协助,俾可相聚云云。答以俟回国后了解再行考虑。

下午,团员分别与东京文化、艺术、科技多界举行座谈会,交换意见,了解情况,并回答问题。

晚,参加在日本体育馆举行的歌声大会。这是以日本进步朋友中央合唱团为中心组织起来的全国各地歌唱、音乐、舞蹈的综合组织。其成员一般为业余性质。其单位包括日本各地方、各厂矿、商店、机关、学校的组织。本日出席大会者约一万四千多人,皆自全国各地基层组织选拔而来,共有数十个单位。这是音乐歌唱的大会演、大交流、大观摩、大学习。也是音乐歌唱鼓动队伍的大会师、大检阅、大训练。闻每年开会一至二次。现为1961年的大会,开会已四日,本日为最后一日。会上表演合唱团访华时所学习的歌曲和舞蹈,如《幸福大合唱》、《社会主义好》、《戴花当戴大红花》及花伞舞等。另有护士、矿工、邮电、交通、工人及学生合唱团,歌唱革命进步歌曲、日本民谣,及日本各地民间舞蹈。情绪饱满热烈。日共中央负责人藏原惟人、须藤五郎等并陪同观看。日共领导人野坂参三亦出席观看,并对中国代表团表示欢迎。最后关鉴子指挥全场合唱《日本的黎明》,并欢迎中国代表团在大会上讲话。因讲话表示热烈祝贺,并称:这一歌唱运动表现了政治与艺术的最好的结合，以及日本歌声运动的群众性组织成功地训练和培养和壮大了日本音乐歌唱的战斗队伍，亦即文艺的战斗队伍。歌声代表了日本人民的最强音，也鼓舞了日本人民的斗志。也通过这一运动不断地培养了阶级感情，包括了阶级斗争觉悟，同时也团结和组织了广大的人民。这是极值得重视、极值得学习的。中国代表团向大会献了花篮，并与关鉴子等人握手祝贺。这时全场起立鼓掌欢呼并合唱《东京—北京》日本歌曲。

### 12 月 11 日(星期一)

上午天气晴朗。东京即在冬时亦有阳光，且空气清新，到处可见茶花，颇类我云南风光。疑日本茶花亦当传自云南，惜品种之多不如云南，花大鲜艳不如云南而已。

中午，华侨总会招待宴，欢迎中国文化友好代表团以及以伍云甫[①]为首的中国救济总会代表团。到男女侨胞约 50 余人。松本治一郎、中岛健藏及黑田寿男等日本朋友亦应邀出席。华侨总会代表甘文芳致欢迎词，我和伍云甫分别致词感谢，并传达祖国对侨胞的慰问和关怀。宴会后并与部分华侨举行座谈会，解答华侨所提多种问题，重要者如国内自然灾害，以及如何克服自然灾害等问题，华侨热爱祖国，对此等问题的关心自然是可理解的。华侨总会并嘱书写条幅，因题“认真学习、努力工作、发扬华侨热爱祖国、团结互助的优良传统，并增强与日本人民的友谊，

---

① 伍云甫(1904—1969)，时任中国人民救济总署秘书长，后任卫生部副部长。

维护伟大祖国的国际荣誉”数十字相赠。

午后4时,关鉴子及其女儿和井上赖丰等人来访并赠送礼品。关鉴子之女曾在莫斯科学声乐,闻与我国郭淑珍[①]等人同学。井上赖丰则为今年日本访华合唱团团长。交谈中,日本朋友对我邀请日本音乐歌唱团表示感谢,我对日本歌声运动亦表示祝贺。

晚,前进座在读卖会馆演出,招待中国文化友好代表团。演出节目中有两个重要节目,一为松本清张所做的现代剧《无宿人别张》,由中村翫右卫门主演;一为坪内逍遥所做的古典神话剧《苦行者与女魔神》,由前进座主河原崎长十郎主演,演出结束后上台献花,握手祝贺。并与全体演员摄影留念。

回归时以行车拥挤,抵旅馆时已达深夜。闻东京为日本车祸最多的城市之一,公道路口皆用灯牌公布每日车祸数字,以示警告。据公布昨日因车祸死亡5人,伤亡105人。闻最高时达死亡二十余人,伤亡达200人以上。平均年死亡达1200人,即每月100人,闻大阪死伤数字尚超过东京云。

报载苏联已与阿尔巴尼亚断绝外交关系,亲者所痛,仇者所快,这对于国际共产主义及工人运动,当然会带来分裂和不幸。阅报后颇感到不快和忧虑。

---

① 郭淑珍(1927—?),1958年毕业于莫斯科音乐学院,回国后任中央音乐学院声乐系教授。

## 12月12日(星期二)

午前,团员分别与日本朋友举行各种不同性质的专案座谈,午后访问东京大学总长(即校长)茅诚司。茅以主张学术文化与政治分开,因此认为中日两国仍可撇开政治,进行文化学术交流,甚至共同参加国际会谈。因表明我反对两个中国的严重立场和我对联合国的态度。随参观东大有关中国方面的书库及研究所。随访日本女作家有吉佐合子。有吉佐合子并专设家宴招待,态度颇为殷勤并表示如有机会当到中国访问云云。

晚华侨总会会长来检查身体,一切正常,只是略显疲劳而已。

## 12月13日(星期三)

天晴。上午访亀井胜一郎住宅,室雅而洁。亀井夫妇及女儿等出面招待,席地围炉而谈,看日本妇女的花插艺术。随访前进座,并应邀在前进座午餐。河原崎长十郎、中村翫右卫门及前进座演员先在门外列队鼓掌欢迎,并引导参观排练场、图书室、工作室及演员住宅区。所有演员皆过集体生活,并刻苦研究和创作日本民族和人民的戏剧艺术,其独创精神及前进思想,至足钦佩。因此在工作和演出上颇遭到重重困难和重重阻碍,但全体人员皆能团结一致,加强信心,鼓舞力量,克服困难不断前进。河原崎长十郎嘱对全体演员讲话因即以此意相勉,并善意指出为人民的艺术努力,为真理而奋斗。并以人民,特别以劳动人民相结合,反映和鼓舞人民的苦难和希望、斗争和胜利,自会为人民所拥护并有着光辉的前途。午餐时食日本有名的烤鳗鱼。

午后，访花柳德兵卫舞蹈学校。花柳德兵卫夫妇及男女演员皆盛装列队欢迎。花柳德兵卫叙述创办舞蹈学校的经过，并称颇受到中国朋友的支持和鼓舞。并建议不久的将来，将发起召开亚非舞蹈工作者会议和亚非各国舞蹈艺术的会演。这对于继承和发扬亚非各国人民的舞蹈艺术和交流经验，相互学习，并鼓舞亚非人民的自信和自尊，繁荣亚非各国的文化艺术当有重要意义。因即表示支持。但告以先从多方面联系，交换资料和图片入手，逐渐准备条件。随团学员演出两个节目，一为中国的狮舞，一为日本插秧舞。演出后花柳德兵卫夫妇并设晚宴招待。并出示1958年在上海看到我群众游行时所持的彩色纸旗，一是反对美帝国主义侵略黎巴嫩，一是亚非各国民族独立万岁。此两面纸旗得自上海现场，视如珍品，不时取出赏玩，足以引起对帝国主义的仇恨和对于人民力量的信任和热爱。畅读尽兴，别时犹拳拳相送，依依惜别。

归旅馆后，《朝日新闻》家庭部长宫本来访，感谢我两度邀请日本围棋家代表团访华。并称为表示答谢，明年亦拟由朝日新闻社组织有关各单位，邀请我围棋家代表团5人访问日本云云。

### 12月14日(星期四)

上午，访问日本著名学者土岐善麿教授。土岐住宅雅洁清幽，四壁书画古物亦极别致。稍稍寒暄，土岐即介绍妻女出面殷勤接待，纯然是东方学者或长辈待人接物的风范，土岐并以所藏有关杜诗的著作相赠，同时并介绍在座的喜多实，据云为研究日本古典戏曲"能"的专家。喜多实亦以所作"能"的几种新脚本相赠。土岐以日本特产的名茶款待,因我亦喜中国的绿茶。土岐嘱题字留念,因题鲁迅论茶的两句名言"色清而味甘,微香而小苦"十字相赠。土岐极喜,谓当珍藏作为留念。

午后,由南原繁陪同参观东京帝国大学文学部研究室,晤仓石武四郎诸人,随参观考古研究所及东洋文化研究所,所长结城令闻设茶点招待,并介绍在座的所内各教授及其所研究院的专案,如:

三上次男:研究我国东北及朝鲜历史

山原:研究我春秋战国历史

前野:研究中国古文学特别及六朝、隋唐小说

中岛文雄:研究中国道教

松本:研究中国保甲制度

赤塚忠:研究中国甲骨文及金文

工藤篁:研究中国儿童文学

福岛正夫:研究中国法律

藤堂明保:研究中国汉语

结城令闻:研究中国佛教

闻尚有山本研究东南亚各国历史,现尚在东南亚各国旅行考察。另有其他教授则以授课未能赶来。一般都要求同中国交换资料、交换留学生及教授学生相互访问。我当即表示,我亦有共同愿望,惟日政府采取敌视中国政策,故文化交流不能不受到影响。然中、日两国人民和两国学者的共同努力仍然有着许多

工作可做。结城氏并以所内著刊及历年论文集相赠。知日本对于中国和亚洲各国的研究颇有历史渊源，亦有深厚基础，我为世界古国亦为亚洲大国对此也极值得注意。随参观研究所图书馆。中国书籍占绝大部分，其中又以中国各种丛书及地方志及历史载籍最为重要。闻其中且有不少为我国所没有版本和抄本，似拟设法影印和抄录。另有东京大学图书馆藏书亦达500万册，以时间匆促未能参观。

4时，有吉佐合子约赴“政林”日本餐馆，食蟹和熏鱼。有吉并介绍日本艺术友好协会（Art Friend Association）理事长神彰相见。并由日本著名吾妻派古典舞蹈（与花柳德兵卫对立，另是一种路子）名家吾妻德穗及其子坂东鹤之助合演《时雨西行》。谨严精练优美是其特点。惟不经介绍似不易理解。吾妻保存此一派舞蹈如我国韩世昌、俞振飞等人的保持昆曲。惟我国昆曲已有发展，日本吾妻派舞蹈似仍墨守成规，但仍不失为有独特风格的日本民间歌舞艺术。据云曾访问苏、美、欧洲等国。神彰氏本人似颇希望访问中国，并谈了不少友好的言语，作了不少友好的表态。据云日本艺术友好协会受文部省津贴，似为半官方团体，是否可以邀请访华，尚值得考虑，晚赴日本教育研究所座谈会，讲话并题字“祝中日两国教育工作者亲密合作，为中日两国人民友好和人类文化和平进步事业而努力”。

**附：东洋文化研究所赠送书刊目录**

1.《东洋文化研究纪要》（第1期至25期）

2.《甲骨学》（第7期，日本甲骨学会出版）

3. 稿本:《殷金文考释》(赤塚忠)

4.《清—民国新闻官报类、中国古版本钞本类展览目录》(东洋文化研究所)

5.《双江堂文库分类目录》(东洋文化研究所)

6.《创立20周年纪念读集(工)》(东洋文化研究所)

7.《中国古代帝国的形成与结构》(中岛定生)

8.《敦煌、吐鲁番社会经济资料》(上下册,合上)。

### 赠土岐善麿①

苍松百尺耐岁寒,岭梅冒雪着花先。

江户耆旧春长在,盛时欢会待来年。

### 12月15日(星期五)

天朗气清,气温达13℃。据云为近年来冬季少有的好天气,且气候亦较往年温暖。清早,伍云甫代表团离东京返回。

上午,访日本久保田美太郎。久保设便宴招待。在座者尚有杉村春事。久保为日本戏剧界元老,与我国梅兰芳、欧阳予倩、田汉、盖叫天等人极熟识,久保畅谈日本及中国戏剧界掌故及日本民间社会风俗,并称世变急剧,青年一年已很少了解过去情形。

---

① 1961年访日题赠土岐善麿;1973年中日复交后再度访日,土岐善麿提及此诗句,并称昔日预言终于实现。

中午，参加旅日华侨代表大会。到北海道、长崎、横滨、大阪、京都、神户、九州、东京等地华侨代表约80余人。除讨论侨务及华侨团结互助问题外，并抗议美日反动派制造两个中国的阴谋和阻挠恢复我在联合国的合法席位。我讲话对大会表示祝贺、支持，并传达祖国对侨胞的关怀和慰问。并祝继续保持我华侨的优良传统，即热爱祖国、团结互助并为维持祖国的荣誉和权利而努力而斗争。

晚，应日本著名作家井上靖家庭便宴。同座者有中野吾治。井上并介绍妻女出面相见，并由其妻亲手烹调日本家庭年节时特殊食品，食日本年糕及各种精美菜肴。井上谈儿时情况、日本柔道及日本新年时市场集会。据中野云，井上年青时为柔道名手，性藏锋不露，故不易为人所知云云。我因此提及我国成语："大勇若怯，大智若愚"，彼颇为欣赏。谈宴饮酒，如故人重逢颇为亲切。彼最近小说得罗马奖金，并称日本人多地少及台风、地震等影响，日本民族性格似颇躁急勇悍而多焦虑。中国人民泱泱大国温雅的风度和气概当以中国地大物博、气候良好的自然环境有关云云。我对社会制度、经济基础及人类前途等问题略有说明。中野亦同意应以社会制度、经济基础作为根据和背景分析问题、说明问题和解决问题，中野为日共中央委员，故思想认识可以相互了解，并可以有共同的言语。

### 12月16日(星期六)

清晨，日共书记安斋库治、日共前领袖德田球一夫人及其他四位日本同志陪同赴东京郊外向德田球一同志墓敬献花圈。墓碑为一大长圆形巨石上，刻我毛主席题字“德田球一同志永垂不朽”，随后在浅沼稻次郎夫人陪同下亦向浅沼稻次郎墓敬献花圈。

午后1时，代表团举办告别招待会，到日本各政党各团体和各界代表约500余人。我致词：感谢日本两会及各界朋友的盛情款待和日本人民的热烈欢迎；其次，表示对日本人民反美爱国主义斗争的坚决支持；第三，日本民族有悠久的文化历史和革命斗争传统，日本民族是伟大的民族，一定会取得最后的胜利并建立独立、自由、民主、和平、中立而繁荣强大的新日本。随松本及中岛亦先后讲话称今日的热烈而友好的盛大集会，象征中日两国人民传统友谊和战斗团结的坚强和牢不可破。个别交谈的人尚有：

丰道庆中（日本书法泰斗）

有光次郎（访华围棋代表团团长）

南原繁（前东京大学校长）

关鉴子（日本音乐家）

土岐善磨（日著名学者）

河上大太郎（日本社会党委员长）

安斋库治（日共书记）

高原晋一（日共书记）

袴田里见（日共中央书记）

须藤五郎（日共国会议员）

藏原惟人（日共文化部长）

村山知义(日本名演员)

有吉佐合子(日本著名女作家)

秋田雨雀(日本文学界著名前辈)

铃木茂三郎(日本社会党顾问,前日本社会党委员长)

石川达三(日本名戏剧家)

山口蓬春(日本名画家)

铃木一雄(日本外贸协会会长)

河原崎长十郎(日本前进座座主)

花柳德兵卫(日本花柳舞蹈学校校长)

前田青村(日本名画家)

神彰(日本艺术友好协会理事长)

晚,日本社会党书记长江田三郎及其他社会党中央委员,社会党各部门负责人矢尾繁三郎、胜间田清一、和田博雄、细迫兼光、佐多忠隆、井冈大作、伊藤、松本七郎等,代设茶会招待中国代表团,表示愿同中国友好联系的深切要求和愿望,江田并称,确认浅沼精神,并将继续努力发扬浅沼精神。我略致词表示感谢并对社会党人作适勉励。在交谈中涉及下列有关日本社会生活的一些常识,东京汽车共99万辆,大阪60万辆,东京地价年内增长30%,银座附近地价每坪价450万到500万。地下铁道造价每一公分达26000日元。

**12月17日(星期日)**

天阴,有小雨,气温15℃。全团开会作初步总结,并准备明日离东京回国。晚，在金刚饭店宴请接待委员会会长谷川、白土吾夫及冈村以下工作人员、司机及保卫警察等。宴会后日本进步戏剧家真山美保来访。

### 12月18日（星期一）

天气晴朗，离东京返回。8:30，机场有欢送会，到会者有松本、中岛、藏原惟人、黑田寿男、井上靖、丰道庆中、千田是也及浅沼夫人等约100余人。华侨领袖甘文芳亦来机场相送。中岛讲话，我致答词称将把日本人民的深情厚谊带给中国人民，同时亦感谢日本人民的反美正义斗争，也是对中国人民的一种支持。并称日本民族是伟大的民族，绝不会容忍美帝的侵略和压迫，日本人民反美爱国的正义斗争一定获得最后的胜利。独立自由、和平民主的新日本一定会出现在亚洲的东方。谨为日本人民光辉的前途和幸福的远景致最良好的祝愿。宾主交谈直至上午10时飞机起飞。飞机为BOAC彗星式飞机，飞行5小时，于午后3时，即香港时间午后2时抵九龙机场，来接者有罗经理、梁经理等人。计访日约一月。今日告一段落，顺利归来。拟在港休息一日即赴广州作总结。在此晤冀朝鼎，由印度经港归国，略谈新德里亚洲经济会议情形。

### 12月19日（星期二）

在香港山顶道40号新华社招待所休息。招待所在半山高处，可俯眺望香港九龙间全部城市建筑，密如蜂房，海面汽艇轮船往来如织。推窗可看见香港后山重峦叠岭，翠树连云。随处有洋楼别墅点缀其间,风景至美。惟看建筑物上异国旗帜随风飘扬,颇极感慨。

闻报知印度正出兵收复果阿。印尼苏加诺亦拟武力收复西伊利安。殖民主义在东方被完全消灭的日子,似已不远。晚赴新华社招待上海青年京剧团联欢晚会。上海青年京剧团由孟波任团长,俞振声、言慧珠任顾问。闻将在香港演出《白蛇传》《杨门女将》及其他京剧、昆剧传统节目。本晚团员清唱《三击掌》、《罢宴》、《断桥》、《二进宫》等京、昆剧片断。陪同观看者有梁威林等同志。别时并向梁表示感谢赴日往返经香港时新华社同志们的殷勤招待及周密的保卫工作。

## 12 月 20 日(星期三)

上午 8 时,离香港赴九龙。10 时搭火车赴深圳。8:30 抵深圳,于交界处观看我国国旗及我武装战士,顿觉有亲切及安全之感。出国已整整一月,进入国门,寸土皆香。在此午餐。12:30,乘我国火车赴广州。3:30 抵达,来接者有广东省文化局副局长杨奎章、广州市文化局局长赵炳权同志,仍住羊城宾馆。天气似较香港燥热,气温达 22℃。

## 12 月 21 日(星期四)

天阴雨,开始讨论访日总结工作,并整理有关资料。先提出三个问题:第一,总结应是全面的、一般的、综合性的。业余活动、专业资料可提炼一部分作为全面总结的组成部分。其余可作为附件或附录供参改。第二,总结精神应以外办对代表团提出的方针任务作为标准，看方针是否贯彻？任务是否完成？如何估价？如何看待成绩？如何看待缺点？第三，总结的几个方面即：

1. 基本情况；

2. 政治影响，高举反美旗帜：支持日本人民反美爱国斗争；

3. 友好工作：广泛开展群众活动和个人接触；

4. 文化交流相互学习；

5. 经验教训和对日本工作的一些建议。

其次谈到这次访问日本的体会：

1. 适时且及时，澄清一些思想性问题，推进日本革命进步运动；

2. 面宽而深入，由左中右、社会上层到社会下层，不同方式不同言语开展工作，扩大统一战线；

3. 群众性大会、中型座谈会与个人接触配合应用，相互结合；

4. 与进步民主力量配合，并得进步力量的支持、客随主便、相互支持；

5. 访日能完成任务主要是国际形势东风压倒西风。再次是日本革命进步力量的逐渐发展和壮大。最后由于我对日工作方针的正确和长期工作积累下来的工作经验、工作结果。

看《南方日报》据称广东省秋收已经完毕。总的情况是今年收成较去年略有增加（据云共约200亿斤）。

## 12 月 22 日(星期五)

早起在露台上散步,看宾馆北面有体育馆、中苏友好协会、陆军医院、设计院等建筑。以及有湖有亭台石桥,湖岸有绿树垂柳,据服务员云湖名西湖。东面则为秀山公园、中山纪念堂。南面可看见珠江大桥及爱群大厦等建筑。广州新面貌大致已一览无余。继续讨论访日工作总结,并整理资料。

## 12 月 23 日(星期六)

上午,广州市外办副主任王锦川来访。广东省文化局陈继荣同志陪同参观佛山,汽车行 40 分钟抵达,住佛山宾馆。佛山市委宣传部长张矛同志为介绍广东及佛山情况,据云广东省现有人口 4000 万,广州市 200 多万,佛山市 20 万(市区 15 万、郊区 5 万)。佛山为中国旧时四大名镇之一(其他三镇为朱仙镇、景德镇、汉阳镇)。已有 1200 多年历史。传统工业为香云纱、陶瓷(日用、美术、工业、建筑用陶瓷)、铸铁及"佛山秋色"。所谓"秋色"即秋收以后劳动人民以各种艺术创造交流比赛,其内容包含纸扎、纸塑、泥塑、剪纸、花灯及其他民间工艺美术用品。随参观当地古庙即道教的祖师庙。有双龙壁及陶瓷华表,据云两样皆为陶瓷工人"大跃进"时期的杰作。祖师庙据云已有 700 年历史。现为光绪己亥年重建。建筑式样及屋脊陶瓷装饰、殿堂精刻木雕,皆有独特风格。祖师庙附近为公园并种植花木。参观民间艺术制作工厂,即为所谓"佛山秋色",丰富多彩,与天津附近杨柳青所见又是一种类型。参观石湾陶瓷工厂,共有工人约

6000人。参观街道卫生工作，据云佛山为全国有名的红旗卫生城市。大小街道整洁、墙隙屋角栽种花木，为小型公园供市民休息浏览场所。据云佛山市共有此类小公园百余个。此外全市有下水道、用弯管连接。故无污水、无蚊蝇繁殖、无污浊臭气。张矛同志并云由于佛山工业发达，城市卫生局工作亦有成绩，故社会面貌一新、人民精神面貌一新。全市工业总值1949年为1200万元，1959则为一亿两千万元，计共增加十倍。工业发展的特点是：

1. 由小到大、由分散到集中；
2. 由手工业逐渐到半机械化到机械化；
3. 由低级逐渐到高级。

参观后于午后14时返广州。

## 12月24日（星期日）

本日，吴应健同志先行返京。上午文化局陈继荣同志偕同参观陈家祠。初建于光绪十六年至二十年（1890—1894），规模颇大，约8000平方米。木雕、砖雕、石雕、陶塑、铸铁及整个房屋结构皆有特殊风格，为广式建筑的典型，亦大体集中了广东多种雕塑装饰艺术的精华，成为重要的综合展览馆。现正整修，闻将作为广州市重点文物之一，加以保护。

午后讨论访日工作总结初稿。

## 12月25日（星期一）

昨夜大雨，今日天晴。报载：气温最高24℃，最低15℃。代表团团员张有萱同志就所了解日本工业及科技情况写一专题报告。其中有项值得注意的数据。特提出如下：

1. 日本今年产钢2400万吨，据云1970年将4500万吨；

2. 日本造9万吨巨轮两年完工，现正造13万吨巨轮；

3. 日本炼钢用40吨转炉，产量高，时速快；

4. 日本农业方面，水利、化肥、农药及种子改良皆已过关，故最近连续七年获得丰收。

孙平化同志亦谈所接触日本自由民主党人士高琦达之助，称愿助我发展工业，愿卖25万千瓦电机及其他机器并进行科学技术援助。松村谦三亦表示愿助我解决农业有关问题，愿卖给我化肥、农药及机械等。实际情况则是日本池田政府欲摆脱经济危机，并从中国购买铁矿石及煤。以日本每年须从国外购买铁矿石1500万吨、煤500万吨，惟运费昂贵，故拟从中国觅出路云。

晚，在广东省交际处迎宾馆小剧场，看广东粤剧第一团郎筠玉演出《花木兰》、楚岫云演出《平贵别窑》、红线女演出《刘胡兰》等。在场中晤王阑西同志，现已是广东省委宣传部长。

## 12月26日(星期二)

上午，文化局李珍瑞同志偕游粤秀山。桂树满山，飘香扑鼻。看赏菊轩多种盆景，堪与苏州、成都两地盆景比美。有红白茶花尤为突出。经粤秀楼，看1874年德克虏伯厂大炮已为陈迹。附近有巨石雕刻五羊，口衔稻穗。据云广东民间传说，昔有仙女，携五羊下凡，爱广州风景气候，因在广州定居，教农民耕种稻谷。故广州亦称羊城又称穗城。

下午，参观中国商品陈列馆，建筑规模宏伟，计34000平方米，1959年十周年国庆前以8个月的时间建筑完成。展览面积约20000平方米，展品由全国各地调集，丰富多样，美不胜收。可略了解祖国物资富饶及解放以来全国工农业建设光荣的飞跃发展。现共有展品约两万多种。每年春秋两季展出。今秋展出，与30多个国家成交，贸易额达3亿多人民币，约合一亿三千万美元，四千多万英镑。

**12月27日(星期三)**

上午7时，与崔嵬同志乘飞机离广州到北京。另张有萱、王守览、崔泰山、常莎娜四同志乘火车返京。孙平化同志留粤迎接日本社会党代表团。周巍峙同志另有事留粤拟12月30日返京。周巍峙、孙平化两同志及广东省文化局杨局长、潘副局长，外办王锦川副主任到机场相送。途中在长沙、武汉、郑州略有停留。郑州气温达0℃，知北京当更寒冷，与广州相差20余度。

4:30抵北京，来接者有丁西林、阳翰笙、吴青、郭劳为(对外文协日本处负责人)诸同志及西园寺公一[①]及淑端、杜曼等人。计离京出国访问，今日归来，前后有40日，访日工作告一段落。在工作和生活上将留下一段难忘的印象。

---

① 西园寺公一(1906—1993)，曾任日本众议院议员，日本、日中文化交流协会常务理事，中日邦交正常化实现之前民间交流的先驱。

附：末川博教授赠楚图南“河上肇遗墨”及译文

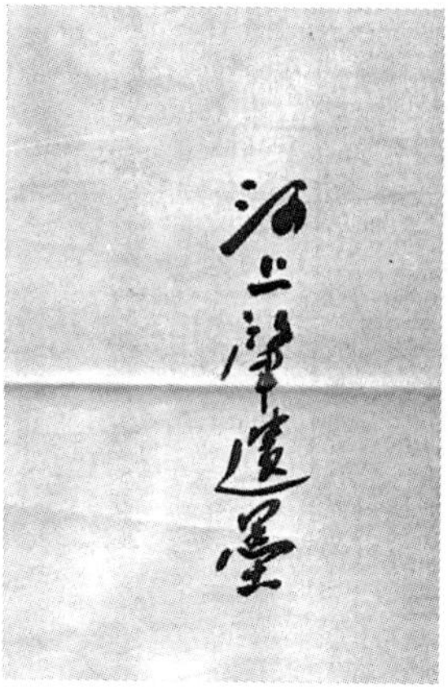


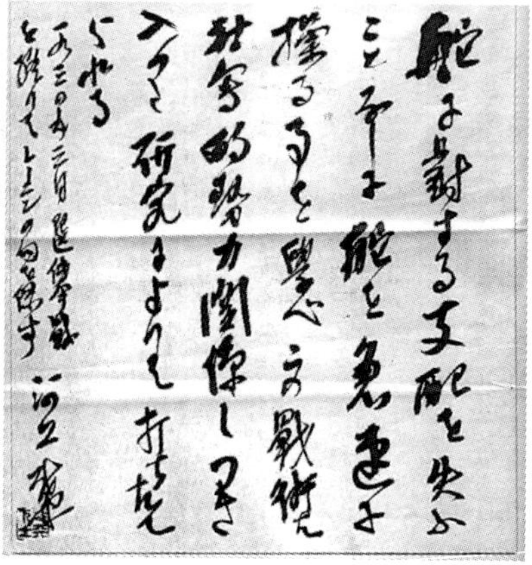

译文：

要不失去对舵的支配
就要学会迅速掌舵。
这一战术要在深入研究
社会势力关系中去建立。

一九三零年三月选举战
结束后录赠列宁语
河上肇

（遗墨原件已经由楚图南在 1962 年捐赠给中国革命博物馆。译文由原中日友协副会长王效贤女士翻译提供，谨此致谢！）

# 1963年10月28日至1964年1月7日 率领沈阳杂技团访问缅甸、巴基斯坦日记[①]

## 1963年

### 10月28日(星期一)

上午9时,与纪照瑛等六位同志乘飞机离京,到机场送行者有巴基斯坦、缅甸、锡兰驻华使馆一秘及委内同志曹瑛[②]、朱光[③]、陈忠经[④]、周而复[⑤]、徐中夫[⑥]、吴青等同志及文化部夏衍[⑦]。淑端及泽涵亦到机场相送。

10:30抵太原停,1时抵西安并午餐。4时抵成都,气温

---

① 杂技团团长为李士彬,全团共47人。

② 曹瑛,时任对外文委副主任,第四届全国政协常委会委员。

③ 朱光,时任对外文委副主任。

④ 陈忠经,时任对外文化联络委员会秘书长。

⑤ 周而复,时任对外文委委员,后任文化部副部长。

⑥ 徐中夫,时任对外文委二司司长。

⑦ 夏衍,时任文化部副部长,后任中国文联副主席,中顾委委员。

24℃，比北京暖和。到机场来接者有省委宣传部李亚殊同志、文化局朱丹南同志[①]。住人民南路锦江宾馆。晚李宗林[②]同志带病来访，略谈此间知识分子思想情况。

### 10月29日（星期二）

上午大晴、有雾。9时许漆鲁鱼同志[③]来谈。朱丹南同志约逛望江楼，据云栽竹共约90余种。游城南公园及武侯祠。游杜甫草堂，草堂管理员周君嘱题词，因题"诗咏人民疾苦，名共江水长流"十二字付之。周君亦赠《杜甫诗意画选》一册作为纪念。

### 10月30日（星期三）

上午9时乘机离成都，10时抵重庆，停50分钟，11时飞昆明，约1时到达。来机场迎接者有张子斋[④]、彭华诸同志及先期到达的杂技团女团员多人，相见甚欢。当即偕赴宾馆。一路昆明小阳春天气，天高气清、阳光煦和。至宾馆繁花满室，所谓："滇池春不老，花草四时香"，故乡久别归来顿觉神爽。

午后泽源（楚图南世侄）来谈。

晚，杨明同志及交际处贾科长约赴安宁洗温泉。当晚即住温泉宾馆。休息室中见董（必武）老题书一对联云："莫夸六国黄

---

① 朱丹南，原西南川剧院院长，峨眉电影制片厂第一任厂长，四川省文化局副局长。

② 李宗林，时任成都市市长，四川省委统战部长。

③ 漆鲁鱼（1902—1974），时任成都市政协副主席，楚图南的老朋友。

④ 张子斋，时任云南省人委秘书长，后任云南省人大常委会副主任。

金印，来试三迤碧玉泉。”

**10 月 31 日（星期四）**

天晴略寒，最高气温 19℃，最低 7℃。

上午散步到曹溪寺。据云为最典型的、完整宋代木构建筑。最近略有修整和彩画。寺高踞山巅，螳螂川环绕其下。螳螂川两岸，山树葱茂。闻将以温泉为中心扩建为游览风景区，归时见技术人员多起正测量地势。

午饭吃家乡风味云南菜，豆腐脑及汽锅鸡。

晚，李士彬①同志率其他同志抵昆。至此全团会齐，即将于明日偕赴仰光，后日转赴巴基斯坦吉大港。

**11 月 1 日（星期五）**

上午天晴。7:30 离昆明飞仰光。不着陆飞行 4:30 抵达仰光。北京时间为正午 12 时，仰光时间为 4:30。到机场迎接者有耿飚大使②、裴坚章③秘书及缅甸文化部文化秘书吴登纽、缅甸外交部联合国司司长、巴基斯坦驻缅甸大使馆秘书等人。

仰光天气炎热，如北京初夏，气温达 30℃。住柬埔寨宫。沐浴更衣，午餐后赴大使馆汇报。决定访巴后于 11 月 5 日以后访

---

① 李士彬，沈阳杂技团团长。

② 耿飚，时任中国驻缅甸大使。

③ 裴坚章（1970—1972），时任中国驻缅甸大使馆二等秘书，后为驻英国使馆参赞、驻新西兰大使兼驻巴布亚新几内亚大使、驻利比亚大使。

缅。访缅后再考虑访锡兰[1]。决定明早10时离仰光直飞东巴[2]吉大港。

## 11月2日(星期六)

昨夜烦热,久不能入眠。

今日晨起整理行装。临行看新闻知我击落美制U-2飞机可喜消息。

11:40,乘巴基斯坦航空公司(PIA)飞机飞吉大港。航空公司经理及机长殷勤接待。耿飚大使及裴坚章秘书等同志及巴使馆秘书到机场相送。

飞行2小时,于午后1:40抵达吉大港。海阔天空,地势似较仰光开朗。在机场受到巴基斯坦中央教育部代表及东巴基斯坦省各有关方面代表的热烈欢迎。我驻巴使馆朱汉文参赞及周保瑞二秘及其他同志亦到机场相迎。晚,与纪照瑛、杜曼[3]、王等四人住政府招待所(Govt. House Chiltagong)。其余同志在李士彬同志率领下住沙伽汉旅馆(Shahjaham Hotel)。

## 11月3日(星期日)

上午,赴沙伽汉旅馆召集全团同志,由朱汉民参赞介绍巴基斯坦情况及应注意之事项。我亦重提在北京时所提出三十二字

---

① 锡兰,现在称斯里兰卡。

② 东巴,过去称东巴基斯坦,简称东巴,现为孟加拉国。

③ 杜曼,楚图南同志秘书。

和同志们共勉，这三十二个字是：

对外慎重，对内团结。
努力工作，认真学习。
注意健康，保证演出。
遵守纪律，完成任务。

晚，赴中国银行和在吉大港的同志们会见并聚餐，出席者有下列诸同志：

郭子新，中国银行襄理
朱汉文，参赞
刘政和，新华社
周保瑞，二秘
周振兴，中国银行主任
黄颖治，周振兴同志夫人

## 11 月 4 日（星期一）

上午，由巴方接待人员伊斯兰及卡西姆陪同参观吉大港。

据云东巴人口五千多万，西巴①人口四千多万。东巴省共分四个专区，17 个县。首都在达卡；省督下面分设各部。吉大港现

① 西巴，现为巴基斯坦。

每年出入船只吨位约390万吨(卡拉奇为1600万吨,为巴基斯坦第一大港),其中四分之三为入口,四分之一为出口。入口货品为钢材、机器、大米。出口为黄麻、棉花、皮革。吉大港共有职工4000人,工人6000人,共约万人。参观码头及职工宿舍及附属幼儿园及学校。

## 11月5日(星期二)

天气清和,为我国夏末初秋。

上午,参观卡尔纳佛里拦河水坝。水坝共16个闸门,附近有水电站有涡轮机两个,各发电四万千瓦,共八万千瓦。现仅一轮机转动,发电四万千瓦。佛里沿河两岸山深树密,风景甚美。闻山中多森林虎豹。有一种部落民自缅境移来,类东方人种,与印巴人种显然不同。卡尔纳佛里镇有人口万人。一面倚山,三面环河,山水之美可比我广西桂林。闻卡尔纳佛里(Kornafuly)意即耳环明珠。据传说,古有公主,过河时坠落明珠,为寻觅明珠,因掏河成川故有此名。在此间招待所午餐。午餐后参观造纸厂。以竹木为原料,日产纸张百吨,纸浆百吨。

晚,吉大港副专员Zalil,教育部科长Kaxim及吉大港县官员来谈杂技艺术团演出场次及舞台道具等问题。

## 11月6日(星期三)

天气晴和,气温30℃,早晚微凉,气温约19℃,尚舒适。

团员上下午练功。部分同志张罗舞台建筑及道具搬运等事宜。

午后，吉大港副专员 Ahamad 来访，谈中巴友好、民族文化及文化交流等问题，态度亲切友好。

## 11 月 7 日（星期四）

上午，朱子奇[①]同志经卡拉奇转吉大港飞仰光。

10 时许，与朱汉文参赞来访，并转达丁国钰大使[②]意见，称对方同意签订文化协定，一切正准备中，并云国内亦有指示。杂技团同志正加紧练功。惟舞台未完工，部分道具在船上亦未上岸。今晚肯定不能演出，争取明日装台演出。

## 11 月 8 日（星期五）

上午，吉大港市政委委员会主席 Hasam 来访。表示 11 日午后 4 时举行市民欢迎会，欢迎中国代表团。

因舞台未完工，演出日程略有变更，即 9 日演出一场，10 日二场，11 日一场。

达卡艺协联合会秘书 Mannan，拉合尔艺协秘书 Tahir 来接洽赴当地演出准备事宜。

晚，朱汉民参赞及团内部分同志来谈明日首次演出及访问拜会及团内工作。

---

① 朱子奇（1920—2008），曾任中国作协常务书记，诗人，散文家。

② 丁国钰，时任中国驻巴基斯坦大使，后任中共北京市委书记，北京市政协主席，中共第十、十一届中央委员。

### 11 月 9 日(星期六)

上午,吉大港地区专员 Ali Hasam 来访并约请明日午宴。

晚,我杂技团首次演出。约前一小时观众即拥挤到体育场内。6:30 开幕,吉大港专员 Ali Hasam 讲话,称赞中巴友谊和对杂技艺术团的热情欢迎。我亦致答词,对吉大港市领导人及文化艺术团体的殷勤接待和吉大港人民的热烈欢迎表示感谢。并称杂技团访巴不仅介绍中国人民传统的杂技艺术,更主要的是带来了中国六亿五千万人民对巴基斯坦人民的深厚友谊。讲话完毕,演出开始。节目精彩,颇受欢迎。出席者有吉大港官员及文化艺术界和群众约三千余人,颇显得隆重热烈。

### 11 月 10 日(星期日)

中午 12 时,吉大港地区专员 Ali Hasam 约赴午宴,出席者我方为李士彬团长、朱汉文参赞及部分团员,对方为吉大港地区主要官员及夫人。气氛颇亲切友好。专员夫妇及子女并偕同在官邸前散步。官邸建筑在吉大港中心小山上,风景优美,在此并可眺望全市区房屋栉比、绿树翁翠。吉大港副专员 Ahamad 称此地既有巴基斯坦特点,亦有缅甸和中国特点或即指此。

晚,杂技团演出两场,团员似颇疲劳,已告团长及医生注意。

连日看此间英文报纸登载国内外社会新闻,如蚊子威胁,如霍乱死人,如学生罢课,工人罢工同警察冲突,如贫病自杀或因财、因恋爱谋杀,如日本矿山爆炸,死百余人,如菲律宾 20 岁女子出卖眼睛等等,皆令人惊心动魄、感触至深。

### 11 月 11 日(星期一)

午 12 时,A. K. Khan 邀请午宴,A. K. Khan 为东巴大资本家,对中国友好,对中巴贸易颇感兴趣,屋内陈列中国古物工艺品不少。

午后 4 时,吉大港市政委员举行市民欢迎大会。主席 Hasam 致欢迎词,称中巴两国有传统的友好及文化关系。现两国更进一步加强友好相处。希望侵略成性的邻邦头脑变清醒一些。我致答词,称两国有深厚友谊基础。现两国又面临共同任务要建设各自的国家,要求尽快地摆脱帝国主义和殖民主义所造成的贫困和落后状态,两国应相互支持合作和相互学习。这不仅符合两国人民利益,且对亚非团结和世界和平是一种重要的贡献。

晚,最后一场演出,气氛热烈。演出后 7 时,副专员 Ahamed 夫妇设宴招待部分团员,宾主饮宴交谈颇亲切友好。

### 11 月 12 日(星期二)

晨起看吉大港英文报纸《联会报》(*Unity*)《实验者》(*Examines*)登载我昨日市民欢迎大会讲话,多有出入,甚至有意利用和歪曲,拟请示国内处理。

上午 10 时,到 Ali Hasam 处辞行。

午后 1 时,乘火车离吉大港。沿途农田丰美,一望无际。惟农村稀落,人民似颇贫苦。车站秩序差,人拥挤,孩子甚多。

晚 8 时抵达卡。为东巴首府,有人口 150 万多人。车站上欢迎并献花颇热烈,欢迎规模亦大。当晚住宾馆 State Guerts

House,团员住希拉旅馆(Ae Hela Hotel)。

**11月13日(星期三)**

晨起推窗一望,宾馆前后绿树翁蔚,面临草场水池,风景甚美。

上午,通过丁国钰大使电报国内此间报导我讲话内容有些歪曲情形。

9:20,由交际官陪同与朱汉民参赞拜会东巴基斯坦卫生部长Biswas,Biswas信仰印度教,衣着朴素。谈中巴友好尚亲切。

午后4时,巴基斯坦艺术协会举行招待会。秘书长Husian讲话,称中巴两国悠久的文化友谊,认为杂技团访巴,使中巴友谊会有进一步地增进。我亦致词感谢达卡文艺界殷勤接待,并祝中巴两国文化艺术界亲密合作,中巴两国文化艺术事业繁荣进步。

午后6时,达卡巴尔巴尔艺术学院(Bul Bul Academy of Fino Arto)[①]举行歌舞演出欢迎中国杂技艺术团。学校负责人Huda致词称宋庆龄副主席及周总理过去访巴曾到此校参观表演。

今晚演出优秀歌舞节目。我致词对青年艺术家表示祝贺和感谢。并对该校发掘、整理和发展巴基斯坦传统的、人民的民间音乐歌唱和舞蹈认为方向正确表示钦佩。中国解放以来,民间歌舞艺术有很大的提高和发展。愿同巴基斯坦艺术家交流经验

---

① 按:Bul Bul为巴基斯坦杰出的艺术家和诗人,35岁时死去,为纪念诗人,因于1955年成立艺术学院,招收学生学习音乐歌唱并舞蹈,现有学生5000人,教师若干人皆业余教学,业余学习。学校负责人Huda及学校师生,对民族文化艺术的热爱和学习精神,颇值得尊敬,甚望该校的青年艺术家有机会到中国去,会从中国人民和中国艺术家得到进一步地鼓舞。

相互学习。今晚演出节目有民间的、古典的歌舞节目，一般反映了人民的生活劳动和斗争，其中一首歌是反英斗争志士在狱中的反抗歌声，题目是《必须粉碎镣铐和枷锁》。表演者皆青年演员，颇精彩。演出后 Huda 嘱字，因题如下两句话付之："丰富而优美的民间舞蹈和歌唱。卓越而精彩的艺术表演。中巴两国人民文化交流万岁，中巴两国艺术家合作万岁。"

此间英文报纸《晨报》(*Morning News*)和《观察者》(*Observer*)对中国杂技艺术团活动报导一般态度尚好，晨报还更详细且有多幅照片。

**11 月 14 日(星期四)**

天气晴朗，气温约 30℃。风景美丽如我国盛夏初秋。

因舞台尚未完工，演出推迟一日。午后由交际官陪同浏览市区。新区马路修直整洁，两旁学校工厂及居民住宅正兴建中。园林优美，到处有水池。建设规模颇有可观。旧城则街道窄狭，行人拥挤，商店林立。亦多处摊贩亦贫民住宅。市中心有纪念碑，纪念 1857 年抗英斗争被屠杀烈士。

晚梦青年时流亡生活，醒而不寐，随口占一绝：

**梦　母**

(夜梦幼年失母，依贫苦亲友家凭苦工寄食，醒而不寐，书此)

昂首向天放脚行，平生两事最萦心。
忧患童年惊旅梦，民间疾苦总关情。

## 11月15日(星期五)

上午,拜会东巴省督 Abanl Monem。彼谈话强调中巴友谊及文化交流,特别提到东巴与中国的历史关系。

随参观达卡博物馆,看印度教、佛教、伊斯兰教三个时期的石雕文物,及帝国主义侵入时的兵器。规模虽不大,但陈列颇有条理,其中阿拉伯经典及文学著作、插图及装潢,精致美丽,尤极珍贵。

晚,杂技团在达卡首次演出。省督 A. Monem Khan 出席并讲话,称赞中巴传统游戏并祝杂技团访巴增进中巴友谊和文化联系。我致答词表示感谢,并传达六亿五千万中国人民对巴基斯坦人民的深厚友谊。演出开始,每一节目,颇受观众热烈欢迎。闻今晚出席观看演出者共五千余人,为达卡少有盛况。

## 11月16日(星期六)

晨起,看此间两家英文报纸报导昨日拜会省督及杂技团首次演出,态度尚好,特别对杂技演出评价颇高。称这是音乐与艺术与科学上专心与平衡的结合,令人惊心动魄难以想象云云。

上午,参观达卡古城堡,为十六世纪莫卧儿时代建筑,工程宏伟,略如在印度德里和阿格拉所见。惜多残破。断壁残垣,高踞丘陵之上。登此可眺望附近村落街市及远处河流、稻田。城堡附近亦有陵墓,称公主坟。尚完整。庄严华美,略如阿格拉泰姬陵,惟规模较小。

随参观电影公司,协助私营电影事业解决技术经济等问题。

代洗印、录音，惟不生产影片。据云东巴各私营影片公司年产约60部，全巴基斯坦进口影片以印度、美国最多。

## 11月17日（星期日）

上午，巴基斯坦作家、教授多人来访，并座谈中巴文化交流并回答有关中国文字改革、玄奘西行以及杂技团访西巴、东巴及访问吉大港问题。重要来宾名单如下：

| | |
|---|---|
| Abut Hossias | 散文作家 |
| Muhammad. E. Hag | 孟加拉语发展中心主任 |
| Jasim. Uddin | 诗人 |
| R. Islam | 论文家 |
| Sawad | 批评家 |
| H. H. Rai | 青年作家 |

（来访者共14人）

午后“犹哥”艺术中心举行招待会并表演民族舞节目。“犹哥”（Jugo），孟加拉语兴起之意。为民间业余艺术组织，共有演员50余人，成立才二年。本日表演节目民间气息颇浓厚。演出前，主人向来宾献谷穗，据云为巴基斯坦民间传统风俗意即祝幸福繁荣，略如欧人献盐及面包。

## 11月18日（星期一）

天气晴朗，此间气温略如仰光。惟地势开朗，风日清和，且早晚凉爽,不若如仰光闷热。

上午,达卡省政府秘书长约游船,并在船上午餐。游船顺孟加拉河航行至 Sitalakhga 河会口处,河面甚宽,万顷碧波,浩荡而下,闻将直达孟加拉湾,流入印度洋。两岸沃野千里,蔚为天府之国。惟农村破,似甚贫穷,与周围沃壤和富饶田亩及芭蕉等水果林园极不相称。船上东巴卫生部长 Bie Was 谈中巴文化交流及两国交流关系。称玄奘到印度时所学为梵文,即 Sanskrit。孟加拉文则为后起文字,为巴基斯坦现时通行语言。颇望中国大学能开设孟加拉语,巴基斯坦大学亦开设中国语,这对两国文化交流增加两国人民友谊和相互了解是很必要的。我表示欣赏他这一建议。愿中巴两国人民共同努力提成此事。

晚,演出结束后,东巴内政部秘书 Ansarl 偕同吉大港副主席 I. H. Khan 等人向全团献礼。

### 11 月 19 日(星期二)

上午,参观达卡艺术学校。教务校长 S. Ameen 殷勤接待引导参观。全校共有学生 200 人。新校舍建于 1958 年,尚未完工。内分绘画、雕塑、木刻、陶土工艺各系。其中陶土工艺,颇有民间风格和民族特点。绘画已有抽象派,写实作品不多。著名写实作家 Abedin 为学校校长。现旅居在外。

随后参观黄麻研究所。东巴为黄麻主要产地。黄麻研究所已有四年,颇具规模。有英国专家。机器多购自美、英、日本、意大利、法国等国。其内容分下列各部,亦有重要研究成果和植麻经验,足供我参考:

1. 土壤、土质的研究；
2. 种子改良及种麻方法；
3. 不同肥料的研究和应用；
4. 不同季节植麻效果的比较；
5. 病虫害的研究及防治方法；
6. 麻的剥制方法；
7. 麻纺工作；
8. 黄麻不同应用及不同产品。

晚，杂技团在达卡最后一场演出，票价 25、10、5、2 卢比，每一卢比合人民币 5 角。观众拥挤，闻票价已有黑市。本晚出席观看演出者有卫生部长 Bie Was 夫妇等人。估计全场观众达 8000 人以上。演出开始艺协秘书 Hasain 讲话，感谢杂技团访巴，态度极为友好。演出结束后 Hasain 并向全国献礼，一种银制的"Gulab Pasha"——rose water sprayer。

**11 月 20 日（星期三）**

上午拜会东巴省教育部长 Ahmed 谈中巴文化交流和两国友谊，态度尚恳切而友好。部分团员今日赴西巴拉合尔。

中午应东巴省督 A. Monem Khan 邀宴。与宴者尚有外事秘书 Ajij Ahmed 等人。谈中巴经济文化建设应相互合作支持。

晚上看巴基斯坦民间舞剧 *Mahua*（*A Folk Bullet*）。主要演员为著名舞蹈家 G. A. Mannan（男），N. Murshida（女）。剧情为蛇人美女与青年恋爱故事。主题思想无可取。惟综合民间舞蹈音乐和歌唱颇有可观。闻此剧为达卡脚铃文化组织首次演出。本晚陪看演出者有卫生部长等人。

### 11 月 21 日(星期四)

上午 11:30,乘巴基斯坦国际航空公司(PIA)波音飞机离达卡赴西巴拉合尔。两处相距巨约 1100 英里,合 1800 多公里。飞机循恒河北岸飞越印度上空,看印度宽阔领土,山岳河流,田畴村落,历历如画。

午后 2:20 抵拉合尔。来机场迎接者有交际处长 Anwar,交际官 Habibarrehhan,艺协主席 Rahman 等人。拉合尔地势平坦,风景优美,气温低于达卡约 4 ~5 摄氏度。现时温度约在摄氏二十五六度左右。街道修整,道旁多新建筑,有大学、博物馆、古建筑物及风景名胜,成为巴基斯坦文化城市并为西巴省首府所在地。西巴行政区划分为 11 专区 105 县。地广于东巴,而人口少于西巴。住大使旅馆(Ambassapor Hotel),为政府接待;杂技团团员住沙诺比旅馆(Zanobi Hotel),为艺术协会招待。

### 11 月 22 日(星期五)

上午,丁国钰大使从卡拉奇到达拉合尔,当即率部分团员到机场迎接,住同一旅馆。坐定向丁大使汇报访问吉大港及达卡两地情况及团员有关问题。丁大使并就当前巴基斯坦形式和中巴关系作了深刻的分析和扼要的说明,并对访问巴基斯坦工作,做了重要指示。

晚,在拉合尔第一场演出,观众约二千人,情绪尚热烈。巴方原定三位部长出席,新闻部长 Menon 原定主持开幕并讲话,届时俱未来，疑有重要事故。演出前艺协主席 Rahman 讲话欢迎杂技团访巴。我亦致词向拉合尔文化界朋友表示感谢，向西巴政府及人民表示致意。本晚丁国钰大使出席观看演出。演员似颇疲劳，演出时不断发生失误事故。

**11 月 23 日（星期六）**

上午阅报闻美总统肯尼迪被刺身亡，副总统约翰逊代行总统职务，美国内外政策当会有变化，值得注意。

在丁国钰大使陪同下拜会西巴教育部长 Begun Mahmuda Salim Khan 夫人，谈中国妇女及文化教育问题并嘱向宋庆龄副主席致意。

随拜会西巴省议会议长 Anwar 谈两国友谊及文化交流和中国伊斯兰教情况。

晚杂技艺术团演出，观众较昨日拥挤，巴官员出席观看者颇多，重要人物有下列数人：

| | |
|---|---|
| Masud Sadiq | 西巴财政部长 |
| Maj -Gen Khwata Wasinddin | 拉合尔军区司令 |
| Justice Anwarul Hug | 大法官 |
| It -Gen. K. Msheikh | 驻日大使 |
| N. A. Faruqui | 总统主要秘书 |
| S. G. M. Peerzaba | 总统军事秘书 |

### 11 月 24 日(星期日)

报载各国对肯尼迪被刺反映,并载铁托、赫鲁晓夫唁电。

上午 11 时,在丁国钰大使陪同下拜会西巴省督 Mauk, A. Mohammed Khan,谈东西方文化及中巴文化交流等问题,反英情绪极强烈,对农业问题极感兴趣。

12 时,拜会总统穆罕默德 · 阿尤布 · 汗(Mohammod Ayub Khan),谈中印、印巴问题,日美问题及中巴通航问题,并嘱代向刘主席和周总理问候。

午后 2 时,丁国钰大使乘火车返卡拉齐与李士彬等 10 人赴车站相送。

午后 4 时,应西巴卫生部长 Junejo 邀请赴住宅茶会,谈中国全国人民代表大会及农田水利等问题。归途经高级官员及富商地主住宅区,地势广阔,建筑整齐美丽,花草树木繁茂,俨然又一新境界。

### 11 月 25 日(星期一)

上午参观拉合尔红堡,建于 16 世纪,规模大于印度德里红堡,其雄伟壮丽逊于德里红堡。且残破坏损已不完整。随参观莫卧儿王夏吉汗(Shah Jahan)墓,尚保存完好。拉合尔原为莫卧儿王朝迁印度前的古都,故多古建筑物。英国统治时期,英总督亦住拉合尔。亦多现代建筑物,如现时省督办公大楼即英国统治时期建筑物。

午后,拉合尔音协秘书长 Hayat Ahmad Khan 来谈明年 3 月 3

日巴基斯坦音乐会(The All Pakistan Music Conference)邀请中国音乐舞蹈家10至15人参加大会,并作三日演出,并到其他城市访谈。当即表示感谢,并告知以通过外交途径正式邀请当即郑重考虑。具体问题可同我驻巴使馆具体联系决定。

### 11月26日(星期二)

天晴,如我国新秋时节。上午参观沙拉马尔花园(Sahalar Gardens),意即繁华爱乐之园。为夏吉汗(Shah Jahan)王朝时代建筑,于1641年至1642年建成。占地四十英亩。规模宏大,四周有高门,有宫墙。墙内绿树参天,繁花满地。有草地,有水池。水池中有喷泉,有小型歌舞场,有看台,皆汉白玉石建筑。有宫殿,有浴池,亦为汉白玉石建筑,窗棂亦为白石雕镂。豪华奢侈,可想见当时情况。

随参观清真寺亦为夏吉汗王朝建筑,称为Badshahi Mosque,意即皇室清真寺,在红堡前面,正对红堡宫门。建筑宏伟,整洁严肃,雕塑精致。四周有高塔,广场内据云可容10万人同时祷告,为世界最大清真寺。寺有三个圆顶皆大理石镶成,可知当时高度建筑艺术。清真寺墙外有巴名诗人和哲学家伊克巴尔(Iqbal)墓,墓碑白玉石为阿富汗国王所赠,上刻诗人诗句。地上镶五色大理石,墓室为雪白大理石,极精美。

随后参观Anarkal市场,为拉合尔旧城商业中心,街道狭窄而繁华。Anarkal为夏吉汗宠爱舞女之名,故旧城市中心以此为名。印度及巴基斯坦地区原为莫卧儿帝国统治区域,名王辈出,大兴建筑,除德里、阿格拉外,以拉合尔古迹最多亦最完整。其中最著名的王者有下列六人：

| | |
|---|---|
| Babul | 意即狮子王 |
| Hamayan | 意即君子 |
| Akbar | 意即伟大 |
| Tahanjir | 意即公正 |
| Shah Jahan | 意即建设者 |
| Aukangzab(?) | |

至最后一王，为锡克族所灭。锡克族统治印巴80年，英人入侵至1947年印巴独立。拉合尔皆为几个不同时代的政治中心之一。现为西巴首府，为巴基斯坦第二大城市，亦为巴基斯坦文化古城。

午后4时，拜访拉合尔巴中友协主席夫人，彼为巴基斯坦社会活动家，对中国热情友好，明日邀请中国杂技团全体在家茶会。我表示感谢她为促进中巴两国人民友谊和相互了解所作的努力。

**11月27日(星期三)**

天阴小雨微寒。每天未明即闻伊斯兰教徒曼声祷颂，响彻云霄，声甚哀苦，如我青年时在浙江天目山所听梵语钟声唱颂佛名。惜神佛无灵，人类的命运终于要由人民自己来掌握，来创造。

上午,参观拉合尔博物馆,见两千多年前犍陀罗[①]时代雕刻,可看希腊风格与印度融合之特点。陈列品有 Mohenjod-Daro 新出土文物,时间约 3500 年以前。其中有陶土石刻印章多枚(闻出土者已有 2000 多枚),大小约一寸到两寸,有长形、方形,上刻各种兽形亦有文字图案,惟不知当时作何应用。这是这一地区新出的珍贵文物,极值得学者的重视和研究。

随参观艺术学院,有学生 200 余人,分绘画、雕塑工艺、陶土建筑、木工金石各系,皆初具规模留待充实发展。

午后,巴中友协举行招待会。主席及秘书先后讲话,强调中巴悠久历史文化关系及相互友谊,并对杂技艺术团表示欢迎。我亦致词感谢,并愿紧密合作为促进两国友谊和文化交流和繁荣两国文化建设事业而努力。

晚演出,出席观看演出者有西巴省督 Malik Amir Mohammed Khan 及巴陆军副司令 Lt-Gen Bakntiar Rana 中将等巴方高级官员。观众亦拥挤,达 5000 人以上,反应极热烈。

### 11 月 28 日(星期四)

上午,记者访李士彬同志谈访巴感想,李士彬亦在电台广播,介绍我杂技艺术概况。

晚,最后一场演出,一切圆满。观众达 8000 人左右。巴陆军

① 犍陀罗是古印度王国之一。它位于当今巴基斯坦沙瓦及毗连的阿富汗东部一带。公元前 4 世纪末马其顿亚历山大入侵,希腊文化曾影响这一地区。

总司令 M. Musa 等军政人员出席观看演出,艺协并向全团送礼。

### 11 月 29 日(星期五)

上午天气晴朗。

1963 年 11 月 29 日,率领中国沈阳杂技团抵达巴基斯坦首都。卡拉奇(中排左一),杂技团团长李士彬(左二),中国驻巴基斯坦大使丁国钰(左三),楚图南(左四),巴基斯坦艺术协会副主席 Faridi(左五),巴基斯坦礼宾司司长

12:00 乘巴基斯坦国际航空公司(PIA)的超星座飞机飞行二小时三十分,约午后 2:40 抵卡拉奇。到机场迎接者有丁国钰大使及使馆同志及旅卡拉奇侨胞。卡艺协副主席 Faridi 及礼宾司副司长到机场。气愤热烈友好。住国宾招待所。团员住中央旅馆(Central Hotel)。

晚，赴大使馆吃丰盛晚餐并饮酒，食饺子。出国约一月，至此始欢畅娱乐得半日休息。使馆同志全体动员殷勤招待，给团员甚深印象，使同志们感到亲切如回到祖国，又受到一次爱国主义和社会主义的教育。

卡拉奇气候较热，约如达卡，气温 30 度左右，以濒临海滨，空气略感潮湿，近似仰光。卡拉奇地势开阔，各种新建筑正在进行中，颇有新气象。人口 250 多万，据云为巴基斯坦第一大城市。晚宿宾馆颇安静，惟略有蚊子。

**11 月 30 日（星期六）**

上午，携部分团员赴真纳墓献花圈。墓新建两年，尚未完工，闻为意大利建筑师设计，颇宏伟开朗有气派，较印甘地墓、缅昂山墓，另有一种开阔而豪放的民族风格。

午后 5 时，卡拉奇艺协举行招待会，到达卡各方面人士约数十人，我丁国钰大使及徐英①参赞、朱汉文参赞、刘恕参赞亦出席，气氛尚热烈友好。

晚，丁国钰大使为南汉宸②同志为首的九人代表团举行招待会。南汉宸等参加亚非经济合作会议，会中当免不了一场斗争。本晚出席皆巴基斯坦方面贸易、经济方面著名人士，一般对中国友好，希望同中国发展贸易。

---

① 徐英，时任中国驻巴基斯坦政务参赞。

② 南汉宸（1895—1967），中国人民银行首任行长，1954 年后，任中国国际贸易促进委员会会长。

1963年11月30日，沈阳杂技团部分人员在中国驻巴基斯坦大使馆参赞徐英（前排左四）陪同下，参观真纳陵墓。

前排：杜曼（楚图南秘书，左一），沈阳杂技团团长李士彬（左二），楚图南（左三）

## 12月1日（星期日）

上午，天晴微风，丁国钰大使和夫人约赴海滨闲眺，途中经广大日丽盐场，步行30分抵达海滨，细沙平铺，碧波滔天，闻此为卡拉奇著名浴场，特别在星期日，游人甚多。有巴基斯坦人吹一种乐器逗蛇及一种狸鼠作戏。亦有人牵骆驼供游人乘骑。眺游稍时即归。

晚，杂技团在卡拉奇第一场演出，以大风对演出效果稍有影响。出席观看演出者有巴外事秘书 Aziz Ahmad 夫妇、卡拉奇专员 Roedad Khan 及艺协副主席 Faridi 及观众约 4000 人。

### 12 月 2 日（星期一）

上午，在丁国钰大使陪同下拜访巴外事秘书 Ahmad。

阅读使馆借来的《人民日报》，知北京除召开人大会议和政协会议并召开了中国科学院哲学社会科学部委员会扩大会议，讨论学术战线的任务，反对现代修正主义，研究当代革命问题。

晚，丁国钰大使举行宴会招待巴外事秘书 Ahmad 等巴基斯坦官员共约十余人。

### 12 月 3 日（星期二）

上午访巴中友协主席 A. K. Alavio，彼生活豪华，社会关系甚多，颇希望同中国做生意。

午后，约团部同志讨论访巴工作及今后应注意团员政治思想教育工作及保证团员健康等具体问题。

### 12 月 4 日（星期三）

上午，参观卡拉奇大学，学校在郊外，校址新建已四年，部分尚未完工。闻学生 2500 人，男女各半。参观图书馆并与历史系主任 M. Husian 座谈片刻。副校长 I. H. Qureshi 并出面接待。

晚，在卡拉奇第四场演出。大使馆招待各国外交官观看演出。

## 12 月 5 日(星期四)

天晴微热。气温华氏最高 87 度,最低 68 度,平均温度约摄氏 32 度左右。

上午,巴基斯坦考古局长 DY. F. A. Khan 来谈巴古代文化及巴考古工作。据称巴考古局工作分为三大部分,一即博物馆,二建筑石刻,三地下发掘工作。随偕赴卡拉奇博物馆参观,内容丰富陈列亦有条理。其旧石器时代亦标称 50 万年前。发掘文物仍以石质篆章最为重要,有图像,有文字符号,略如中国的象形文字及小篆。亦有印纽为穿绳之用。因索取拓片等资料,拟作回国研究之用。博物馆负责人 S. A. Naqvi 及 Naz Rasool 殷勤解说。并称英美考古家插手巴基斯坦的考古工作。实际上巴基斯坦的地下文物不仅与中亚有联系,更应与中国文献联系起来研究,许多重要问题才会得到解决。

晚,阿尤布总统穆罕默德·阿尤布·汗[①]拟出席观看我杂技演出,临时未来,据云因前总理苏拉瓦底因心脏病在贝鲁特逝世。总统夫人及商业部长 Wahiduzzam 及计划委员会副主任 Saidhasan 等仍出席观看演出。

亚非经济会议本日在卡拉奇开幕,出席者有亚非 28 个国家的代表 250 人,其中巴基斯坦代表 150 人,国际组织的观察员 20 人。巴基斯坦总统阿尤布出席讲话,指出亚非国家的根本变化

---

① Ayub Khan Mohammad(1907—1974),巴基斯坦总统,任期 1958—1969。

和面临的内外重大问题，结论是发达国家与不发达国家的合作和相互支援，使后进赶上先进，这才符合各国人民的共同利益。

### 12月6日（星期五）

上午11时，杂技团为巴基斯坦儿童免费演出一场，晚，照常演出，观众仍极拥挤。午后，赴卡拉奇东北50多英里的Bhambare参观。此地为新发掘的13世纪阿拉伯古城，有清真寺、住宅遗址及各种陶器日用品，并发现骸骨百余具。疑为经战争后毁灭埋藏地下，现被发掘。略见当时城镇规模。

夜中，廖承志、张香山[①]诸同志开华沙和平理事会归国途中抵达卡拉奇，闻将在此停留数日。

### 12月7日（星期六）

上午，赴使馆晤刘宁一[②]等同志。

午，赴艺协招待会，到艺协卡拉奇专员 Reodad Khan 及艺协副主席 A. R. Faridi，我国丁国钰大使夫妇及朱汉文参赞夫妇亦出席招待会。

晚，杂技团在卡拉奇最后一场演出，我廖承志、刘宁一诸同志亦出席观看演出。

---

① 张香山，时任中共中央对外联络部副部长。

② 刘宁一，时任中联部副部长。

## 12月8日(星期日)

上午,约部分同志讨论访巴初步总结,并向全体团员讲话勉励更好地完成下一阶段任务,并请徐英参赞向全团报告国内外时事。

晚,大使馆招待会,以巴基斯坦举行苏拉瓦底安葬仪式,全国下半旗。因此招待会临时改为使馆内部联欢会并准备明晨飞缅甸仰光。

## 12月9日(星期一)

清晨7:30乘子爵号专机离卡拉奇,来机场送行者有丁国钰大使、徐英参赞等使馆同志及侨胞多人。巴艺协副主席Faridi等人亦到机场送行。

午后1时抵达卡,飞机加油停一小时,午后2时起飞,4:30即仰光时间午后6时,抵达仰光机场。来机场迎接者有缅文化部秘书吴登纽等人。20分钟以后陈(毅)副总理赴非洲肯尼亚访问,由昆明路过仰光,当即与耿飚大使同往迎接。缅外交部长吴登汗、文化宣传部长苏敏上校等亦到机场迎接并设宴招待。晚,使馆招待全团,耿飚大使讲国内外时势,给团员很大鼓舞,受到了一席深刻的国际主义和爱国主义教育,当晚住茵内湖旅馆(Lnya Lake Hotel),为1961年以后新建筑,设备等现代化,且临近茵内湖,风景甚美,地亦幽静。

1963年12月9日，率领中国沈阳杂技团抵达仰光，在中国驻缅甸大使馆参赞赵季平（左）和萧明（右）陪同下走出机场

## 12月10日（星期二）

天晴微热，如中国初夏时节，气温最高华氏87度，最低华氏73度，本日休息，与缅方谈定访缅日程，商定共演出14场，12日演出第一场，地点在国防部露天剧场，缅方票价5盾、3盾、2盾、1盾，每盾合人民币合5.1角。12月29日最后一场演出，访问缅两个城市仰光及曼德勒。

电告国内抵缅情况，并暂定12月31日离仰光经海道赴锡兰（今斯里兰卡）访问。

阅此间《卫报》（*The Guardian*）及《民族报》（*The Nation*），载苏太空人访缅讲话，宣传战争恐怖，缅是和平国家走缅甸的社会主义道路，各方面取得成就云云。

## 12月11日（星期三）

昨晚有微雨。与缅方谈日程，原定赴曼德勒改为毛淡棉。与团部讨论赴锡兰工作，并请使馆联系交通工具，晚陪廖承志、刘宁一诸同志到使馆看意大利五彩电影，内容系一群冒险强人征服女人国故事，极荒唐无聊。

## 12月12日（星期四）

上午天阴微雨。与部分团员赴昂山烈士墓献花圈，途中经大金塔及吴温莎拉纪念像。吴温莎拉为缅甸爱国僧人，以反英斗争牺牲。顺道并看吴漆东新建图书馆，并设佛像可供人朝拜，吴漆东过去私人秘书吴貌盛现为缅文化部官员，昨日送来椰子糖一包，故今日便道看吴漆东图书馆。

晚7时，原定杂技团在仰光第一场演出。以天阴，缅方突然宣布顺延一日，据云气象台报告可能会有小雨。

## 12月13日（星期五）

中午廖承志、刘宁一等同志离仰光飞返昆明，与耿飚大使赴机场相送。

晚，杂技团在仰光第一场演出，文化部政策指导官波中校讲话，我亦讲话强调两国传统友谊和文化交流，出席观看演出者有奈温夫人、苏敏上校夫妇及其他官员。

与此同时周恩来总理飞赴阿联访途经仰光，以时间冲突未能到机场迎接。

**12 月 14 日(星期六)**

与团部同志讨论赴锡兰访问及交通工具等事宜,晚杂技团演出值大雨,观众未散仍继续演出。

**12 月 15 日(星期日)**

天晴。上午全团赴使馆看电影、游泳或作其他娱乐。

中午归旅馆,晚仍继续演出。

**12 月 16 日(星期一)**

天晴。上午赴使馆谈赴锡兰交通工具及赴毛淡棉访问演出事宜。

晚,杂技团演出,我耿飚大使及使馆同志多人观看演出,并于演出结束后登台向团员表示祝贺。

**12 月 17 日(星期二)**

上午阅报,知罗荣桓元帅因病逝世,享年 61 岁,中共中央发表讣告,称罗是中国共产党的优秀党员,中国人民的忠诚战士,毛主席的亲密战友,并号召学习罗荣桓元帅的优秀品质和革命精神。

晚杂技团演出。

## 12月18日(星期三)

天晴气温较热,达华氏89度。政治气候亦似随之变化。

上午,在缅文化部秘书吴登纽及我使馆萧明参赞、赵季平参赞陪同下,偕全体团员游览大金塔及动物园。二地皆为旧游之地,惟大金塔已装现代化电梯,略异于昔日。

午后在赵季平参赞陪同下访问缅文化部政策指导官波中校,谈奈温主席拟招待全团并看我杂技演出。

在耿飚大使陪同下访问缅文化部长苏敏上校,拟具体商谈俩国文化交流问题。晚缅招待各国驻缅外交使节看我杂技演出,缅外交部长吴登汗、文化部长苏敏和我耿飚大使亦陪同观看演出。

## 12月19日(星期四)

上午阅报,缅甸通讯社报道我昨日活动有两处有出入:

1. 我在大金塔留言簿签字:"中缅两国人民友谊万古长青!"缅通讯社作:"中缅友谊万古长青。"

2. 我捐缘金400元;缅通讯社作我以周恩来总理名义捐缘金400元。各报转载因以延此误。经向陪同访问的缅文化部秘书吴登纽查询,吴登纽称周总理威望大,在缅人民中印象深,从中国说也影响较好,故以此意为之云云,经我说明不能冒用我党和国家领导人的名义,吴登纽始连连认错表示道歉。所谓好心肠办坏事,亦由于水平低认识不同,故出此差错,惟在我当引以为教训,以后注意而已。

午后2时，在耿飚大使陪同下访问缅外交部长吴登汗。

晚，杂技团演出。

## 12月20日（星期五）

天晴，微热，如中国春末夏初，据云是缅甸气候最好的季节。

上午，在萧明参赞夫妇陪同下访问缅前文化部长吴漆东，事先缅方曾打招呼，作为私人访问，不带记者，不发表消息。

团员全体由李士彬同志率领参观仰光和平塔及缅甸制药厂。

晚，杂技团演出。

## 12月21日（星期六）

缅方以毛淡棉舞台过小，一部分杂技节目不能上演，因商定杂技团不赴毛淡棉，惟在仰光多演出四场，连前定十场，即共演出十四场。

上午无事，与杜曼等在旅馆后面茵雅湖畔散步，并在游泳池躺椅上休息，看湖畔绿树繁花，看青天白云，颇得半日清闲。

晚，杂技团继续演出。

## 12月22日（星期日）

本日星期天，上午全团赴使馆吃饺子并休息游玩，我亦陪同耿飚大使、萧明参赞、孙胜渭参赞打麻将，12时回旅馆，并写一信寄淑端。

晚，杂技团在仰光第十场演出。

## 12 月 23 日(星期一)

本日杂技团休息一日,团员上午理发,下午游市容并购买零星物品。

看完周总理 21 日在开罗招待记者的谈话,回答记者所提出的有关问题:

1. 关于第二次万隆会议;
2. 关于不结盟国家会议;
3. 关于禁核武器问题;
4. 中苏关系;
5. 中印边界问题;
6. 中美关系;
7. 巴勒斯坦和阿拉伯人民的斗争;
8. 对阿联的观感;
9. 中法关系。

## 12 月 24 日(星期二)

本日杂技团休息。

晚,奈温主席在官邸(即前总统府)看我杂技团演出并宴请全体团员。参加宴会者有奈温夫人及革命委员会成员,奈温主席皆一一亲自介绍,重要者有:

陆军副总参谋长兼财政部长,山友准将

农业森林部长,丁佩准将

卫生部长,拉汗上校

文化部长,苏敏上校

社会福利部长兼安全委员副主席,丹盛上校

内政部长,览素

空军副总参谋长,丹丁准将

海军副总参谋长,东丹上校

矿业部长,貌伦中校

仰光军区司令,盛温准将

曼德勒军区司令,伦丁上校

宴会时,奈温主席[①]谈话亲切,态度颇友好,但宴会没有外交

---

① 据楚图南后来回忆:1962 年 3 月,缅甸军人奈温发动推翻吴努总理的政变,随即希望和一直处在武装对立状态的缅甸共产党和解,并希望中国协助,因此 1963 年 9 月,中国派耿飚赴仰光任大使,其使命之一是协助奈温和缅共的和解。当年 11 月,奈温集团内部,主张对缅共强硬的一派得势,国内和平谈判破裂,内战重起,奈温决定对其为主席的革命委员会内部主张和缅共和解的一派进行清洗。清洗的时间即是奈温在官邸接见和宴请楚图南及中国沈阳杂技团的 12 月 24 日夜晚。为此,宴请、接见及杂技团的演出,照例应该到场缅甸的外交部长没有出席,也没有邀请耿飚大使。由奈温向楚图南逐一介绍当天到场的缅甸新任的高级官员,则是以这种方式表达了奈温和缅甸军方的态度和立场。

对此,楚图南颇有察觉:提出要看望吴努政府时期任文化部长的吴漆东(是楚图南的好朋友),几经拖延,虽然最后同意会见,但是要求不带记者,不做报道。此外,对中国杂技团去缅甸北方演出(原来决定去曼德勒,被改为毛淡棉)也一再被拖延,最后取消。对此,楚图南在日记中颇有表露。

部长，亦未请我大使，当晚及次日亦无消息报道。

### 12月25日（星期三）

旅馆中设圣诞树，略有圣诞节气氛，惟不如欧洲繁华热闹。

午后，接见云南旅缅华侨，勉以工作努力，学习进步，为祖国增光，接见时在座者有使馆领事部荣林同志，接见华侨姓名联系如下：

周禾书，南洋中学校长

李弼生，《新仰光报》工作人员

张绍租，华侨教师

赵润畦，《人民报》副总编辑

刘子仪，商人

尹文琴，《人民报》编辑

晚，杂技团演出。

### 12月26日（星期四）

本日为毛主席70诞辰。上午赴大使馆，朝鲜、越南大使馆向我大使馆致送花篮表示祝贺。

接国内来电，称锡兰一月份接待我杂技团有困难，要求延期，国内同意延期访锡兰，嘱缅甸访问结束即行归国，团部因此重新布置工作，做好访缅最后演出，并争取缅方商谈1964年两国文化友好来往计划，同时作归国准备。

## 12 月 27 日(星期五)

风日晴和,如同春时,临窗眺望并看见紫燕翩飞。

上午,参加缅甸国家博物馆,规模虽不大但通过陈列的各种文物略可看出缅甸民族的传统文化既有悠久历史,亦有丰富的内容,只是英帝国主义侵入以后才遭到破坏,现时恢复和发展民族的文化尚须作极大的努力。

晚,杂技团演出。

## 12 月 28 日(星期六)

上午,缅方安排游船,循伊洛瓦底江直至江口,两岸绿树沃野,间有工厂,码头多外国船舶往来颇频繁,偕游者缅方有波中校及吴登纽,我耿飚大使及彭金波参赞亦陪同游览,并在船上食缅甸午餐。

缅甸知我不赴锡兰,要求本日演出结束以后续演三场,经与耿飚大使商谈后,同意对方要求,返回日期暂定新年后 1 月 4 日。

晚,杂技团演出,部分使馆同志出席观看演出。

看完周扬同志在中国科学院哲学和社会科学学部委员会上的讲话“哲学社会科学工作者的战斗任务”。讲话着重指出现在国际共产主义运动中,在革命的马克思主义者同现代修正主义者之间正在进行一场具有世界历史意义的大论战。批判现代修正主义,重新学习和宣传马克思列宁主义,总结和研究当代革命斗争的经验和问题,以及建立和壮大马克思列宁主义理论家的队伍,是当前哲学社会科学工作者的重要任务。

### 12 月 29 日(星期日)

晚,耿飚大使为杂技团访缅举行招待会,缅方出席者有苏敏上校、波中校、外交部常任秘书吴梭丁、缅中友协主席吴信波和缅甸文化艺术界人士约二百多人,各国外交官出席者有十二位大使,八位代办,两位领事。

杂技团有节目演出,气氛颇热烈友好。

### 12 月 30 日(星期一)

根据文委电示,准备 1964 年《中缅文化交流备忘录草案》,并与缅方约日商谈。

本日仰光时间 5 时,日全食。

晚,杂技团演出。

### 12 月 31 日(星期二)

1963 年除夕。杂技团演出后,全体团员赴使馆与使馆同志聚餐,欢度除夕。

使馆设各种游戏,并设舞会尽兴而归。

## 1964 年

### 1 月 1 日(星期三)

本日为 1964 年新年元旦,上午团委同志赴使馆向大使馆及使馆同志祝贺新年，午间耿飚大使及孙盛渭、萧明参赞亦来旅馆看望同志。

晚，最后一场演出，即访缅第十七场演出，群众反应热烈。演出结束后，波中校及耿飚大使上台祝贺，缅方并向团员献花篮和花束。

### 1月2日（星期四）

团员休息并外出购物作归国准备。

看完廖承志同志1964年元旦向海外侨胞广播词。廖承志向侨胞介绍祖国经济实力已进一步增强，国际影响日益扩大，并向侨胞祝贺新年，并代表祖国人民热烈期望侨胞更加团结爱国，增进同当地人民的友谊，更好地支持侨居国人民的正义事业，积极支持祖国的社会主义建设，努力促进我国和侨居国的友好关系。

### 1月3日（星期五）

本日，文化部苏敏部长和夫人设晚宴欢送杂技艺术团。并看缅甸音乐歌舞，我耿飚大使及萧明、孙盛渭、赵季平参赞亦应邀出席。缅方出席者有外交部常任秘书吴梭丁，执行秘书吴钦及文化部政策指导官波中校，文化界、艺术界人士多人，气氛尚热烈友好。

### 1月4日（星期六）

本日为缅甸独立十六周年纪念，全缅庆祝独立节，我刘少奇主席、耿飚大使亦致电祝贺，午后缅方安排全团赴娱乐岛看划船竞赛及缅甸民间歌舞。

以明日即将离缅，团部赴使馆汇报并听大使介绍缅甸情况。

**1月5日（星期日）**

上午，全团赴使馆看电影《金沙江畔》。

午12时，团部及部分同志离仰光飞返昆明，来机场送行者有耿飚大使、萧明参赞、赵季平参赞诸同志。缅方有波中校、吴登纽及文化艺术界多人，情形尚热烈。

下午4时即北京时间5:40抵达昆明。经保山以东飞机颇颠簸，团员中不少同志呕吐，抵昆明机场，杨明同志及莫处长、杨科长等人来接，住昆明国际饭店。知五哥楚镇南（编者按：楚图南堂兄）在昆明开人代会，当晚约见面，泽源亦赶来略谈故乡情况，对一些亲戚朋友教育问题略作安排。

**1月6日（星期一）**

早起读《人民日报》元旦发表毛主席十首诗词。心情开朗，耳目一新，感觉到精神振发，心情飞跃如临到一种新天地、新境界，其中名句不少尤醒目。

上午接北京电话，决定全团明日两飞机返京，团员游逛西山。

杨明同志来约赴圆通山，花树亭台又有新的建树，一切更显得更开朗而美丽，到图书馆晤杨东明同志，勉以联系群众以图书馆为基地，对地方文化事业起促进推动作用。

下午偕纯娘（编者按：楚图南之妹楚桂芳）、八婶（编者按：楚图南堂弟媳）及泽源（编者按：楚图南堂侄）到西山谒父亲墓。归而约十六弟(编者按:楚图南异母弟楚强南)夫妇及孩子、八婶及孩子、纯娘、泽源夫妇及孩子略了解生活情况,并对今后工作和学习分别给予指示和勉励。

**1月7日(星期二)**

上午,全团离昆明飞京,以西安气候不佳,改道经重庆、武汉直飞北京。在空中飞行约十小时,晚9时半抵京。气温零下四度,地下满在雪花,一片银色,来机场相接者有曹瑛、丁西林、胡愈之、王仪、吴青、张亦桦诸同志,淑端亦到机场来接。来接者尚有缅驻华大使及巴基斯坦参赞等人。团员住崇文旅馆,准备在京休息一周并作访问工作总结。记自10月28日离京今日归来,为时共70日,访问了巴基斯坦吉大港、达卡、拉合尔、卡拉奇,缅甸仰光,杂技团演出:巴基斯坦23场,缅17场。并拜会两个国家的领导人,同文化艺术界有广泛接触,并受到人民群众的热烈欢迎,根据中央指示,在我驻当地使馆的大力支持下,完成了访问演出任务,今日归来,工作暂时先告一段落。

# 1978年11月7日至12月20日率中国友协代表团一行八人访问英国、法国及比利时日记

简要说明:此为楚图南第十六次出国访问日记,时在1978年11月至12月。出访首站为英国,所到处为伦敦及附近的格林尼治天文台,还访问了威尔士及苏格兰;在比利时,访问了布鲁塞尔、列日及蒙斯;在法国,访问了巴黎、马赛和波尔多。

代表团成员为:

楚图南　(代表团团长,对外友协副会长,全国人大常委,全国政协常委,历史学教授)

林巧稚(女)　(医生,教授,全国人大常委)

朱子奇　(代表团秘书长,对外友协常务理事,作家)

黄　钢　(作家,新闻工作者)

仇启华　(社会科学院世界经济研究所副所长)

刘　铮　(对外友协理事,欧洲地区事务负责人)

陈乐民　(代表团秘书,对外友协工作人员)

王建镐　(代表团秘书,对外友协工作人员)

# 1978 年

## 11 月 7 日(星期二)

下午 5:25 出发,到机场休息,7:20 起飞,为飞巴黎航班,预计八日到巴黎转伦敦。每小时 900 公里,飞七小时到卡拉奇,再飞八小时到巴黎,共十五小时。

午夜 3 时抵卡拉奇,气温 26℃,当地时间午夜 12 时,总领事李再雯来接。

离卡拉奇飞巴黎,六千多公里,飞行高度约一万公尺,飞行约八小时。

## 11 月 8 日(星期三)

12:40 抵巴黎戴高乐机场,为当地时间 7 时,气温 0.5℃。8:00离开巴黎,抵伦敦时为伦敦时间 8:30。住 King Hotel,每日 19.5 英镑。

来接者为驻英国使馆参赞胡定一及夫人解恒。

格林[1]招待吃晚饭。

---

① 费力克斯·格林,中国人民的老朋友英国作家和电影电视制片人,多次访问过中国,由楚图南陪同采访过周恩来、宋庆龄、华国锋等中国领导人。

## 11 月 9 日(星期四)

上午部分团员参观列维夏(Lewisham)医院,中午在斯托特[①]医生家便餐。

下午到格林威治(Greenwich)天文台,参观天文台实验室及女王航海年历编辑室等。格林威治天文台在1874年测定子午线及格林威治标准时间。

1978 年 11 月,参观格林威治天文台,其脚下即为东经 0°线

晚上 6:30,参加柯华[②]大使为王震副总理访问英国举行的招待会,晤英方各界人士多人。

英国废除死刑,因恐怖活动,有人主张恢复死刑,但多数人反对。

---

① Robin Stott,伦敦列维夏医院医生,英国对华友好组织英中了解协会的积极分子,曾任该协会副主席,后因医生业务繁忙辞去职务。

② 柯华(1915— ),资深外交家,曾任外交部礼宾司司长、亚洲司司长,中国驻加纳、几内亚、菲律宾大使,时任驻英国大使。

## 11 月 10 日(星期五)

上午参观某地方法院(Law Courts),并由英中了解协会副主席格雷厄姆·佩里(Graham Perry)邀请,在中国城大酒楼(华侨开设)午餐。其间,代表团部分成员与英国《经济学家》杂志编辑部成员座谈。

下午 6:30,英中了解协会在新大使旅馆(New Ambassador Hotel)举行欢迎招待会,协会副主席班以安致欢迎词,我致答词。英共(马列)有二人出席。

据悉:英国失业救济,每人每周 13 英镑,酗酒坐牢一天或罚款 5 英镑。

外宾提出的问题有:

1. 物质刺激——即我奖金制度;
2. 考试制度培养精神贵族;
3. 旅游事业是走资本主义赚钱道路;
4. 关于越南问题;
5. 关于对苏联关系问题。

## 11 月 11 日(星期六)

上午乘火车赴剑桥(Cambridge)。9:20 乘面包车去英皇十字(King's Cross)火车站,10:08 开车,11:20 到达,访问李约瑟[1]。日

---

① Joseph Needham(1900—1995),英国科技史专家与生物化学家,长期致力于中国科技史研究,多次访问中国,1994 年当选为中科院首批外籍院士。

程由李约瑟安排，晚饭后返回伦敦。参观剑桥大学的英皇学院（King's College）。为剑桥的古建筑。由贝尔纳介绍，陪同参观者还有 Michaet Loeme、鲁唯一、梁维耀，并会见剑桥学生。剑桥全区约有十万人，大学生万人。学生 85% 有助学金，7% 有各种补助，7% 为自费。教授年薪 8000 英镑，助教 4000 英镑，学生每年费用约 200 ~ 300 英镑。剑桥大学的东方学院研究从土耳其到日本，有波斯文、阿拉伯文、印地文及中文专业，中文学 12 年。汉语研究小组已经将 11000 个汉字存入计算机。参观李约瑟和鲁桂珍的工作室，鲁桂珍为李约瑟助手，正在研究中国医学史。临时工月平均工资 75 英镑，研究人员最高年薪 4 万英镑，最低2000 ~ 2500 英镑。

### 11 月 12 日（星期日）

晚，阴雨。

上午，游览伦敦市容并在伦敦塔旅馆（Tower Hotel）外面会见伦敦东区朋友。参观伦敦塔及圣·凯瑟琳码头（据悉是当年将罪犯发送到澳大利亚的码头），游览市场，应邀到居民家参观住宅。

晚，班以安[①]、廖鸿英[②]设家宴招待，作陪者有 Tony Jewett 医

---

① Drek Bryan，英国资深外交官，长期在中国工作，新中国建国初期，曾代表英国参加中英建交（代办级）谈判，此后多次访问中国，时任英中了解协会副主席，2003 年去世。

② 廖鸿英，班以安夫人，原籍中国福建，牛津大学硕士，曾任华西大学教授。后来在英国与李约瑟博士等一起从事中国科技和文化史研究。

1978 年 11 月，参观伦敦大英博物馆的藏书。王建镐（左一）、黄钢（右二）陪同

院儿科医生 Heten，英中了解协会伦敦东区负责人 Gald Finger Jonit，曾为纪念第一次世界大战胜利六十周年，在街头卖小红花，以救济残废军人。

## 11 月 13 日（星期一）

上午，参观大英博物馆，看马克思、列宁在此阅读的地方。略看博物馆中埃及、中亚、希腊、罗马及中国馆。

中午，在英中了解协会办公室午餐。

午后，访问英国上议院议长琼斯夫妇，彼谈及英国最重要的三个职务是：议会议长、大法官及首相，此外为 22 个内阁阁员，内阁中，司法大臣职务显要。

与部分代表团成员访问希思[1]，在谈及国际形势时，希思认为，中国重视法国而不重视英国，希望改变。

晚，在海德公园旅馆（Hyde Park Hotel），英中了解协会为代表团访英举行招待会，到会知名人士百余人，李约瑟讲话。

林巧稚因病入院已第三日[2]。

## 11 月 14 日（星期二）

上午 7:30，离伦敦乘火车赴威尔士，10:05 抵加的夫。威尔士全区 250 万人，首府加的夫 25 万人。来接者：威尔士英中友协主席 Cress Wich 及副主席、秘书长等。随即参观 Folk 博物馆及 Aberdare 镇，该镇 1967 年发生煤矿塌陷事故，死伤严重。

晚，住黑狮子旅馆（Black Lion Hotel）。

## 11 月 15 日（星期三）

上午，参观 Aberdare 镇中心；访问工人家庭；参观医疗中心，病人参加医院管理为其特色。

下午 1:30，参观威尔士语言学院，教威尔士语，承继民族文化传统，六世纪时就有文化，或早于英格兰。

晚 6:00 招待会，到各界代表并中国留学生 10 人，告：自办伙食，每月 40 英镑，及少量零用钱。

---

① Edward Heath（1916—2005），英国政治家，1970—1974 年任英国首相，在其倡导下，1972 年，中英建立大使级外交关系，曾 27 次访问中国。

② 林巧稚在出访英国期间，因患脑血栓病住院治疗，并中断访问回国。

晚 8:00,离开旅馆乘卧车(火车)赴苏格兰。

## 11 月 16 日(星期四)

上午 7:30,抵苏格兰首府爱丁堡,来接者苏格兰中国友好协会主席秦乃瑞[①]及其夫人陈小莹、儿子秦思源,副主席约翰·罗干(John Logan),协会领导成员汤姆·默雷(Tom Murrey),还有爱丁堡大学中文系两个学中文的大学生和两个中国在爱丁堡大学的进修生。陈小莹[②]为陈源的女儿,其母凌淑华为邓颖超大姐在南开时的同学,其姑母为竺可桢夫人;汤姆·默雷已 78 岁,为英共党员,参加过西班牙国际纵队,现为苏格兰工人党(马列)成员。

住 Gordon Bruce Hotel。

晚,苏格兰中国友好协会成员及各界友好人士在中国餐馆宴请中国代表团。陈小莹谈及 1954 年以霍克斯为首的英国科技代表团访华及英国 670 名知名科学文化界人士给中国科学文化界人士的致敬电;当时周总理极为重视此事,看过当时有关文件,怀念总理,极为感慨。

---

① Dr. John Chinnery(1925—2011),英国共产党党员,汉学家,十九世纪四十年代在伦敦大学求学时曾师从萧乾,其中文名字秦乃瑞即萧乾所起,1965 年在爱丁堡大学创建中文系。多次访问中国,2011 年 10 月病逝。

② 陈小莹,即陈西滢之女,陈西滢即陈源(1896—1970),早年在爱丁堡大学及伦敦大学求学,1922 年获博士学位后回国在北京大学等校任教,曾与鲁迅论战。1946 年任国民党政府驻联合国教科文组织代表,1966 年退休后居住伦敦,1970 年病逝。

市议员 Morgan 代表市长及议会会见代表团,并拍电视;还引导参观市议会及市政府,解说壁画上苏格兰传统历史故事;还表示:明年,爱丁堡举行国际艺术节,希望有中国代表团参加。

参加会见的还有历史学家 V. G. Kiemen 及宗教界人士 George A Yong,其中文名字为荣卓志,1924—1952 年在中国传教,曾经在延安桥儿沟教堂任传教牧师,1938 年见过周总理,现年已 80 岁。

### 11 月 17 日(星期五)

上午 8:30,出发前往格拉斯哥。

10:30,参观 Govan 造船厂。

12:30,格拉斯哥市长 Hodge 设午宴招待代表团。

14:30,部分团员参观小学,部分参观居民区。

16:30,代表团全体参观 BBC 电台,18:30,BBC 电台经理 Thomason 举行招待会。

招待会后随即返回爱丁堡,约 22:00 抵达旅馆。

有关资料:

格拉斯哥人口约 100 万,次于伯明翰,为英国第三大城市,爱丁堡人口约 45 万;

爱丁堡大学学生 12000 人;

格拉斯哥大学学生 8000 人;

格拉斯哥有造船工业,年造船吨位约 20 万吨,能够造 25000 吨巨轮(造价 800 万到 1000 万英镑),约有 5000 多工人,每日工作 8 小时,每小时工资 1 英镑 80 便士,周薪约 70 英镑,工人每周交6英镑供以后退休使用；格拉斯哥还有机器制造业、纺织业。

按《中英贸易协定》，预计1985年贸易额为40亿至50亿英镑。

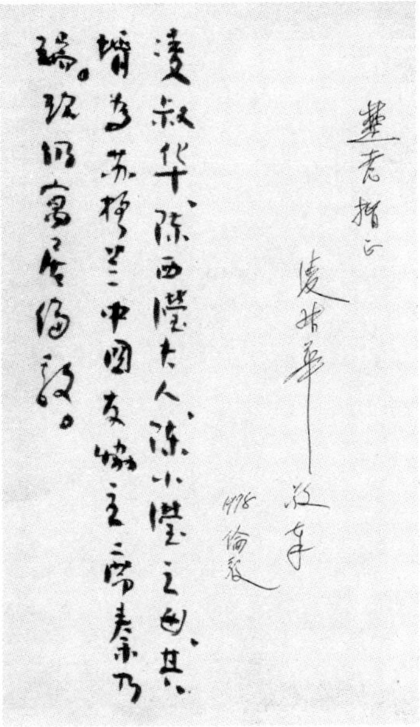

楚图南在陈西滢夫人凌淑华所赠画片背面书写的文字说明："凌淑华，陈西滢夫人，陈小莹之母，其婿为苏格兰中国友协主席秦乃瑞，现仍寓居伦敦。"右侧为凌淑华题字："楚老指正　凌淑华敬奉 1978伦敦"

### 11月18日（星期六）

上午8:00，部分团员去参观南畔农场（Southside Farm）及一个学校。

下午，访问秦乃瑞夫妇家庭，与秦乃瑞及苏格兰中国了解协会负责人交换意见并谈及工作①。

晚7:30，苏格兰中国友好协会举行招待会，讲话并互赠礼品。

招待会上，交谈者有：西德驻爱丁堡总领事。彼称，第二次世界大战时，在东线触地雷炸断腿，接假肢后，可骑马、打高尔夫球。

晤以默雷为首的苏格兰工人党（马列）的四位成员。

晤爱丁堡七个区中的一个区的区长以及代表四万人的教师

---

① 在陈小莹的纪念册上题字："好好学习，天天向上。思源小朋友留念。楚图南一九七八．十一．十九。"

1978年11月在苏格兰汉学家秦乃瑞(萧乾的学生,其中文名字是萧乾所取)住宅门口,左起:陈小莹(陈西滢的女儿)、刘铮、楚图南、陈乐民、秦乃瑞

工会负责人,彼告一中学的两位教师和两个学生称对研究中国感兴趣。

晤苏格兰其他各界代表约一百多人。

### 11月19日(星期日)

上午9:30,离开爱丁堡乘汽车赴斯特灵(Stirling),到当地了解协会副主席约翰·罗平家。随后参观斯特灵大学,该大学约有2700名学生,学生可由政府、校长和教会推荐。学校风景优美,环境极佳。中午在市政府午餐,下午参观古堡。当地工人每月工资45英镑,失业救济每月15英镑。

返回爱丁堡后,18:00乘火车赴曼彻斯特(Manchester),抵达时,来接者:曼彻斯特英中了解协会当地分会主席,英中了解协会总会副主席John Clare及其他年轻工人会员等。夜11:00住进Willow Bank Hotel。

### 11月20日(星期一)

上午9:00,参观通用电气公司在曼彻斯特的机器制造厂。

据云,此为英国最大的电机制造公司,年产值为20亿英镑,有职工16万人,产品30%内销,70%出口,该厂产品销西欧,目前开工不足。拟卖给中国两台60万千瓦的涡轮发电机。看了其涡轮制造、电器开关及量具三个分厂。工人月平均工资82英镑,非熟练工人工资57英镑,交所得税31%;每周工作40小时,该厂有10个不同的工会组织。

中午,当地华侨协会负责人李永生请吃午餐。据云,曼彻斯特有华侨约7000人,略少于伦敦(约万余人)。

下午,参观小学,访问工人家庭并与黑人座谈。

晚8:00,在Woo Song饭店举行招待会。

## 11月21日(星期二)

上午8:30,离开曼彻斯特去伯明翰,由伯明翰英中了解协会秘书Andrea Hopkins陪同,并看望汤姆森教授。据云,伯明翰分新旧城区,有120万人,是伦敦以外英国最大城市。参观伯明翰大学,大学大礼堂(Grand Hall)设有世界文化名人雕像九座,从左至右是[①]:

贝多芬(L. Beethoven,1770—1827);

米开朗基罗(Michelangelo,1475—1564);

柏拉图(Platon,公元前427—公元前347);

---

① 日记记为有雕像9座,此处仅记8人姓名,另一座为亚里士多德(A. Aristoteles,公元前384—公元前322年)。

莎士比亚(W. Shakespeare,1564—1616);

牛顿(I. Newton,1643—1727);

瓦特(J. Watt,1736—1819);

法拉第(M. Faraday,1791—1867);

达尔文(C. R. Darwin,1809—1882)。

伯明翰大学图书馆藏书百万册,李四光 1913—1917 年曾在伯明翰大学学习。

中午应市长邀请,共进午餐。

下午,参观橡林钢铁公司,据云,设备是欧洲最现代化的企业,高压电炉、炼钢、轧钢全部实现电脑控制;产品出口和内销各 50%,轧钢产品销往中国。

晚 5:30,伯明翰英中了解协会举行招待会,该会代理主席 B. Coopland 教授(肿瘤学专家)讲话,会上晤希腊学者。

晚 20:00,乘火车去伦敦。

**11 月 22 日(星期三)**

代表团成员访问蒙塔古[①]及《泰晤士报》。

中午,出席英中文化协会的宴请,主人是该会主席汤姆森教授,中国驻英国使馆柯华大使、胡定一参赞及代表团全体成员出席。

---

① Ivor Montagu(1905—1984),英国贵族,国际乒联首任主席,对华友好,多次访问中国,并促成中国在 1952 年加入国际乒联。

下午，去英国议会参观，会见议会英中小组成员，与该小组主席 Pavitt 交谈，据云，英国议会 1265 年第一次开会。下院由人民选出，上院部分为世袭，部分为神职人员。下院有三项任务：制定法律，集纳民众意见（如对中国政策），维护民族传统。

下院的英中小组是人数最多的小组之一，百余人，包括各党派成员。可以旁听议会开会和辩论中国问题。苏格兰问题亦是民众关注的重点，甚至在 16 个会议厅辩论，最多时有 300 余人参加。

开会时，议长戴假发，工党议员坐左侧，保守党议员坐右侧。

本日到会议员仅 16 人。

**11 月 23 日（星期四）**

在使馆总结到英国 18 天的情况：

到了三个地区，七个城市。

1. 参观了 3 个大工厂，分别为：造船、电机制造、钢铁。

访问了 3 所大学、2 所中学和 1 所小学。

访问了科学史研究所、电子学研究所、语言学研究所、大英博物馆、剑桥大学图书馆、伯明翰大学图书馆、威尔士民间露天博物馆。

访问了伦敦东区的居民区。

2. 对英国各对华友好组织的访问：

访问了英中了解协会、威尔士—中国友好协会、苏格兰—中国友好协会等民间组织及政府支持的英中文化协会和英国议会的中国小组、以李永生为负责人的地方华侨组织。

民间友好组织的经费为自筹，工作人员为义务工作，有专人负责。对代表团来访重视，访问期间组织过四次大型招待会，各地分会招待热情亲切。

代表团建议各友好组织要联系旧人，吸收新人，要防止左倾情绪，要争取中、上层，对外宣传应该容易使人接受；活动范围应该顾及政治、文化教育及经济领域。

3. 访问了英国议会的议长和前首相希思和外交部驻议会次官鲁阿德（E. Luard），英国经济界和各企业对我代表团接待隆重。

4. 成效：调查研究工作开展适当，介绍中国对外政策及国内形势，扩大对外友协工作的团结面。

5. 了解到英国的一些深层次问题：经济上开工不足，失业严重，从3.6%到8%。

通货膨胀，青年思想空虚，社会出现一些不健康现象。

面临国际竞争，还有种族问题、语言问题。

建议中国人大、作家、经济界关注对英国工作，还应该对友协工作及社会问题，进行考察并写文章。

中午看望林巧稚同志。本月28日，将与吴桓兴[①]同志及使馆工作人员曹爱华同志返回北京。

---

① 吴桓兴（1912—1986），中国肿瘤学家，中国肿瘤学和放射治疗学的先驱者和奠基人，中国医学科学院肿瘤研究所所长，中国肿瘤医院名誉院长。

1978 年 11 月，中国对外友协代表团在伦敦马克思墓前，左起：王建镐、陈乐民、仇启华、班以安、楚图南、朱子奇、刘铮、黄钢、珍妮（英中了解协会秘书）

## 11 月 24 日（星期五）

上午 10:00，赴海格特墓地，到马克思墓前献花篮，默哀后照相。墓碑上有如下题字：

WORKERS OF ALL LANDS UNITE

意为：全世界劳动者团结起来！[①]

墓碑下部还有以下题字：

THE PHILOSOPHERS

HAVE ONLY INTERPRETED

THE WORLD IN VARIOUS WAYS;

① 现多译为：全世界无产者联合起来！

THE POINT HOWEVER

IS TO CHANGE IT。

意为：哲学家只是用不同的方式解释世界，而问题在于改变世界。

1978年11月，与英中了解协会主席班以安在马克思墓前

墓碑上有马克思的生卒年月：KARL MARX（1818—1883）。

中午，英国外务次官鲁阿德（E. Luard）举行午宴，招待代表团，柯华大使亦应邀出席。

晚6:30，柯华大使为我代表团访问英国举行招待会。招待会上见到Liddell和Scott等二位希腊学者。

**11月25日（星期六）**

上午与英中了解协会理事座谈，并回答所提问题，指出，该协会：成绩大、干劲足、领导强；希望扩大工作面，尤其是对中上层人士。

午后4:50，乘飞机离开英国赴比利时，于5:30，即比利时时间4:30到达。来接者有康矛召①大使及比利时—中国友好协会

① 康矛召（1919—1994），外交部驻外大使，曾任中国驻柬埔寨、毛里塔尼亚等国大使。

主席阿来德、秘书长里湖及胡思曼夫人等。住 Astoria Hotel。当晚有小型酒会招待，并谈访问日程，到会者还有：雷利康夫人、布尔夫人等。使馆的朱岩参赞担任联络工作。

又：比利时人口约 1000 万人，布鲁塞尔人口约百万。

**11 月 26 日（星期日）**

上午游览市容，经皇宫大街、罗斯福大街，沿途多古老建筑；经银行及欧洲共同体所在地，则多为玻璃和钢筋建成的新式高楼。闻布鲁塞尔已有千年历史，明年将举行盛大纪念活动。

比利时 1830 年脱离荷兰独立，市中心公园即当时独立战争所在地点。布鲁塞尔全市分三区：弗莱芒区讲弗莱芒语、瓦隆区讲法语、布鲁塞尔区则弗莱芒语和法语并用。布鲁塞尔现失业人口约 30 万，占全国失业人口的 10%。失业救济金第一年为原工资的 85%，以后逐年递减。各国投资建设工厂企业约一千家，现钢铁、纺织工业不景气。世界五大石油公司销售加油站最多，苏联占第五位。

游滑铁卢，为威灵顿[①]率英国、普鲁士、荷兰、比利时军队击败拿破仑处。画廊高 12 米，周围长 110 米，现千军万马杂乱混战，规模大而极生动，为历史名画。闻为以法国 Dumon Ling 为首的画家手笔。附近有拿破仑纪念馆，有纪念塔，塔高 45 米，228 级石阶，风雪中登上绝顶，塔基上所雕塑的雄狮仍面向法国。

中午，比利时—中国友好协会午宴，我在讲话中提及伊丽莎

---

① 原文作纳尔逊，有误。

白王太后[①]，已故的雷利康、德凯斯等也对比利时和中国友好关系的发展做了重要贡献；感谢比利时—中国友好协会现任主席阿梅德和副主席胡思曼、翁民先生近二十年来的有成效的工作。

晚，比利时邮政大臣德福塞（Defosset）举行招待会欢迎代表团。德福塞是比利时—中国友好协会成员，曾经访问过中国。

招待会后，康矛召大使便餐招待代表团，并与使馆同志讨论访问比利时有关事宜。

参观游览滑铁卢狮子山后有诗作：

风物道是今朝好，不辞樽俎为吾盟。
自有闲情吊古意，此身长健捷足登。

### 11 月 27 日（星期一）

晚大雪。上午 10 时，与比利时文化艺术界座谈，比利时方面表示希望邀请中国京剧团、出土文物到比利时演出和展览，特别希望看到中国秦始皇陵附近的兵马俑展览。

中午，比利时国王、王后接见，谈文化交流及访华等事宜。叶飞部长[②]、康矛召大使也参加了接见。

---

① Elisabeth（1876—1965），比利时王室成员，欧洲著名的王室成员茜茜公主弟弟的女儿，热爱中国，1961 年访华，是访问中国最早的欧洲王室成员。

② 叶飞，时任交通部部长。

午后1时,比利时文化艺术传播协会主席范诺登霍夫设午宴招待,有文化界知名人士参加。

下午4:30,比利时上院议长范·德·克尔科夫(Van De Kerckove)会见代表团,提及邀请中国全国人大代表团访问比利时问题。

下午5:00,比利时下院议长勒伯顿(Leburton)会见代表团,谈及中国农业问题。

晚6:30,比利时—中国友好协会经济委员会主席罗杰(Roger)举行大型招待会欢迎代表团,到会者有议会议长、经济大臣、邮电大臣、宫廷总管、外交部国务秘书及各界知名人士百余人。

### 11月28日(星期二)

上午8:30,动身去安特卫普省,全省人口60万人,安特卫普市区25万人,为欧洲第二大港(第一大港为荷兰的鹿特丹)。9:30到达,10:00,安特卫普市长在市政府会见并举行招待会欢迎代表团。此后,参观码头,港口建设高度机械化、现代化,全年货物吞吐量为7000万吨,码头工人逾万人,港口包括其他管理、技术、行政人员共8万余人;有80多个国家的船舶来往。其中与中国来往的货物运输量,1976年为43万2千吨,1977年减至27万吨,据云,今年后会有增加。

中午,安特卫普省长举行午宴欢迎代表团,宴会后,部分代表团成员参观市容及博物馆;我和使馆同志小刘到比利时—中国友好协会安特卫普分会会长威赫曼特拉住宅休息。

午后5:30,与安特卫普三所大学的教授会见和座谈,安特卫普大学校长亦在座谈会上讲话。

当晚8:00,在威赫曼特拉家便餐并住宿,全家热烈欢迎招待,谈话极为欢洽。

据云,比利时工人月平均工资为17000比利时法郎,熟练工人可达25000法郎,大学教授每月可得90000法郎;所得税由10%到50%,按工资多少实行累进税。

**11月29日(星期三)**

上午8:00,离开威赫曼特拉家,乘汽车赴列日,10时抵达。议员多奈(Louis Donay)在省政府代表省长举行简单酒会欢迎和会见代表团。

10:30,列日市长在列日市旅馆(闻市民结婚礼堂亦在此)举行酒会招待代表团。

12:30,列日比中友协分会在上海饭店设宴招待代表团,分会会长阿赫诺出面接待并赠送纪念册。

宴会后,参观列日市为居民医疗及社会服务所开设的医疗中心并举行座谈。

下午3:00,赶回布鲁塞尔。5:00,比利时首相会见我和朱子奇,康矛召大使亦参加会见。彼谈比中两国关系及应该建立强大统一的欧洲,反对霸权主义威胁等问题。

晚,在大使馆设宴招待比中友好协会执委及协会创始人代表及各界知名人士约二十余人。

晤在比利时学习的学生孙爱勤等四人,孙为外交部孙浩[1]和赵洁的女儿。

11 月 30 日(星期四)

上午 9:00 赴根特,10:00 抵达。参观根特大学原子能科学研究所。据云,根特大学为比利时第二大学(第一为布鲁塞尔大学),学生 12000 人。全校设十个学系;医科设有附属医院,教学、研究、医疗三者结合。

中午,根特大学设宴招待代表团。该校学生食堂与教授食堂有别,但不如英国保守。午宴后赴根特大学生物系主任德柯宁(Deconinck)家休息。其住宅图书满室,并有小园地,极幽静。德柯宁年薪 160 万法郎,所得税交 45%。

休息后,午后 6:00,根特市议员代表省长会见,市长爱德华·克罗其会见讲话,并奏两国国歌,引导参观市政府大楼。据称,根特在中世纪时为欧洲除巴黎外的第二大城市,多古建筑,百年战争结束时,在此城签订合约。根特现有 20 万人,有钢铁工业,公路则通达欧洲各大城市,讲弗莱芒语,极骄傲,有民族自豪感。我的名字用弗莱芒语拼音则为:Tstoe Toe Nan。

晚,比中友协根特分会主席 Johan Pieteas 设宴招待代表团,在弗莱芒典型的餐馆食弗莱芒典型的晚餐。

晚 11:00,回布鲁塞尔旅馆,同行者有朱岩参赞及高予,据云

① 孙浩,外交部驻外大使,曾任中国驻柬埔寨、毛里塔尼亚等国大使。

为王冶秋[①]女儿，曾在荷兰八年，现在比利时使馆研究室工作。

### 12 月 1 日(星期五)

上午 9:30，向伊丽莎白王太后墓送花圈，国王武官代表国王表示感谢。

11:00，布鲁塞尔市长 Van Halteren 会见代表团，并引导参观市政府，各大厅陈列古画、雕塑及挂毯。据云，市政府设市长一人，副市长九人，市议员三十六人，任期六年，由市民选出。

12:30，布鲁塞尔比中友协分会设宴招待代表团，会上比利时朋友提出：列宁曾经提出资产租让制、中国接受外资和技术设备问题，以及对南斯拉夫的社会性质的认识问题。

下午 3:00，陈乐民同志会见欧洲—中国友协秘书长芬道英夫人。部分同志与耶特地区区长会见，并参观鲁汶大学及小学、幼儿园等。

晚，与比中友协主席哈麦德等人分别会谈工作问题及马赛莱勒木刻画到中国展出等有关问题。

### 12 月 2 日(星期六)

9:15，分别乘汽车去距离布鲁塞尔 60 公里的蒙斯。10:15 到达，市长出面接待；参观圣乔治医院，有心脏内外科、儿科、妇科及老人科等，有病床 350 张，设备极为先进，大部分为荷兰飞利浦

---

① 王冶秋(1909—1987)，建国初期担任文化部文物局局长，其夫人高履芳，均是楚图南的朋友，此处其女儿随其母亲姓氏。

公司产品。

中午,瓦隆地区事务国务秘书 Urbain 及议员陪同参观一个旧日煤矿,过去煤矿工人工作和生活地区,现在已经成为圆形画廊,陈列抽象派绘画及雕刻。参观后设午宴招待。

据称,蒙斯市人口约八万人,属瓦隆地区,离法国仅十公里。瓦隆地区面积占比利时总面积的二分之一,人口少于弗莱芒地区,占比利时总人口的 40%(弗莱芒地区占 60%),故语言问题极为尖锐,法语和弗莱芒语(即荷兰语)各不相让。12 月 17 日举行大选后或可建成联邦制。

午宴后,部分代表团成员参观贝尔电话公司。

晚 6:30,康矛召大使为代表团访问比利时举行招待会,到会各界人士百余人;晤比利时共产党(马列)第一书记列弗维尔(Fernand Lefevre),街上出现 Amada 标语:“一切权力归工人阶级!”

### 12 月 3 日(星期日)

上午 10:30,全团带行李赴大使馆,并略谈访问比利时的工作总结问题。

11:00,分三批进行访问:

1. 我和陈乐民访问比利时—中国友好协会创始人雷利康的寡妻;

2. 朱子奇、王建镐访问阿拉男爵;

3. 仇启华、刘铮、刘广田(使馆工作人员)访问贝湖。

中午在使馆休息,在大使住宅午餐,与康矛召大使及夫人杨林同志在翠柏苍松的花园摄影留念。

晚 5:17,乘火车赴巴黎,7:41 到达。来接者有:康晓、白利、夏永安、游国迪。住 P. L. M 旅馆。

## 12 月 4 日(星期一)

上午 9:00,由法中友好协会副主席蒙热陪同参观罗浮宫博物馆(Musée du Louvre)。罗浮宫为路易十四时的建筑,颇宏伟宽阔,后因建凡尔赛宫,遂放弃罗浮宫,后来扩建为博物馆。本日参观 15 ~ 19 世纪画廊,精美著名原作美不胜收,并参观部分雕刻——多为古希腊著名雕刻。近代雕刻,如罗丹等人的名作已来不及参观。

在车中,法中友协朋友告知:中法已经在北京签订七年贸易协定,总额为 600 亿法郎,即约合美元 150 亿或人民币 300 亿元,其中包括两个原子能发电站。

午后,参加在法中友协新会址揭幕典礼,及法中友协在巴黎国际接待中心举行的招待会。到会者:法中友协贝热隆主席、蒙热副主席、马纪樵副主席及马纪樵夫人,友协司库约瑟夫及各分会负责人和各界友好人士约二百余人。晤法共(马列)第一书记儒尔盖,据称,所保存的周总理在巴黎公社社员墙前的照片,已经复制并送邓大姐。会上,宾主讲话,共祝中法友谊不断发展。

## 12 月 5 日(星期二)

上午,参观巴黎公社社员墙。马克思评价:“1871 年 3 月 18 日巴黎公社运动是把人类从阶级社会中永远解放出来的伟大的社会主义曙光。”游览时，传说各异。真墙有法修安装的铜牌，假墙有浮雕，右下角刻：1909 年建立；左下角刻雨果的名句：“我们现在所要求希望将来的是正义，而不是复仇。”（或译为“我们所要企求于未来的是公正，而不是复仇”）显然是人道主义者的想法。随近并看望莫里哀墓、巴比塞墓，及法共烈士墓。汽车经过移民聚居区，多旧货商店，附近有法共办公大楼，闻为巴西建筑师设计。经巴士底监狱旧址，有铁柱上立的自由神。闻巴黎人口 250 万，连附近约 1000 万人，其中葡萄牙移民 80 万，阿尔及利亚人 100 万。

1978 年 12 月 5 日，与法共（马列）总书记儒尔盖在巴黎公社社员墙前。楚图南在照片后面的题字是：铜牌的刻词是《致公社的死者》

午后，乘船游览塞纳河，经十余座桥，各有特点，俱为壮观，两岸有名建筑如罗浮宫、外交部大楼等。并游览巴黎圣母院，建筑壮丽，雕刻多而精，惟气象阴沉。

晚 5:00，法国众议院法中议会小组主席达尔古（Dharcourt）会见代表团，小组副主席及参议院法中议会小组主席亦在座。闻众议院法中议会小组有一百二十多人，而参议院法中小组则有三十多人。双方交换意见及提问题，并引导参观议会大厅及图书馆，看卢梭手稿。晚，达尔古设宴招待。

## 12 月 6 日(星期三)

9:00 访问巴黎西区克里谢市(Cliehy),市长(社会党人)热情招待,介绍到会的社会党外事书记、内务书记两人见面,并转达密特朗[1]对代表团的问候,并希望将此意见同样转达国内。克里谢市人口四万余,但市政建设成就很大,似为社会党重要基地。据云,社会党党员二十多万,选民七百万,议会席位有 110 席至 120 席。

部分同志还参观了文化中心和有关教育部门。

午后,访问阿尼埃尔市,市长波卡诺夫斯基(Bokanovski)为戴高乐政府前部长,法国抵抗运动领导人之一。阿尼埃尔市人口七万余人,戴高乐派掌权,似为戴派基地。波以临时有重要事情开会,招待会由副市长代致欢迎词。

两地参观都有法中友协地方分会负责人参加工作,似颇活跃。

招待会后,部分代表团员参观市教育中心及居民点。晚,法中友协阿尼埃尔市分会设晚宴招待。

晚,康晓同志来谈。参加昨晚及今晚招待酒会者,还有德·利普考夫斯基夫人,此人极活跃,在法国及国际上都关系多,影响大。

---

① F. Mittrrahg(1916—1996),法国社会党领袖,1981—1985 年担任法国总统。

## 12 月 7 日(星期四)

上午,钱李仁[①]同志来谈联合国教科文卫组织情况;勉励其以调查研究扩大影响,努力工作,不负总理生前的培养和教育。

10:00,参观罗丹宫雕刻陈列馆。

12:00,赴大使馆汇报商谈有关问题。

午后,参观蓬皮杜文化中心,其建筑五层,完全现代化,房间可大可小,可高可低。有各种美术展览、建筑展览,有图书出版中心、音乐研究室等,完全开放,可自由参观游览,可看书、看图片、看幻灯片、听音乐、看电影,并可学习六十多个国家的外国语言。每年由国家支付 1200 万法郎,有职工约千人。是资本主义普及文化教育最新、最有效率的做法,颇值得注意。

晚 7:00,由法中友协主席团成员、现参议员、蓬皮杜总统时期的外交部长舒曼主持,在法国参议院举行晚宴招待会,韩克华[②]大使及康晓参赞亦出席。

晚 8:00,法国参议院议长博埃纳会见代表团。

### 附:法国经济情况

1 人民币 =2.7 法郎;

1 美元 =5 法郎;

---

① 钱李仁(1924— ),原任对外友协常务理事,时任中国驻联合国教科文卫组织 UNISCO 大使兼代表,1983 年起任中共中央对外联络部部长。

② 韩克华(1919—2003),外交部驻外大使,历任驻匈牙利、几内亚、意大利大使,1979 年任外交部副部长,1981 年任国家旅游局局长。

1 英镑 =8 法郎。

据云，五年前，100 法郎可用一周，现时 100 法郎仅可用一、两日。

职工工资增加 7.8%，物价上涨 12% 以上。

阿尼埃市，每月收入 1800 法郎的居民，可以住低收入者的廉价房，仅缴纳 600 法郎(即收入的三分之一)的水电费。

大学教授的工资约每月一万法郎左右；工人工资约 3 千法郎左右，以工种不同，有差异。

法国、英国等西欧国家的钢铁、造船、纺织业，开工率仅 20% 左右，汽车、电子工业开工率较高，前者已经没有国内市场，后者较好。故皆积极向中国找出路。

## 12 月 8 日(星期五)

上午，与陈乐民同志往香榭丽 Cantilly(巴黎附近重要风景名胜古迹之一)看望法中友协名誉主席博蒙。法中友协主席贝热隆亲自开汽车陪同前往。博蒙住距巴黎 60 公里的东郊旧昂干公爵别墅，有典型的法国园林，甚美；有宫殿及博物馆，可称为小型的罗浮宫及凡尔赛宫。装饰用品皆极精美，闻皆为原物。昂干反对拿破仑，失败后，逃往荷兰，被遣返回法国后判死刑。博蒙已经 87 岁，亲为导游并讲解历史故事。其女殷勤招待并设午宴，当地市长亦在座。归时已经 6 时，略购邮票等事。

博蒙父女全名如下：

Mansice Beaumont，法国现重要历史学家；

Arlette Beaumont，法国社会活动家，健谈，至今尚未结婚。

今日，部分代表团同志赴奥尔良（Orlean）应市长邀请见面，并参加法中友协与市政府共同举办的中国剪纸画展开幕式。

### 12月9日（星期六）

上午，熊秉明[①]来谈东西方哲学思想及对生活的态度等问题，颇有独到之见，因此勉以根据他的条件和造诣，可以写一本《关于东西方哲学及其特点》的著作。

中午，在柯尔内克夫人（当地律师）家做客，因其以律师为业，生活似极富裕。彼热情招待，并介绍子女与儿媳等见面，晤谈甚欢。

晚7时，由马纪樵夫人[②]陪同，乘飞机赴马赛。8时到达，住Mereure Hotel，地点在马赛市郊，极为安静，气温7℃，朱子奇等三人住朋友家。

### 12月10日（星期日）

上午，推窗远望阳光照耀，风景甚美，为出访以来很少遇到的好天气。

9时，由法中友协马赛分会负责人克罗代克夫人引导参观马

---

① 熊秉明（1922—2002），中国数学家熊庆来之子。法籍华人艺术家，旅居法国50年，在绘画、雕塑、书法等领域都有重要成就，融合了中国和西方艺术思想的精华。早年在云南求学时，曾是楚图南的学生。

② 法中友协创始人Joseph Marchisiao的夫人，时任法中友协秘书长。他们曾在1959年首次访问中国，在楚图南陪同下会见过周恩来等中国领导人。

赛最高处的圣母院，可以眺望新旧马赛全景：马赛依山面海，南面地中海碧波万顷，船舶往来如织，亦多帆船，白斑点点。随即参观马赛博物馆，为十七世纪建筑，原为富商私产，后被收买改建为博物馆，内陈列日用家具及生活模型等等。据云，马赛原为古希腊人发现，开辟为商埠，文艺复兴后改建为港口，逐渐发达成为海上贸易交通中心，亦为战略要地。马赛工人亦有革命传统，1848 年，资产阶级即通过工作在此起义；1871 年，工人建马赛公社，惜运动失败，至今少有人知晓。

中午，法中友协马赛分会在联合国教科文卫组织会所举行招待午宴，出席者有马赛及附近五个分会的负责人，马赛中心及教科文卫组织马赛中心主任亦出席。气氛热烈友好。

饭后看莫里哀喜剧《女学士》，票价 40 法郎。

晚，艾克思大学历史考古学教授菲弗留尔设晚宴招待，谈希腊、罗马及法国古代历史，在座者有 Duchet 教授，前年访问过中国，归国后写成《中国和我》一书，现年已七十八岁。

### 12 月 11 日（星期一）

上午天阴，略有海风。由艾克思大学老教师阿里及马柯两人及两人的夫人陪同，参观马赛海港：旧港称马赛，新港称弗斯。两港相距约 50 公里，船厂及船坞连成一片，极为壮观。据称，全年吞吐量 9000 万吨，其中能源（石油、天然气）、矿石等约占 7800 万吨。老港为希腊人建于公元前六世纪，新港建于 1845 年。现在共有船坞 140 个，每个长约 250 米，水深由 25 米到 40 米不等，可停靠 5 万吨巨轮，自动装卸统一管理。码头工人 3500 人，包括管理、行政、后勤工作人员在内共25000人。有多国公司经营的输油管总长800公里，每年可输运9000万吨原油，现在仅输运3600万吨，供法国、瑞士、西德的能源、化工之用。港口巨轮鱼贯相接，有各国船舶，包括中国船舶在内，为欧洲第一巨港（编者按：现为欧洲第二大港，仅次于鹿特丹）。登楼眺望地中海，波澜壮阔，海阔天空，由此可见连接世界各大洋，其重要可知。

午后，部分同志参观普罗旺斯运河。据云，现代化、机械化程度极高。

晚5时，马赛第一副市长伊尔马·拉普希（社会党人）会见全团。

晚6时，访问马赛法中文化中心。

晚8时，赴市议会，议会秘书阿里克西夫人设晚宴招待代表团。

## 12月12日（星期二）

上午天气晴朗，参观马赛档案馆，成立于1789年，其藏书不以册计，而以藏书柜的长度（米）计。档案馆共藏书籍、档案按书柜长度计为5万米。最古老者为一千二百年前的羊皮手写本，多为圣经及法典之类。其中有巴黎公社珍贵史料，如当时报纸对巴黎公社的报道和对巴黎公社领导人的审讯判决书等资料。据云，仅供政府及专家学者应用，已可由电传与各国交换。

参观后，应邀参加马赛大区省长Vogel为普罗旺斯运河公司举行的酒会，并在酒会前会见代表团全体成员，还在会见中做友好讲话，并拍电视片和会见记者。

晚 5:30,离开马赛飞波尔多。6:30,抵达波尔多。

### 12 月 13 日(星期三)

早起阴雨并刮大风。

上午,法中友协波尔多分会负责人布努瓦夫人导游市容,看罗马式大建筑遗址及十八世纪时期法国教堂及雕刻。罗马式建筑多为拱门,四周并雕刻人像。

中午,波尔多市第一副市长代表沙邦—戴尔马[①]会见代表团全体成员,谈话中提及,十七及十八世纪时波尔多与广州、上海等地即有贸易往来;法国沙丁鱼及葡萄酒则是波尔多出口到中国的重要物资;波尔多人孟德斯鸠等亦在十九世纪时介绍过中国。

中午,在波尔多大众食堂就餐,自己取用食物,一切甚便,每人仅 13 法郎。而昨晚就餐,则每人餐费高达 80 法郎。据马纪樵夫人云,从策略上为便于开展工作考虑,不能完全在大众食堂就餐,易被人疑为左派,而不敢接近。

晚餐后,赴大剧场出席音乐晚会。大剧场建筑豪华壮丽,雕刻甚美,是波尔多市著名建筑物之一。

波尔多市人口 30 万,连同郊区在内,人口约 60 万。此处的波尔多第三大学,有中国留学生 17 人,每日有 2 人来陪同代表团

---

① Chaban-Delmas(1915—2000),法国政治家,二战期间反法西斯抵抗运动的重要成员,戴高乐的重要助手,1958—1969 任法国国民议会议长,1969—1972 任法国政府总理,1978 年任波尔多市长。

访问。据云，大学生的政府助学金1000法郎，每月各种费用360法郎，另有20法郎零用。近期对留学生管理放宽，偶尔可观剧和看电影。惟戏剧票价最高票价40法郎，电影15法郎。

### 12月14日（星期四）

上午，代表团部分同志访问职工住宅委员会并参观其设计的住宅，中午即在该委员会的食堂就餐。

午后2:30，波尔多城区各区、州长：圣特·马利[①]、杜弗尔[②]等出席会见代表团全体成员。

3:30，访问法中友协波尔多分会会址。

7:00，法中友协波尔多分会举行招待会，会后即在会员家晚餐。

### 12月15日（星期五）

8:30，离开宾馆。9:00乘火车赴汉纳（Rennes），在车上与马纪樵夫人谈有关友协工作问题。

午后3:00，抵汉纳，来接者有法中友协汉纳分会负责人莫尼克夫人（Monique Picheral）及蒙热夫人等多人。住汉纳市政府招待所。副市长莫阿（Le Moal）设茶点招待。

5:00，参观博物馆及彭阿文（Pont-Awen）地区及彭达湾学派画展。据云，彭达湾学派为抽象派，其前身即从写实到抽象的过

---

① 社会党人，国民议会法中友好小组副主席，梅纳里克市市长。

② 波尔多市议会副议长，波尔多学院终身秘书。

渡画派。参观时，前法国首任驻华大使马纳克及作家埃利亚斯两对夫妇陪同。

6:30，汉纳市长埃尔维（Herve）夫妇在市政府举行招待会，并介绍汉纳市建筑规划。

8:00，汉纳市政府和法中友协汉纳分会联合举行招待晚宴，到会者有汉纳各界知名人士百余人。并观看布列塔尼地区文艺演出，有舞蹈、歌唱，并介绍民族服、民族乐器等，民族情绪极为强烈。

## 12 月 16 日（星期六）

上午 9 时，参观布列塔尼大学，由校长德尼斯（Denis）陪同，德尼斯是法中友协名誉委员会委员。参观后，分两组吃午饭：一组与大学校长一起午餐，另一组在法中友协会员家中午餐。

午后，部分同志参观文化之家并与法国朋友座谈。

4:30，出发到科格莱斯（Cogles）参观大农场。在了解法国农业现代化的同时，也知道农民的欠债问题及城市剥削农村问题。参观后即在农场晚餐。晚餐后，参加科格莱斯文化协会组织的晚会。

当晚，在当地一农民家住宿。

## 12 月 17 日（星期日）

上午，部分团员参观另外一个农场。

我与陈乐民同志访问法中友协全国局成员让·保尔·杜朗戴尔。杜氏冬季转交法共（马列）汉纳支部的致敬信。当即表示感谢，并请代致问候。并在杜住所午餐。午餐后，访问法中友协汉纳分会，会见汉纳分会及附近分会负责人及工作人员约三十余人，当即致词慰问和勉励。

另外，朱子奇同志与法国抵抗运动老战士第戎（Charles Tuon）会谈，第戎已 80 岁。

晚 6 时，离开汉纳，10 时抵巴黎，仍住 P. L. M 旅馆。

## 12 月 18 日（星期一）

天晴。

上午 9 时，部分团员参观巴黎电子工厂。

午后，时任市议员的前副总理顾夫·德姆维尔[①]主持午宴欢迎代表团，希拉克市长的夫人等出席。

晚，与法中友协骨干分子会见及座谈，提出下列问题：

1. 中国的四个现代化引进技术，会不会变成依赖外国；
2. 实现四个现代化，会不会带来资本主义社会的消极因素；
3. “四人帮”问题允不允许辩护；
4. 法中友协的任务；
5. 搞不搞合营。

对“文化大革命”评价问题多次被提及。

---

① Couve De Murville（1907—1999），法国外交官和政治家，曾任戴高乐政府的外交部长、总理。

**12 月 19 日(星期二)**

上午,巴黎部分地区电线发生故障,不能活动,在旅馆和法中友协负责人商谈工作问题。

中午,应邀参加由法国国民议会行政长官罗杰·科莱兹、让·莫莱隆、拉乌尔·巴尤等三人主持的午宴,到各界知名人士二十余人。

午后 5 时,法国国民议会议长沙邦·戴尔马会见我和韩克华大使。

6:30,韩克华大使为代表团访问法国举行招待会。

**12 月 20 日(星期三)**

10:30,乘飞机离开巴黎。

次日 1:30 到达北京,即北京时间 8:30。

# 1980 年 4 月 18 日至 5 月 1 日
# 率领中国人民对外友好协会及
# 中国—朝鲜友好协会代表团访问朝鲜日记

**中国人民对外友协、中朝友协代表团名单**

团　长　楚图南(对外友协副会长,全国人大常委)

团　员　何　洛(中国人民大学教授,中文系主任)

　　　　臧式毅(云南省外办主任,对外友协云南省分会会长)

　　　　王火炎(对外友协理事,亚洲处副处长)

　　　　葛振家(朝鲜文翻译)

## 1980 年

### 4 月 18 日(星期五)

上午 8:30,从北京机场乘安-24 型飞机出发赴朝鲜平壤。到机场送行者有:王炳南、侯桐、谢邦定、郭东俊及朝鲜驻华大使全明洙等。

北京距离平壤990公里，飞机飞行高度6000公尺，时速450公里。于10:45（平壤时间11:45）到达平壤，来接有：朝鲜对外文化联络委员会委员长金宽燮，副委员长金泰禧、吴文汉，局长咸英镐，及中国驻朝鲜大使吕志先、政务参赞何章明、办公室主任吴玉峰及经济参赞处一秘王廷赞等。

住千里马广场大街（原斯大林大街）平壤饭店。据云，朝鲜北部人口1700万，其中平壤有100万人。

晚，朝鲜对外文化联络委员会在玉流馆举行欢迎宴会，金宽燮委员长讲话表示欢迎。

**4月19日（星期六）**

阴有风。参观万景台，登万景峰了解金日成主席家庭革命史及周围风景，万景台革命史迹馆馆长出面接待。远处有革命学院，据云为教育烈士子女的学校。

参观地下铁道光复站及建国站，有壁画长70米，高4米。另有瓷砖贴成的壁画颇宏伟精美。深入地下170米，最深处达300米，现已建成30公里共12站。平壤地铁光复站站长接待。

干部、青少年、学生、部队和市民结队瞻仰万景台，每月约四万人。全年约一百六十万人。尤以金日成4月15日生辰前后人数最多，可达十万人。外宾来此参观者约一万多人。

午后，到对外文委文化馆看朝鲜故事片《骨肉相连》，思想性、艺术性俱佳，使人极受感动。

繁花盛开，红者为金达来（即杜鹃）、黄者为连翘。

**4 月 20 日(星期日)**

天晴,窗外大同江岸柳绿花红,风景甚美。

上午参观祖国解放战争纪念馆,有 52000 平方米,分 80 馆。1974 年建成,纪念馆副馆长出面接待。

有园景画长 160 米,高 15 米。保存高句丽时代古建筑,普通门,大同江畔有大同门。

晚看杂技,惊险而精彩。六十年代开始建杂技团。现有人民演员 3 人,功勋演员 2 人,前者比后者地位高。

**4 月 21 日(星期一)**

上午参观人民经济大学,始建于 1946 年,直属劳动党中央,为培养革命干部,已有三十多年历史,已毕业两万多人。现有 2500 学生,分四年制和两年制两种学制;另有三年制研究班,有六个月训练班。有博士、副博士、教授 200 多人,各种学科讲座约二三十种:农业管理、技术水利、果树改良、工业管理体系、工厂管理、有色金属、黑色冶金、发电等。

晚 6 时,赴万寿台艺术剧院,1971 年建成,约六万平方米,为建筑、绘画、雕塑、电光等艺术的综合,壮观美丽,看《乐园颂》歌舞演出。

**4 月 22 日(星期二)**

清晨 1:30,离平壤,乘火车沿清川江往北,行约 170 公里,于 7:40抵达妙香山。据云为朝鲜著名风景区之一,住宾馆 101 号,门上有红牌，纪念金日成主席于1979年10月15日曾来此住过。建筑民族形式极优美，设备亦佳，陪同访问者有朝鲜对外文化联络委员会副委员长金泰禧同志等人。

友谊馆、礼品馆1978年完工，建筑面积28000平方米，六层高50米，陈列126国所赠礼品，其中刚果所送象牙，重50公斤，长2.5米。参观毕，应馆长要求题字，因题“全世界人民团结万岁！楚图南　1980年4月22日”。

### 4月23日(星期三)

天气晴朗，上午参观普照寺。为千年前古迹，正修复中。内保存有木刻大字佛经及《资治通鉴》。尤以后者大字木刻楷书，为平生所仅见，据云妙香山普照寺最盛时有僧人三千余人。

午后6:45，乘火车离开妙香山赴平壤，9:45到达，车中与金泰禧副委员长谈话颇为欢洽。

妙香山在清川江支流，上源群山环抱松柏苍翠，源流清澈风景优美。为朝鲜风景古迹区旅游地之一。

### 4月24日(星期四)

天气晴朗。

参观宅庵朝中友谊合作农场，该农场管理委员长和书记出面接待，金日成主席9次来现场指导。周总理和华主席亲自访问过。该农场1953年建立，最初有12户贫农共23人组建，有19公顷土地。1958年扩大，直到目前有1000多人，农户600，共耕田900公顷，种水稻、玉米、大豆；牧畜及养蜂开始发展。有五十多台苏制拖拉机，水稻增产 2.5 倍，玉米 60 倍。

下午，参观平壤少年宫，总长出面接待，为进行社会教育的机关，巩固学生知识和培养共产主义新人。少年宫建筑面积 5 万平方米，每日有万人活动，为学生准备了 500 个房间，包括各种知识技术和体育在内，有 250 辅导员，后勤工作人员 250 人，共职工 500 多人。1963 年建立，金日成来过 56 次。看儿童歌舞节目。最后观看大型歌舞《踏上白头山》。

晚，何章明代办、吴玉峰同志来谈。

## 4 月 25 日（星期五）

天气晴朗，阳光甚美。

参观苍光院，38000 平方米。为体育及游泳娱乐场所，并设有理发沐浴、自动化超声波设备。

附近的人民大学习堂建筑面积 10 万平方米，每天可容 15000 人看书，一切设备均自动化，正建设中。

午后 3 时，乘汽车南行 200 公里赴开城，于午后 6:40 到达，住宾馆 312 房间，门上红牌记载金日成主席。1972 年 8 月 14 日曾在此住过，出门接待者为开城市副委员长金根洙及外事处处长及志愿军联络处同志亦来欢迎。

据云，朝鲜国民经济按人口平均每人约合 1200 美元。粮食每人每年平均分配约 1000 斤，今年粮食生产计划为 950 万吨。

## 4 月 26 日（星期六）

晴明。晨起凭窗远眺高屋栉比，面貌一新，已非二十一年前旧观[1]。

上午，参观板门店，看新旧会谈场所及两军哨所及对垒建筑。在此处于1953年7月27日签订《朝鲜停战协定》。

中午，开城市副委员长金根洙举行宴会。

午后4:30，离开城北上，8:30到达平壤。中途休息，略饮咖啡，女服务员颇殷勤娴雅。

### 4月27日（星期日）

天阴，午后晴。

从窗外可看见不少干部和学生列队出行，参加星期日义务劳动。

上午，到使馆晤何章明参赞和办公室主任吴玉峰同志。

午后4时，由朝鲜对外文化联络委员会吴文汉副委员长陪同观看朝鲜古典故事彩色电影《春香传》。

### 4月28日（星期一）

上午10时，参观大城山娱乐场。建筑面积54000平方米，共有16种游艺，有高速火车每段16公里。

经新建成的大城山南门，登长寿峰，上有新修复的亭阁。山路两旁松林茂密，金达来花盛开（如我杜鹃花，惟花朵盛开时满树皆花不见枝叶）风景甚美。山顶上可远眺长寿园水库及附近的苏文峰，上亦有亭，闻为纪念民族英雄盖苏文云。

---

① 楚图南曾于1959年2月赴朝鲜签订《中朝文化友好合作协定》。

1980 年 4 月，在朝鲜参观牡丹峰医科学校

1954 年 4 月 2 日建牡丹峰医学校，1956 年金日成班与吉林五中的金日成班取得联系。该校学制为 3 年 6 个月，亦有函授，夜校，有 17 个班，学生七百多人。

**4 月 29 日（星期二）**

平壤饭店对面为平壤大剧院，建筑面积约 40000 平方米，民族形式建筑颇壮丽。

上午 9 时，朝鲜劳动党中央政治局委员、政务院副总理桂应泰接见代表团，朝方陪见有金泰禧副委员长，我方有何章明代办，会见地点在文化会堂。

12 时，朝鲜中央广播记者采访作对朝鲜人民广播讲话。

晚 7:30，在大使馆举行答谢宴会，朝方出席者有对外文化联络委员会金宽燮委员长、吴文汉副委员长，一局局长咸英镐、副局长魏建赫、朝中友协秘书长李承俊等八人。我方出席者除代表团成员外有何章明代办、吴玉峰主任及新华社记者等，气氛尚热烈友好。

### 4月30日(星期三)

天气晴朗。

午12时，乘火车离平壤，来送行者有吴文汉、咸英镐及魏建赫等。

3:30抵达新义州，停一小时半，抵丹东停一小时半，于北京时间5:53离开丹东赴京。

平壤到北京1347公里。

平壤到新义州227公里，每周有二次火车。

### 5月1日(星期四)

回到北京。

## 附：代表团访问朝鲜时看到的一些值得注意的问题

1. 朝鲜方面的讲话主要是突出两国人民友谊，不提我三中全会。但中下层干部多关心中共恢复设立书记处及为刘少奇同志平反等情况。我们向他们介绍情况时，只认真听，不表态。

2. 在朝鲜的社会生活中，强调人人都必须“绝对忠于”领袖；只突出金日成的“主体思想”，不提马列主义；只提金日成个人的丰功伟绩，不提朝鲜其他领导人的作用。

3. 在建设成就和人民生活方面，我们所见与朝鲜同志介绍有较大距离。平壤搞了不少富丽堂皇的非生产性现代化建筑，设备几乎全部进口。市场供应紧张，副食品、日用品也很缺乏。

4. 在参观中，不提我援助。突出的例子，是参观我援建的平壤地下铁道，朝鲜方面也只字不提。

——摘自《对外友协、中朝友协代表团访问朝鲜工作报告》

# 1981年5月21日至6月5日率对外友协、中罗友协代表团赴罗马尼亚访问日记

**代表团成员：**

团　长　楚图南（全国人大常委会委员，对外友协副会长）

团　员　张　策（中共中央纪律检查委员会副书记，全国政协常委）

刘　昂（女）（农机部副部长）

陶　白（中共中央党校文史教研室主任）

蔡　涵（女）（对外友协工作人员）

董诗梅（对外友协工作人员，代表团秘书）

**罗马尼亚社会主义共和国简况：**

包括面积、人口、民族、宗教、简要历史、国家机构、群众团体、经济建设、重要城市等。此处从略。

**访问城市：**

布加勒斯特　Bucharest

皮特什蒂　Piteste

克拉约瓦　Craiova

杜尔鲁·塞维林　Turnu Sevirin

迪米索拉　Temesova

锡比乌　Sibiu

### 将出访

（1981 年初夏，将率友好代表团出访罗马尼亚并祝贺罗共成立 60 周年）

处处河山处处新，殊方友朋倍相亲。

东欧兄弟庆佳节，又作垂天万里行。

## 1981 年

### 5 月 21 日（星期四）

上午 8 时起飞，乘伊尔-62 型飞机，有座位 161 个，去布加勒斯特者 31 人。飞行高度一万米，航程 9800 公里到布加勒斯特，旅程十七小时。

来送行者，罗马尼亚驻华大使、谢邦定、姚淑贤、刘庚寅等。

3:20 抵卡拉奇，为当地时间 1:30，使馆杨同志来接，当地气温 44℃。休息一个半小时后继续飞行。北京时间午夜 12:40，布加勒斯特时间 6:40 到达。来接者，罗中友协主席普楚里[①]夫妇、

① 时为罗共中央委员，罗中友协成立于 1973 年；中罗友协由楚图南等倡议，成立于 1958 年。

1981年5月，访问罗马尼亚期间，会见罗中友协主席普楚里

罗方翻译吉蒂克、罗中友协理事斐蒂古等及使馆钱参赞及翻译龚顺之。由机场车行15公里抵凯旋旅馆，沿途风景优美，有展览馆、火花报大厦、国内机场等建筑。城市建设设计极佳，值得我参考。

### 5月22日（星期五）

清晨，推窗一望，天气晴朗，绿植葱茏。有一种白花大如盘，树高丈许。与董、龚出外散步，空气清新，附近为大使馆。

上午10时，赴罗中友协，与普楚里同志会谈，陈叔亮[1]大使及钱参赞参加。

参观市容，总的感觉或感触是：城市规划比较完善美好，在

① 陈叔亮，驻罗马尼亚大使，回国后任中罗友协副会长。

保护文物建筑的基础上发展新建筑。一般来说，与国家相关的建筑宏伟壮丽，属于民居，住宅则多种多样，数量不断增加，质量不断改善。公园多，湖泊多。

使馆的夏明葳、莽琬琦来访。夏能分析问题，勤恳学习，思想进步。据云为原对外文委干部。

1981 年 5 月，在布加勒斯特参观罗马尼亚历史博物馆

## 5 月 23 日（星期六）

上午，参观罗马尼亚中央党校，校长接谈并介绍党校历史及工作概况。据云，每年轮训干部，年限不同，由五年、四年到一年，最短为三个月。专业不同，由马列理论到政治经济学、农工商管理等。学员由部长到普通干部。随后参观历史博物馆。

午后，赴大使馆。

晚，由普楚里夫妇陪同看罗马尼亚民族歌舞节目。

## 5 月 24 日（星期日）

上午 9 时，离布加勒斯特赴克拉约瓦，一路天气晴朗，绿树葱茏，绿草成茵。途中经比特市卡拉捷比炼铝厂，在此略事休息，午后 2 时，抵达克拉约瓦并游览市容。此处绿化美化环境与工厂建设调和得很好，城市公园面积约200公顷，城市人口约70万，出产拖拉机及化肥，远销中国。

市委书记瓦西里同志热情接待，并设便宴。钱参赞及罗方吉蒂克、斐蒂古均出席。

### 5月25日（星期一）

上午9时，会见多尔日县委书记伊丽莎白。参观农机厂，大部分产品出口到第三世界国家和中国。随后参观新居民区及商店，内有中国商品，如纺织品等。多尔日县有三个农工技术学校；克拉约瓦大学有八个系，现有一万大学生。农机厂工人月平均工资为2480列伊，超定额者皆有奖。厂长决定须经过党委书记同意。党委书记一般兼工人委员会亦称人民委员会主席。

### 5月26日（星期二）

上午参观化肥联合厂，该厂规模大，面积260公顷，职工6800人，其中党员2500人，46个支部，还有部分共青团员。生产硫酸肥、硝酸肥、钾肥、尿素等多种化肥，日产约5000吨至6000吨。此处为罗马尼亚化学肥料中心，领导全国十一个分厂，产品部分出口，亦销售到中国，换中国石油。

附近有温室蔬菜农场，面积210公顷。种植西红柿、黄瓜及葱蒜等蔬菜。年产量看气候不同，约27000吨至28000吨，总产值为250亿列伊。80%输出到英国、意大利、德国、法国及东欧各国。共33个生产单位，每个生产单位40人，包括工程师、管理人员及工人。有工会组织。每年收获两季：12月至次年2月一季，

7月至9月为第二季。每个工人年生产量平均14吨到15吨,工人平均工资每月2500列伊,最高可达3000列伊。

午后4时,赴梅赫丁茨县首府塞维宁。沿途草场森林间有丘陵。往南可以目眺多瑙河,风景甚美。晚6时到达。住塞维宁旅馆。

晚饭后,略散步归回就寝。

**5月27日(星期三)**

晨起,天气晴明。

上午梅赫丁茨县委第一书记普罗什蒂会见,并介绍情况,称:全县面积5000平方公里,人口35万,为中等县,1981年工农业总产值达10亿列伊。争取在1981~1985的五年计划期间超额增产达20亿至30亿列伊。该县工业发达,有发电、机械制造、钢铁、造船、机车及轻工业、食品工厂。

参观水电站,横跨多瑙河上,河宽1500米。1962年与南斯拉夫合作,建立水电站,发电能力210万千瓦,罗马尼亚和南斯拉夫各得一半。多瑙河上的大坝上有红线为分界线。1972年建成,使用三年后即收回成本。用水力发电的消耗为用煤、用石油发电的二十分之一。罗、南两侧各有水闸和船坞。

参观多瑙河畔的奥尔索瓦新住宅区,整洁,有医院、学校、市场、公园。

**5月28日(星期四)**

本日阴雨。

上午9时，赴蒂米索拉市，汽车越过喀尔巴阡山，进入平原，两旁森林茂密，风景甚美。其中一段路沿多瑙河岸西行。午后1时，到达蒂米索拉市招待所，县委副书记及市长陪同午餐并引导参观县工作展览馆。据云，蒂米索拉市人口70万，为罗马尼亚第二大城市，面积5000公顷，其中1600公顷为公园及花圃，其余为工商业、学校、居民住宅区。全市有85个工业工厂、12个手工业合作社、8个大专院校、17个中等专业学校。全县工业、科技在罗马尼亚经济、文教建设中占很大比重。

午后5时，县委第一书记别特列·德里格同志会见，并介绍全县工农业、文教、科技及社会情况，后宴请(在洲际饭店)，看歌舞、杂技等节目，颇热情。

1981年5月，到罗马尼亚蒂米索拉县访问，县人民委员会副主席英罗坦在该县边境欢迎。左起：斐蒂古(罗中友协理事)、龚顺之(使馆翻译)、英罗坦、楚图南、张策、陶白、田景光(驻罗使馆参赞)、董诗梅、蔡涵

附诗作两首：

**参观布加勒斯特及克拉约瓦两地历史博物馆**

客思缕缕萦梦长，垂天一息又他乡。

千年历史如棋局，留与后人细思量。

**蒂米索拉市洲际饭店县委第一书记宴会**[①]

异国风光异样装，轻歌曼舞又宴殇。

举杯祝愿新社会，花更浓艳酒更香。

**5月29日（星期五）**

天气晴明，空气清新。

上午参观塑料厂。规模大，产品约3000余种。据云，为罗马尼亚最大的塑料厂。女工占60%。

参观量具仪器厂的体育馆，正建设中，利用风力机太阳能暖水发电。在建设过程中，发现地下有温泉和天然气，可谓意外收获。闻此运动场是利用职工义务劳动建筑，有球场、游泳池及各种运动场所。

参观歌剧院，建筑精美华丽。经常在此演出歌剧、轻歌剧。可知蒂米索拉不仅环境优美，人民精神文化盛会亦极丰富。

市中心广场对面及两侧有东正教教堂等古建筑。闻齐奥塞斯库来此，就在歌剧院阳台上向群众讲话。

---

① 蒂米索拉市绿化美化为罗马尼亚全国第一，亦称花市。

晚，县委副书记维奥利卡同志（女）在古堡饭店宴请代表团，并看歌舞。

### 5月30日（星期六）

上午参观农业合作社。

我以略患胃病，在旅馆休息。龚顺之及罗方斐蒂古亦在旅馆陪同。医生三四人来检查心、肺，及血压、心电图，俱正常，略给胃药。

### 5月31日（星期日）

上午9时，离开蒂米索拉市，赴西比乌市。午后2时，到达，住西比乌旅舍。此地为罗马尼亚交通中心。有古建筑，保存良好。有博物馆，展览古代文物及文艺复兴以来有名画家的部分名品。

西比乌县委文化艺术委员会局长什良努·德奥菲耶出面接待，并介绍情况。晚宴时，有当地著名小提琴家演奏罗马尼亚民间乐曲。

中午游览市中心，有广场，周围有古建筑，据云将发展为罗马尼亚文化艺术旅游中心。

### 6月1日（星期一）

上午9时，由西比乌出发，经喀尔巴阡山河谷，车路蜿蜒，绿树阴森，所经过小镇皆极整洁。

中午抵达布拉索夫市，参观有600多年历史的哥特式黑色教堂，经百年修建，大火后百年修复。据云，为东欧规模最大、雕刻最精美的天主教堂。在路旁野餐，远处可眺望喀尔巴阡山峰顶白雪皑皑。

午后3时，抵布加勒斯特，随即到使馆吊唁宋庆龄同志。从广播中得知宋庆龄同志5月28日逝世。

**6月2日(星期二)**

上午10时，访问罗马尼亚对外文化出版社，总编辑及副总编辑出面接待，并介绍情况。据云，有职工百人，以七种文字出版画报，销行90多个国家。最近与中国人民画报社联系，互派代表团，交流经验，改进出版技术，更好地为国际宣传及外事工作服务。

晚8时，普楚里夫妇陪餐。为讲尊重老人的智慧和经验的故事。并送礼品。

**6月3日(星期三)**

上午10时，罗马尼亚共产党中央政治局委员、中央书记杜米特鲁·波贝斯库会见代表团。谈罗马尼亚社会主义建设事业的方针、政策、具体措施、远景规划和存在问题，颇诚恳友好。罗方在座者有罗中友协主席普楚里、罗共中央联络部副部长杜尔康什·杜米特鲁；我方，陈叔亮大使亦在座。会谈约一个半小时。

参观民间博物馆陈列民间艺术工艺品及各地、各民族居民旧时住宅，多为草屋、木结构及木瓦建筑。室内陈列当时居民用品及纺织工具，大体与中国旧时农村相仿，且更落后。

午后5时，赴大使馆晚餐并汇报工作。谈三个问题：

1. 总理过去对出国团及外事人员的教育；

2. 此次出访的三项任务；

3. 对罗马尼亚各方面的观感。

**6月4日（星期四）**

上午10时，参观服装加工厂。规模大，产品为男女儿童服装，产品80%出口，主要出口到西德、美国。全厂职工17000余人，其中，女职工15000人。女工产假110天。职工福利一般尚好。

午后1时，普楚里设宴欢送代表团。

午后8:30，离开布加勒斯特飞返北京。经过土耳其、塞浦路斯、黎巴嫩、约旦、沙特阿拉伯、科威特、阿联酋、巴林、巴基斯坦。在布加勒斯特时间11时到北京，为北京时间下午4时。

离开布加勒斯特时，来送者：普楚里夫妇、罗中友协秘书长、罗中友协理事斐蒂古、翻译吉蒂克。来接者：罗马尼亚杜米特列斯库大使及参赞，对外友协姚、樊、秦、高等同志。访问告一段落。计由北京到布加勒斯特行程9850公里，来回经由土耳其、塞浦路斯、黎巴嫩、约旦、沙特阿拉伯、科威特、阿曼、巴林、巴基斯坦等国上空；飞行时间来回各十五小时。中途在卡拉奇机场加油，休息一小时。来回皆由杨副领事迎接，并略谈巴基斯坦及南亚次大陆形势。

**附：出访前，外交部苏联东欧司副司长郗照明介绍罗马尼亚有关**

## 情况撮要

罗马尼亚人均国民收入1600美元。职工平均工资（月）2230列伊（约折合人民币2000元）。

年产钢1300万吨，平均每个人半吨多一点。

五年计划要求1980年达到中等发达国家水平，人均国民收入2500美元。

每年贸易额19亿瑞士法郎。

外债70亿美元，中国援助约7亿美元。

### 多瑙河畔之歌

（1981年5月访问罗马尼亚时作）

喀尔巴阡丛云天，多瑙河畔任流连。
山川无言青史在，口碑流传自百年。
多少英雄夸战绩，多少战士丧九泉。
多少情人腾欢笑，多少悲歌涕泪涟。
彩云缭绕舞仙女，月落江心照无眠。
皇皇帝业今何在？诗人梦幻几云烟。
无限兴废成泡影，腥风血雨哀元元。
应有新人新社会，重光山河写新篇。

# 1981年11月10日至11月20日
# 全国人民代表大会代表团应日本参众两院的邀请,访问日本日记

## 代表团名单

团　　长　彭　冲(全国人大常委副委员长、中共中央书记处书记)

团　　员　楚图南(全国人大常委中日友协顾问、民盟中央副主席)

马青年(回族)(全国人大代表、宁夏回族自治区人大常委主任)

李　辰(台湾籍)(全国人大代表、暨南大学副校长)

吴继思(侗族)(全国人大代表、广州军区181医院内科医生)

秘 书 长　张加洛(全国人大常委副秘书长)

副秘书长　项淳一(全国人大常委法制委员会副主任)

随团工作人员

石国宝(全国人大常委、办公厅外事室副主任)

余孟孝（全国人大常委、法制委员会秘书）

孙浩元（全国人大常委、办公厅外事室处长）

陆　琪（外交部第一亚洲司副处长）

胡康生（彭冲副委员长秘书）

王怀金（警卫）

张　锋（外交部第一亚洲司工作人员）

毛娅平（外交部第一亚洲司工作人员、翻译）

### 难　忘

（1981年11月，将重访日本。怀念松村谦三、松本治一郎、土岐善磨、末川博、中岛健藏、仓石武四郎、河原崎长十郎诸逝世友人）

扶桑再度任流连，山水相迎倍有缘；

难忘故人化鹤去，长空遥望总泫然。

## 1981年

### 11月10日（星期二）

上午离京，下午抵日本成田机场，住新大谷饭店。日众议院长福田一[1]到饭店表示欢迎。

① 福田一（1902—1997），日本众议院院长。

## 11月11日(星期三)

上午拜会日本参、众两院,议长福田一、德永正利及两院重要成员接待并会议。

下午拜会铃木首相[①]、园田外相[②]并会谈。

晚两院议长联合举行欢迎招待会。

1981年11月11日,在东京拜会日本首相铃木善幸(右一)。左起:楚图南、中国驻日本大使符浩、彭冲、翻译毛娅平

## 11月12日(星期四)

上午拜会公明党、民社党、新自由俱乐部自民党,各党分别

---

① 铃木善幸(1911—2004),日本第70任首相。

② 园田直(1913—1984),时任日本外相,多次参选日本议员。

由委员长及重要成员接待并会谈。自民党则由樱内干事长[①]接待并会谈。

下午，在新大谷饭店出席日中友好六个团体“日中友好六团体”（日本—中国友好协会、日本国际贸易促进会、日中文化交流协会、日中友好议员联盟、日中经济协会、日中协会）联合招待座谈会，内山嘉宽代表六团体致欢迎词。

晚，出席日中协会在新大谷饭店十六层东厅举行的欢迎宴会，会长茅诚司[②]致欢迎词，态度颇亲切诚恳。

**咏富士山**

枫叶如丹临玉泉，崔巍俯视丛云天。
蓬莱若问神仙事，且看碧霄一白莲。

**11 月 13 日（星期五）**

上午，参观富士通法纳克富士厂，即所谓最先进的自动化机器人工厂。据云，子公司或合作公司遍于欧美各国。厂长在大学学电子计算机，毕业后即在该厂工作已 25 年，发明创造并培养技术人员。职工工资每月平均 20 万日元至 30 万日元（日本一般工人工资约 2 万日元左右）。

晚，在我驻日大使馆举行答谢宴会，众、参两院议长出席并

---

① 樱内义雄（1912—2002），日本自由民主党干事长，前众议院院长。

② 茅诚司（1898—1988），物理学家，东京大学名誉教授，日中协会会长。

致答谢词。宴会前，接见华侨代表，其中有不少人是台湾的知名人士，在社会上颇有影响。

**11月14日(星期六)**

上午，参院议长德永正利来饭店送别。参观东京都多摩新村，官商合资经营，住房分等级，可以出租出卖。参观太阳楼，高60层，据云，为亚洲最高建筑物，高240米。乘电梯35秒可达顶上，周围可眺望东京整个市容。参观水族馆，据云有各种鱼类400种，部分鱼种经训练，可作表演。

**11月15日(星期日)**

上午，离饭店乘快速火车赴箱根，两小时抵达，住小涌园。看满山红叶极美，流水亦极清澈。中午，在小涌园中餐。餐厅有中国画及俞樾[①]所画张继寒山寺诗拓片，菜单亦用荣宝斋复制的程十发[②]画页。午后游览箱根，并参观自然博物馆。晚，箱根町长、议长及日中友协负责人联合欢迎宴会，食最丰富的日本餐。

**11月16日(星期一)**

上午离小涌园，乘船游览芦湖。中午抵热海大观庄，高踞山顶，风景甚美。在此午餐，稍作休息，随即乘高速火车抵达名古屋，住城堡饭店。当晚爱知县知事、议长，名古屋市商工会会长

---

① 俞樾(1821—1907)，清末著名文学家，书法家。

② 程十发(1921—2007)，中国画家。

等联合举行宴会,招待代表团。

**离东京游箱根,住小涌园**

连云闹肆万声喧,偶值招游到涌园。
红叶满山铺锦绣,清泉出谷自潺湲。
身居岩壑非避世,放眼尘寰敢歇肩?
鹏羽垂天方一息,明朝风雨又向前。

**11 月 17 日(星期二)**

上午,离城堡饭店,参观丰田汽车厂。据云,全厂共十多个分厂,职工 49000 人,年产各种类型汽车约 370 万辆,以设备先进,灵巧,成本低,耗油量少,销售世界各国。中午抵名古屋都饭店,午餐,稍作休息。午后乘快速火车抵京都,住京都饭店。

**11 月 18 日(星期三)**

上午浏览二条城,观赏日本筝曲、花道、茶道。日本千家茶道领导人千家室之子送来其父致问信及点心一盒。随游览岚山云阁,抵岚山亭,谒周总理青年时所作《雨中岚山》诗碑。碑为廖承志①所书,日本名刻石专家所刻。即在岚山亭午餐。午后游览天龙寺,规模大,并有山水林园,据云,皆唐时建筑,中国风味极为浓厚。随参观传统工艺会馆。晚,京都府知事在都饭店宴请

---

① 廖承志,时任中日友协会长。

中国代表团。

1981年11月，日本岚山周总理诗碑前。张加洛（左一）、彭冲（左三）、楚图南（左五）

**题日本茶道**

饮和食德，名宿清流。

礼宾会友，茶道千秋。

## 11月19日（星期四）

上午，乘快速火车抵西大寺车站。游览唐招提寺，为鉴真和尚[1]塑像所在地。游览东大寺，两寺皆木构建筑，后为鉴真和尚

① 鉴真和尚（公元687—763），唐代高僧，医学家，翻译家。

生前所经营,至今传为佳话。中午抵奈良饭店。奈良县知事、奈良市市长及友协负责人联合举行宴会,欢迎代表团。餐厅壁上悬挂苏曼殊[①]所作诗《春雨》:"春雨楼头尺八箫,何时归看浙江潮。芒鞋破钵无人识,樱花踏过第几桥。"字颇潇洒秀丽,似为旅日华侨名手所作。

午后,参观松下电器工厂,生产收音、录音各种电器用品,据云,有一万品种,销往世界各国。厂领导送代表团该厂新出品电子收音机,据云,可收世界各国一百多家的电台发送节目,且不会受到干扰。离工厂后,仍乘火车抵大阪市,住皇家饭店。当晚大阪府知事、大阪市长及友协负责人联合举行欢迎宴会。晤老友金子顺二。

### 11 月 20 日(星期五)

上午参观大阪市容并游览天守阁,高屋耸立,凡三层,每层皆有书画历史文物供人游览。中午在我驻大阪总领馆,设答谢宴会,宴请日本全程陪同及警卫人员,我驻日使领馆工作人员及符浩大使[②]、焦琳同志、王植范总领事[③]等人出席。随即离领事馆,赴大阪机场,乘我民航机,日本时间 3 时 40 分起飞,中途在上海停留一个小时,上海市委及市外办领导同志在机场迎接,并设宴招待。继续起飞于日本东京时间 8 时,即北京时间 7 时到达北

---

① 苏曼殊(1884—1918),近代作家、诗人、翻译家。

② 符浩大使(1916— ),时任驻日大使馆大使,后任外交部副部长。

③ 王植范,时任中国驻日本大阪领事馆总领事。

京。廖承志、孔原①、何英②、孙平化③等同志来接。于9时许,偕泽涵、泽洋④到家。

**赠日本友人**

友情如海海连天,和好睦邻祝万年。

晁监鉴师典范在,后贤欣起继前贤。

访问的几点体会,代表团回国后另有总结报告。现仅略述此次访问的三点体会:

1. 中日友好根深叶茂,深入人心。特别老一辈人士,无论朝野上下,一般都认为中国是日本文化的母亲,愿意保持睦邻友好关系,为报答中国历史上的恩情,也愿对中国的四化建设做出贡献。但青年一代认识较差,亲西方思想,特别亲美思想较为普遍。

2. 日本的科学技术和工业生产仍保持着持续发展的势头,不少好的经验和组织方法、工业管理、工作干劲、勇于创新,颇值得我参考和学习。

3. 日本同其他资本主义社会一样,经济很发达,精神空虚,人和人的关系显得淡薄。青少年犯罪及社会动乱事件据悉每天24小时即有两千多件。日本老教育家很恳切地对我们说,你们可借鉴日本科技经济发展和成功的经验,但也要避免日本所走

---

① 孔原(1906—1990),曾任中共中央社会部副部长,全国人大常委副秘书长。

② 何英,时任外交部副部长。

③ 孙平化,中国日本友好协会秘书长。

④ 泽洋,楚图南之子。

过的弯路,就是不能光注意物质文明的建设,而忽视精神文明的建设,可谓语重心长值得我深思熟虑,搞好高度民主、高度文明的社会主义四个现代化建设事业。

# 1982年5月20日至6月3日
# 领中国人民友好代表团访问意大利日记

访问所到的城市：罗马、佛罗伦萨、弗拉拉、帕多瓦、威尼斯、特雷维索、维琴察、米兰、巴厘和阿维利诺等分属七个大区的十个省。

代表团团长　楚图南（全国人大常委会及全国政协常务委员，对外友协副会长）

副　团　长　王金山（1912—1994，山东省副省长，中共第十一、十二届中央候补委员）

副　团　长　柳　林（1917—2001，江苏省副省长，中共第十二届中央委员）

团　　　员　张健民（1920—2013，江西省副省长，中共第十二届中央候补委员）

秦天真（1909—1998，贵州省副省长，后任中共贵州省顾委会副主任）

丁毅民（1921—　，宁夏回族自治区副主席，后任宁夏回族自治区人大常委会副主任）

伊敏诺夫·哈米提（1924—1990，新疆维吾尔

自治区副主席）

洪　兰（女）（对外友协常务理事，代表团秘书长）

朱启桂（对外友协工作人员，翻译）

欧阳凡（对外友协工作人员，代表团秘书）

## 1982年

### 5月20日（星期四）

上午8时乘伊尔-62型飞机经卡拉奇，休息一小时后继续起飞，北京时间夜12时抵布加勒斯特，为罗马尼亚时间下午6时。北京至卡拉奇5000公里，卡拉奇至布加勒斯特5500公里，飞机每小时飞800公里，北京到布加勒斯特约飞17小时，沿途经卡拉奇、沙加、巴林、约旦、大马士革、伊斯坦布尔上空。

据云，伊尔-62型飞机安全性能良好，座位160，耗油多；波音707经济性能好，耗油少，载货多，但容易出事故。

到布加勒斯特后，田景风参赞到机场迎接，住使馆招待所。

### 5月21日（星期五）

上午，田景风参赞来谈，普楚里所著《罗马尼亚史》已经译成中文，普楚里已索要200本分送国际友人。

上午9时，乘罗TAROM班机经贝尔格莱德上空飞行2小时到罗马，为罗马尼亚时间11时，意大利时间10时。

来接者，杨清华参赞（公使衔）、罗马省长罗瓦利（社会党人）

及省联合会秘书长莫塞尔等人。经罗马市区及威尼斯广场,多古建筑物,颇为壮丽而庄严,惜车辆拥挤,秩序不佳。

住 Savog 旅馆。1 时,午餐。6 时,访意中友协秘书长祖凯蒂。

晚 9 时,省联合会举行欢迎宴会。据云,罗马省长为社会党人,副省长为共产党人;罗马市长为共产党人,副市长为社会党人。

又据杨清华同志云,现有四个代表团在意大利访问:一为伍修权率领的军事代表团,二为煤炭工业部孔凯副部长率领的西南开发总公司代表团,三为荣毅仁率领的外资合营公司代表团,四即为中国人民友好代表团。

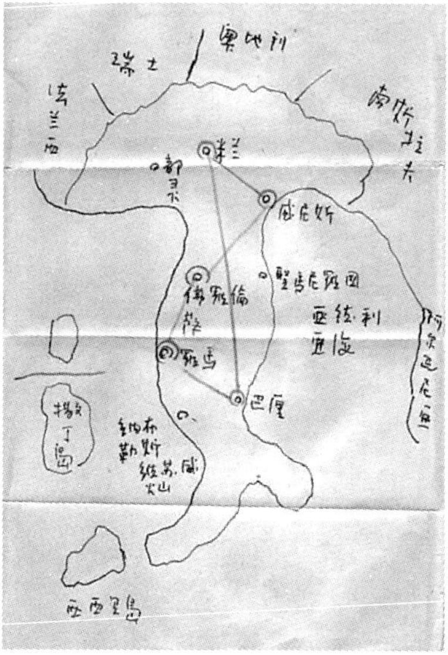


楚图南在日记中手绘的在意大利访问参观路线:罗马—佛罗伦萨—威尼斯—米兰—巴厘—罗马

## 5 月 22 日(星期六)

上午,部分同志参观罗马北区污水处理设备及牛奶厂。下午则参观与之合作的家庭畜牧场——牛奶厂通过畜牧场分散养牛,定期收购加工,供应城市需要,办法甚佳。

中午,在火山湖饭馆午餐。火山湖周围约 54 平方公里,最深处 180 米,周围有布里卡诺等四个城市,风景甚美。在此食海蛤及一种小鱼,味极鲜美。

午后，参观埃斯特鲁斯卡遗迹。埃特鲁斯卡人公元前9世纪至1世纪为原婚氏族社会，其家族墓葬群为石窟，内有浮雕，反映当时社会生活情况。当时已经使用铁器。

晚9时，在米阿尼别墅，罗马省长宴请代表团。出席者还有副省长马罗尼、省议会议员数人及罗马省辖市的负责人、新闻界人士共八十余人。宴会地点为罗马最高级宴会厅，厅前数百米大道两旁及大水池都点红烛，场面壮观，气氛热烈。

罗马分新旧城，旧城在北，多历史城垣、宫室等建筑古迹。禁止在此建新屋，拆旧屋。新城在南，为商肆、崇楼、官署、住宅集中地。

## 5月23日(星期日)

上午参观罗马博物馆，有古罗马建筑遗址，工程宏伟，可以想见罗马在凯撒时代的盛况。有大小雕刻，有希腊雕刻原作，有后人仿制，皆极精美。其中一大理石像高十五米，虽已残破，头像及双手尚存，手掌一指上指，高如巨人叹为观止。

游览梵蒂冈及斗兽场。斗兽场周长约600米。梵蒂冈仅0.4平方公里，人口不到千人，为全世界7亿天主教徒宗主所在。

罗马共20个大区，94个市，8000个小镇。

中国留意大利学生约60人。意大利方面称给奖学金33万里拉(每月)，实际给学生27万里拉，其余上交国家。学生所学专业有理工、语文、音乐、艺术。在意大利任教者，意方付80万里拉，70%上交国家。

中国侨民千余人，在此开饭馆、工艺品商店。雇用意大利人，工资不能低于50万里拉。故华侨多愿雇用来意大利华人子弟及亲友，工资最多30万里拉，少者20万里拉，或10余万里拉，纯属出卖劳动力，情意淡薄。学生以使馆为家，使馆以学生为敌。

晚，在罗马旧城饭店晚餐，食鱼虾、蛤蜊等多种食品，有独特风味。闻每人每餐需2万多里拉。

**访问意大利游古罗马建筑历史古迹**

嵯峨城堡薄青天，宫室崔巍思联翩。

勃勃雄心震寰宇，皇皇帝业等云烟。

千寻崇壁千人泪，百丈环垣百代冤。

俯仰徘徊伤往事，未来盛世应超前。

**5月24日（星期一）**

上午6时，离开罗马赴佛罗伦萨。途中有小雨，沿途公路修整、绿化甚美。附近农牧业发达。

9时，抵达佛罗伦萨，住亚历山大旅馆，傍亚历山大公园。参天绿树，满地繁花，颇觉耳目一新。

10时，会见佛罗伦萨省长孔蒂（共产党）及意中友协佛罗伦萨分会负责人斯帕尼亚。

参观画廊有古希腊、罗马精美石雕人像及中世纪宗教画和文艺复兴时期艺术大师达·芬奇、米开朗基罗、拉斐尔、乔托等人多幅作品，可谓艺术宝库。画廊副馆长陪同参观，并作解说。

据云，该画廊已有四百多年历史，有挂毯千幅，石雕千座，绘画一万五千幅，其中名画家自画像百余幅。此外，佛罗伦萨尚有博物馆12个。

下午1时，会见佛罗伦萨市长卡布贾尼(共产党)，曾访问过中国，副市长莫拉莱斯亦将访问中国。佛罗伦萨省人口约130万，其中佛罗伦萨市人口约45万。全市每年旅游者约600万人次。

**5月25日(星期二)**

上午6时，离开佛罗伦萨。9时，到达弗拉拉市，省长马佐拉及市长维基出面欢迎并宴请，并引导参观农场、水产品加工及拖拉机工厂。

午后3时出发，穿山洞隧道过亚平宁山脉，6时到威尼斯，住欧罗巴旅馆(Europa Hotel)。省长及大区主席会见并宴请代表团，并引导参观威尼斯市容。市长戈里会见代表团，赠送所书杜荀鹤《送人游吴》诗。

威尼斯大区辖7省，人口400万，其中威尼斯省80万，威尼斯市35万(岛上6万，市中心9万)。市内水上建筑甚美，有大小桥梁400余座。

**附：** **送人游吴**

君到姑苏见，人家尽枕河。

古宫闲地少，水港小桥多。

夜市卖菱藕，春船载绮罗。

遥知未眠日，乡思在渔歌。

（此为楚图南在国内书写好，拟赠威尼斯的书法作品）

5月26日（星期三）

上午，参观料器厂，圣马可广场及教堂、造船厂。

维内托大区主席贝尔尼尼会见并宴请。

在赴特雷维索省途中参观科里亚诺电子设备工厂。

晚，到达特雷维索省，住省政府别墅，省长马尔东在该别墅会见和宴请代表团。

### 游威尼斯

岛影飞桥迎曙光，群神无语世人忙。

琼楼玉宇临沧海，谁识仙乡即水乡。

5月27日（星期四）

上午7:30，离开特雷维索赴帕多瓦省。8:30到帕多瓦，省长彭达罗洛（天主教民主党）会见代表团。然后参观帕多瓦大学，闻全校有学生6万人，为意大利第二大学，我国亦有学生8人在此学习和进修。参观水利建设工程系，考察有关威尼斯地区水位控制模型和水质净化模型。

参观帕多瓦的大教堂，为罗马式与哥特式混合的建筑。所参观的另一教堂为圣·恩里科·斯克罗维尼教堂（1303～1305

年建)，内有乔托所作宗教壁画数十幅，极负盛名。

11:20离开帕多瓦省，12:00到维琴察省。省长潘多菲夫妇远出迎接，并陪同游览市容，全市有精致雕刻石像78座。市中心广场绿草如茵，流水环绕。随即参观奥林匹克大剧院，据称为全世界第一座芭蕾舞戏院，舞台布景皆为大理石建筑，有横竖七条街道，或曰保存希腊剧院扇形形式，自1585年首次演出以来，舞台未有变更。戏院内有石雕等装饰约80座，有观众座位300个。

中午，维琴察省长潘多菲及夫人在该省有名别墅会见并宴请代表团，双方讲话赠礼。席中某教授讲迦太基及亚历山大东征故事，称理智应该战胜无知。

晚8时，到达米兰，省长塔拉梅利(共产党)接见并陪餐。住市中心 Jolly Hotel。

**5月28日(星期五)**

上午参观机床厂、服装厂。

游览市容，意大利政府地区事务部部长阿尼亚西会见代表团。

参观达·芬奇名画《最后的晚餐》所在教堂。该教堂在二战期间遭轰炸，现在正修复。随后参观圣玛利亚教堂和米兰大教堂。米兰大教堂豪华美丽雄伟，基本上属于哥特式建筑，高64米，内有大小雕像约3600座。大理石建成，全部大理石由都灵运来。教堂前面广场宏大美丽，图案甚佳。

参观米兰歌剧院，正值乐队排演，剧院豪华美丽，座位可容3000人。

晚，米兰省长塔拉梅利（共产党）、副省长马里亚尼（社会党）宴请代表团。宴会在省政府会议厅举行，到会者有意大利政府地区事务部部长阿尼亚西及米兰大区各方面领导人物，包括该地军区参谋长、空军司令及各部局长等人。塔拉梅利去年曾随意大利省长联合会代表团访问过中国。

**5月29日（星期六）**

上午，由米兰省长塔拉梅利陪同参加城市规划和建设的座谈会。会后参观卫生防疫站，并游览市容。

参观Sala古堡，内有雕像及绘画，其中以米开朗基罗未完成的雕刻及达·芬奇的画稿数百幅最为名贵。参观后，米兰省长、副省长等人陪同到郊区别墅午餐，并赠送唱片及画册，颇热情友好。

晚8:00，离开米兰乘飞机赴巴厘，米兰省长等到机场相送。

10:20抵巴厘，来机场迎接者有巴厘省长、副省长、市长、副市长及意大利省长联合会负责人等，并陪同到海滨的托马索餐馆设宴招待。我驻意大利使馆公使兼参赞杨清华及翻译小何亦来接并参加宴会。

食一种海蛤，称为海刺猬。

**5月30日（星期日）**

上午，参观巴厘古城，为十三世纪时一大公的古堡，内藏古物尚丰富，俨然一小博物馆。

10时，巴厘省长在省政府会见代表团，介绍巴厘建设情况，即农业、工业及第三行业即旅游、服务业的情况。

中午，巴厘市长宴请代表团，巴厘省长亦出席。

午后，参观巴厘尼古拉教堂及阿尔贝罗贝洛，为十四世纪风格。西班牙统治时期，意大利人所建石构建筑房舍约400座。现在为游览圣地，遍布小商店，卖工艺纪念品。据云，全市人口一万五千，接待旅游者年约五十万人次。参观“卡斯特拉拉”古岩洞，长三公里，高四十余米，其中最大岩洞，面积五千平方米。为两百年前发现。似为古代海底，尚有海蛤化石。其后，地壳上升遂形成岩洞。石钟乳石质透明，形成各种动植物异状，千姿百态，规模超过我广西芦笛岩。

晚，在卡斯特纳市观看当地青年劳动人民歌舞艺术表演，内容优美健康，对代表团极为友好。

晚，省、市及省联合会主席宴请代表团，并赠送《意大利古诗全集》。出席者为巴厘省市及布里亚大区各方面代表人物。

**5月31日(星期一)**

上午，由巴厘省省长米科利斯陪同参观卡窝内牧场和巴厘省的安德里亚农学院，中午并在农学院宴请代表团。

巴厘省省长在沿途车中谈及巴厘省的城市规划，是根据不同的特点，发展农、工、商及第三行业等。由各地区领导与专家共同研讨，制定规划，经议会通过，即坚决执行。

午后，赴阿维利诺省，途中参观菲亚特汽车制造厂及博物馆，馆中有18世纪油画，极精美。当晚抵达阿维利诺市，住Jolly Hotel，并在此由省长佩特里洛会见和宴请代表团，佩特利洛在致词中转达该大区主席和中国对外友协建立联系进行交流的愿望。宴会期间，阿维利诺的女钢琴家演奏乐曲。

### 6月1日（星期二）

上午由阿维利诺省省长陪同参观森蒙戈地震灾区。全区600户全部被毁，死亡3000多人，临时住房每人14平方米，政府补助3000万里拉，家具300万里拉。永久住房，每户110平方米，补助4000万里拉，如果自愿多建（超过110平方米部分）必须自费。

随即乘车经高速公路到达康巴尼亚大区的沙莱尔诺，为临地中海的海港，在布里托饭店午餐。在此见到郑效洵[①]之子小明，彼随军事代表团访问英国，经意大利。

午后，离阿维利诺回罗马，到罗马后赴使馆，会见张越大使。会见后，杨清华同志设宴招待代表团及意大利—中国友好协会秘书长祖凯蒂、省联合会主席马斯特洛里奥、联合会前主席拉瓦、联合会秘书长莫塞尔。意大利—中国经济文化协会主席科伦博临时有事，未出席。

### 6月2日（星期三）

上午，意大利省联合会主席马斯特洛里奥来旅馆送别，提出以下建议：

---

① 郑效洵（1907—1999），楚图南早年在东北工作时的同志和同监难友，1949年以后任人民文学出版社副总编辑。

1. 希望中国在意大利举办展览会,以扩大中国经济和文化在意大利的影响;

2. 希望进口中国工艺品及从意大利进口技术;

3. 希望中国尽快安排 20 ~ 30 名学生到意大利进修农业技术。

11 时,乘飞机离开罗马。12:30 抵阿尔巴尼亚首都地拉那。机场上挂霍查像,有少先队员列队,似欢迎贵宾。看四围山地,附近田畴,似极整饰。在此停留一小时,继续起飞,于午后 5 时抵达布加勒斯特。

晚,驻罗使馆田景风参赞来谈。

## 6 月 3 日(星期四)

布加勒斯特昨日大雨后天气晴朗,风和日丽。

上午 9 时,去罗中友协看望普楚里,随即由普楚里陪同参观工农业联合企业。该企业有耕地 2527 公顷,职工 2500 多人,生产总值达 4.76 亿列伊。五年计划完成后将达到 10 亿列伊。企业经营农业、畜牧业,蔬菜、水果、花卉及各种加工工业。并自设小电厂,利用太阳能及沼气,一切颇具规模,产品大多出口,争取外汇,在农场附近,允许职工有自留地、自建住宅,附近有幼儿园、中小学校、医院等设施。据云,像这样规模的企业,在罗马尼亚全国有 100 个以上。参观后并在农场食丰盛午餐。席间,普楚里介绍罗共三中全会的一些情况:罗马尼亚总理受到批评,外贸部长被撤职,人们过去把出现的各种问题都说成是执行齐奥塞斯库政策的结果,并说:“我们需要防止两方面的敌人,一是国内的，一是国外的”，还谈道：“共产党人，搞社会主义，要保证生产发展，产值的不断提高，人民生活的不断改善；党的领导要深入群众，了解情况，解决问题，否则就会重蹈匈牙利和波兰的覆辙。”该企业的经理亚历山德鲁在此工作已经30年，其妹是齐奥塞斯库的弟妻。

晚10时，乘飞机离布加勒斯特飞回北京。

**附：中国人民友好代表团访问意大利期间所到过的大区和省**

一、拉齐奥(Lazio)大区：罗马(Roma)省

二、托斯卡纳(Toscana)大区：佛罗伦萨(Firenze)省

三、埃米里雅·罗马涅亚(Emilia-Romagna)大区：费拉拉(Ferara)省

四、维内托(Veneto)大区：威尼斯(Venezia)省，特雷维索(Treviso)省，帕多瓦(Padova)省，维琴察(Vicemza)省

五、伦巴第(Lombardia)大区：米兰(Milano)省

六、布里亚(Puglia)大区：巴厘(Bari)省

七、肯帕尼亚(Campania)大区：阿维利诺(Avelino)省

共七个大区，十个省。

# 1982年9月27日至10月12日<br>庆祝中日邦交正常化十周年访日代表团及<br>参加首次中日民间人士会议访日略记

## 庆祝中日邦交正常化十周年访日代表团名单

团　　长　王　震（前国务院副总理）

副 团 长　楚图南（全国人大常委，中国人民对外友好协会副会长）

秘 书 长　孙平化（中日友好协会副会长兼秘书兼秘书长）

团　　员　肖方洲（中国国际贸易促进委员会副主任）

沈从文（作家）

廖　恺（孙燕山公司技术发展部工程师）

唐　玉（团长秘书）

孔凡成（四川医学院附属医院医生）

陈克芳（女）（四川医学院附属医院副护士长）

副秘书长　黄世明（中日友好协会理事）

韩炳培（中日友好协会理事）

译　　员　贾惠萱（女）（中日友好协会职员）

郑民钦(中日友好协会职员)

随　　员　何茂祥(团长警卫)

张湘英(女)(团长医生)

韩月平(女)(团长护士)

1. 应日中友好六团体的邀请以王震[①]同志为团长的“庆祝中日邦交正常化十周年访日代表团”一行十五人(编者按:名单见前,另有工作人员五人)于1982年9月27日至10月7日访问了东京机伊豆半岛、日光市风景区,会见了日本朝野各界人士,并参加了9月28日“日中友好六团体”(日本—中国友好协会、日本国际贸易促进会、日中文化交流协会、日中友好议员联盟、日中经济协会、日中协会)为纪念中日邦交正常化十周年纪念的庆祝大会,到日本各界人士1800人,有不少从远道而来,每人还要支一万日元会费,气氛极热烈友好,宇都宫德马[②]和王震同志分别在庆祝会上讲话,受全场的热烈欢迎。这说明了中日两国人民间的友好,确实是有广泛的、深厚的基础,访问取得了圆满的成功。

2、遵照中央批准的方针,以王震同志为首的“中日民间人士会议中国委员会代表团”一行20人(编者按:名单见后),在东京参加了首次举行的中日民间人士会议。会议从10月7日至9

① 王震(1908—1993),曾任国务院副总理,中华人民共和国副主席。

② 宇都宫德马(1906—2000),日本政治家,实业家。日本参议员,日中友好协会会长。

日，为期三天。会后，代表团分两批分别访问关西和北海道，并会见了日本朝野各界人士，他们都表示支持建立两国民间人士会议的新渠道，高度评价中日民间人士会议的重要意义和这次会议所取得的重大成果。

会议的总议题是“亚洲安全和世界和平”。全体会议后分两个小组，分别就“亚洲安全保障和中日关系”，“中日经济关系的现状和展望”进行了讨论。讨论中日方提出的主要问题和观点，大致如下：

1. 中国提出要警惕日本复活军国主义问题；日方提出辩护，但也有部分日本人承认日本有军国主义的“苗头”、“因素”，所以才出现了教科书问题。

2. 关心中苏关系的改善是否会恢复到五十年代的中苏同盟。对此中方做了说明。

3. 日本希望中国参加日本提出的建立地区性和平、安全合作关系，是否是所谓“东亚共荣圈的阴魂不散”，因时间关系没有深入讨论，但很值得我们重视和研究。

会议结束时，通过了“讨论小结”，双方对这次会议所取得的成果表示满意。并一致同意应在坚持贯彻《中日联合声明》和《中日和平友好条约》基本原则的基础上本着“相互理解、相互依赖、增进友好”的精神，今后继续举行中日人士会议。双方商定第二次中日民间人士会议明年即1983年在北京举行。

## 1982 年

### 9 月 27 日(星期一)

上午 9 时,以王震为团长的“庆祝中日邦交正常化十周年访日代表团”一行十五人乘波音-707 飞机离京。来送者有:习仲勋、余秋里等同志约十余人。

午后 1 时抵达东京(即日本时间午后 2 时),来接者有井上靖、冈崎嘉平太及日本六团体负责人。

晚 7 时,日本对华友好六团体①设宴招待代表团。

### 9 月 28 日(星期二)

上午 9 时(东京时间),全团拜会日本代理首相中曾根康弘、众议院副议长冈田春夫(议长福田一因事访问欧洲未归)、参议院议长德永直。

午后 3 时,拜会东京都知事铃木俊一。东京和北京在三年前已结为友好城市。

晚 6 时,日本六团体在新大谷饭店举行中日邦交正常化十周年庆祝大会,到会各方面人士据云达一千八百余人。

---

① 日本—中国友好协会,会长宇都宫德马;日本国际贸易促进会,副会长古贺繁一;日中文化交流协会,理事长宫川寅雄;日中友好议员联盟,会长古井喜实;日中经济协会,理事长井上猛;日中协会,会长茅诚司。

1982 年 9 月 28 日，日本东京，庆祝“中日邦交正常化 10 周年”纪念会上。肖方州（左四），楚图南（左五），王震（左六），孙平化（右一）

**9 月 29 日（星期三）**

上午 8:30，拜会日本前首相田中角荣。

10:30，与日本国会议员座谈。

下午 3 时，与和中国建立了友好关系的城市的市长或知事举行座谈。

下午 6 时，参加日本乒乓球协会为中日邦交正常化举行的联欢活动。

**9 月 30 日（星期四）**

上午，拜会日本前首相福田赳夫和自由民主党干事长二阶堂进。

下午，看望日本前外相大平正芳的夫人。

晚上，会见日本公明党委员长竹入义胜。

### 10月1日(星期五)

上午，看望藤山爱一郎。

下午，参加旅日华侨总会举行的庆祝“中日邦交正常化十周年”及国庆三十三周年招待会。

晚，参加中国驻日本大使馆举行的国庆招待会。会见已故的日本和中国友好人士的亲属。

### 10月2日(星期六)

上午，离开东京乘火车赴伊豆半岛。午后1时到达，住Kavana Hotel。日本静冈县知事设午宴招待代表团。

### 10月3日(星期日)

天晴，应索要，为事务工作人员写字15张。

下午，游海滨公园、动物保护区、热带植物园(主要是仙人掌)。

参观一农场，访问一户菜农山口的家庭。

问及接待人员横川健①，其月薪20万日元，五人住宿宾馆房间，每日20万日元；教授月薪约50万日元，县知事一般月薪250万日元。

---

① 横川健，日中文化交流协会工作人员，翻译。

**10月4日(星期一)**

参观 Kavana 塔,登塔顶,看四周风景及高尔夫球场。

下午,离开伊豆,乘火车到东京浅草站转车去日光,参观东照宫,为德川家康(卒于1610年)陵墓,为其孙在1635年重建,宏伟华丽。

随即上山,经八十八道湾,抵日光王子饭店(Prince Hotel),住日式房间。其处海拔2230米,前面有湖,周围有20公里,水最深处约百米。

**10月5日(星期二)**

参观养鱼场、华严瀑布、中禅寺及立木观音。晚上乘火车回到东京。

**10月6日(星期三)**

与稍后到达日本东京的王炳南汇合,会见杉村春子[①]。

中午,日中文化交流协会理事长井上靖宴请。

晚,宇都宫德马为代表团举行践行宴会。

**10月7日(星期四)**

中日民间人士会议开幕,参加第一小组的分组会。第一小

---

① 杉村春子(1909—1997),日本名演员,曾主演《欲望号街车》等多部影片,中国戏剧家协会名誉会员。

组成员，中国方面为：王炳南、楚图南、宦乡、黄世明等；日本方面为：众议院副议长冈田春夫、前首相伊东正义及前东京大学校长向坊隆等。

第一小组的议题是“亚洲安全和世界和平”，讨论中提出的问题有：“日本军国主义问题”，中国提出要警惕日本复活军国主义问题。日方提出辩护，但也有部分日本人承认日本有军国主义的“苗头”“因素”，所以才出现了教科书问题。

另外，日本关心中苏关系的改善是否会恢复到五十年代的中苏同盟，对此中方做了说明。

此外提出和讨论的问题还有：朝鲜半岛局势问题。

晚，日本方面为中日民间人士会议开幕举行招待会。

1982年10月7日，中日民间人士会议上。楚图南（左三）代表中方发言，左一为王震

### 10月8日(星期五)

上午,继续参加中日民间人士会议的分组会。讨论的问题涉及中国的粮食生产及能源开发问题。日本方面提及,日本有开发地热的成熟技术,中国有开发地热的条件。因此希望科技合作能够继续发展,能够达到相互理解。

中午,参加日本外务省事务次官的午餐会。

下午,拜会众议院议长德田一及日本首相铃木善幸。

晚,中国驻日本大使馆为中日民间人士会议举行招待会。

### 10月9日(星期六)

上午,中日民间人士会议闭幕。

闭幕会上,前东京大学校长、向坊隆教授对中国国民生产总值翻两番,而能源生产仅翻一番是否可能?中国对外贸易也翻两番是否可能?如果翻两番,明年国民生产总值要增加7.2%以上,是否可能?能源生产要翻一番,煤炭年产量要从6亿吨增加到12亿吨(每年必须增加三千万吨),石油产量要从一亿吨增加到两亿吨是否可能?提出了问题,也进行了交流。

下午3:30,从东京羽田机场出发去札幌。5:00到达,此地为日本众议院副议长冈田春夫的故乡。据云,北海道人口550万,其中札幌约140万。札幌1980年与中国沈阳结为友好城市。

### 10月10日(星期日)

上午,参观札幌地铁,其东西线比南北线先进。又参观北海道农业专科学校。

中午，参加北海道各界欢迎宴会，到会者有：日中道民会议议长矢岛武、札幌县知事垣内尚弘，北海道议会议长松浦信义及冈田春夫的秘书菊地董等。

下午，和日本北方领土同盟等三团体代表座谈并在北海道大学斯拉夫研究中心座谈。

**10 月 11 日（星期一）**

上午游览支笏湖。

下午，从札幌千岁机场乘飞机回到东京羽田机场。

**10 月 12 日（星期二）**

上午休息。

下午 15:20，从东京成田机场乘中国民航班机回国。

**再度访问日本试仿日人俳句**

鹏翼负天行，

万里征人万里行，

心坦路自平。

**附：10 月 7～9 日参加中日民间人士会议中国委员会代表团名单**

团　　长　王　震（前国务院副总理）

第一副团长　王炳南（中国人民对外友好协会会长）

副 团 长　楚图南（中国人民对外友好协会副会长）

副　团　长　宦　乡（中国社会科学院顾问）

副　团　长　刘念智（中华全国工商业联合会副主任委员）

团　　　员　刘希文（中日长期贸易协议会主任）

团　　　员　刘涤新（中国社会科学院顾问）

团　　　员　牛一萍（中国能源顾问团主任）

团　　　员　李汇川（国际问题研究所所长）

团　　　员　黄　昆（中国科学院半导体研究所所长）

团　　　员　廖恺孙（燕山公司技术发展部工程师）

团　　　员　唐　玉（团长秘书）

秘　书　长　孙平化（中日友好协会副会长兼秘书）

副秘书长　黄世明（中日友好协会理事）

副秘书长　韩炳培（中日友好协会理事）

秘　　　书　张和平（中日友好协会职员）

译　　　员　郑民钦（中日友好协会职员）

随　　　员　何茂祥（团长警卫）

随　　　员　张湘英（女）（团长医生）

随　　　员　韩月平（女）（团长护士）

# 1983年3月30日至4月14日<br>率中国人民对外友好协会代表团<br>访问印度日记

## 代表团成员名单

团　长　楚图南(中国人民对外友好协会副会长,全国人大常委)

副团长　李启明(中共云南省委第二书记,省政协主席)

秘书长　郭东俊(中国人民对外友好协会副秘书长)

团　员　杨放之(全国政协常委,原国务院外国专家局局长)

杜棣华(女)(全国人大代表,中国科学院上海分院药物研究所副所长)

冯锡嘉(全国人大代表,陕西西安仪表研究所副所长,总工程师)

阿衣奴拉·阿皮孜(女)(全国人大代表,新疆维吾尔自治区叶城县副县长)

牟永懋(对外经济贸易部地区经济二局副局长)

林耀华(中央民族学院民族研究所所长,人类学

家，教授）

顾子欣（中国人民对外友好协会理事）

李桐连（中国人民对外友好协会翻译）

## 1983年

### 3月30日（星期三）

上午8:30离京，15:50抵巴基斯坦卡拉奇，休息两小时后换乘巴航飞机，于印度时间5:30抵新德里。机场有印中协会主席潘特[①]为首的欢迎会。

6:30，赴卡尼斯卡旅馆（Kanishka Hotel），为以印度过去一位有名的王朝命名的旅馆。

晚8时，印中协会秘书长马哈巴特拉及印度贸易界名人古普塔（印中协会赞助者）举行晚宴，招待代表团。出席者有印度外交部秘书萨仁智、印中妇女协会主席潘特夫人，及印度议会议员、印中协会负责人等60余人。

### 3月31日（星期四）

上午，由潘特全程陪同，瞻仰印度圣雄甘地墓、尼赫鲁墓及两人的纪念馆。

---

① 潘特，印度总理英迪拉·甘地的亲戚，上议院议员，知名教授，多次访华，楚图南的老朋友。

1983年3月31日，在印中友协主席潘特（右四）陪同下，向尼赫鲁墓献花圈

中午，申健大使与代表团会见并设宴招待。

午后4:30，以潘特夫人为首的印中妇女友好协会为代表团举行欢迎招待会。印中妇女友好协会主席潘特夫人致欢迎词，我致答词。代表团成员杜棣华（女）亦在招待会上讲话。出席者还有：印中协会主席潘特、秘书夏尔马、拉蒂菲夫人等40多人。申健大使夫人亦出席。

晚7时，全团在印度议会大厦与印度国会议员及社会名流座谈。上院副议长Shyam Lal Yadav主持座谈，出席者有上院议员、外交部官员、社会名流等40余人，上院议员、印中协会秘书长马哈帕特拉先就印中友好交往讲话，在我即席讲话后发言的还有议员Lokesh Chandra，最高法院前法官M. H. Beigh，上院议员Mhlhotra夫人。

晚8时，印中协会在印度议会大厦举行欢迎宴会，到会者百余人。潘特和我讲话并送礼品。出席者还有全印柯棣华委员会秘书长拉蒂菲、副主席阿里·汗夫人等,申健大使及朱岩参赞参加座谈会和宴会。

**4月1日(星期五)**

上午,代表团赴阿格拉游览,我留旅馆。潘特来谈十个问题,我谈三个问题。潘特离去后,申健大使来谈。会谈内容已由使馆电告国内①。

---

① 根据代表团回国后的总结报告,潘特在和楚图南单独谈话中,首先就亚运会闭幕式上的阿鲁纳恰尔舞蹈事件,转达了印度总理英迪拉·甘地的口信:印度政府没有通过阿鲁纳恰尔舞蹈一事达到任何政治目的;如果中国有不同看法,当时私下向印度政府递交抗议照会,印度是会接受的。希望今后出现类似情况,中国可以私下表示,而不要公开在报纸上抗议。还转达了英迪拉·甘地希望在其任期内解决中印边界问题的愿望。潘特还提出印度和中国在有关贸易往来、人员互访,及在医疗、计划生育等领域互惠合作的建议。以上谈话内容当晚即通过大使馆报告国内。

关于"阿鲁纳恰尔舞蹈事件"的说明:阿鲁纳恰尔是中国西藏南部、非法的麦克马洪线以南的中国领土,是印度政府对这片位于中国西南部、印度东北部边界的地区的名称。起初,印度称此地区为"东北边境特区",1972年印度将该特区改为"阿鲁纳恰尔"中央直辖区。

1982年12月4日在印度新德里举行的第九届亚洲运动会闭幕式上,印度安排了两个来自"阿鲁纳恰尔邦"的民族舞蹈——雪狮舞和孔雀舞,以此表达其对这一有争议地区主权的合法性。中国体育代表团当即退出会场,以示抗议。新华社就此发表评论,指出所谓"阿鲁纳恰尔邦"是被印度占领的中国领土,印度此举是要表示它对这个有争议地区的主权有效性,中国政府断难接受。"阿鲁纳恰尔舞蹈"使边界争端成为国际事务,与亚运会加强亚洲人民友谊的原则背道而驰。

### 4 月 2 日(星期六)

上午,部分代表团员参观红堡及历史博物馆,杨放之和郭东俊同志到使馆介绍国内情况,牟永懋同志到使馆商务处商谈工作。

中午 1 时,印中协会举行午宴欢迎代表团。印中协会德里分会主席、德里大学教授拉伊、印中协会秘书长 C. P. 马立克和我讲话。出席者还有潘马哈帕特拉(印中协会秘书长,原印度国大党总书记)、外交部秘书长萨仁智等 50 余人。申健大使亦出席。

下午 4 时,英迪拉 · 甘地总理在其办公室会见代表团全体成员,向其转达赵紫阳总理和王炳南会长的问候,并赠送礼品。

晚 6 时,印中协会德里分会在印度国际中心举行大会欢迎代表团,出席者有印中协会及德里分会负责人,及德里地区行政长官、德里市长等百余人。欢迎会后在露天草坪上举行晚宴。

**访印度题赠英迪拉 · 甘地、潘特等人**

珠峰巍峨,恒水浩荡;
中印友谊,源远流长。

### 4 月 3 日(星期日)

上午,参观体育馆及艺术画廊。

中午,印中协会司库达尔米亚在家中举行宴会,素食。并放映电影《甘地》。

5:30,申健大使为代表团到访举行招待会,出席者有印度外交部秘书长萨仁智、东亚司负责人库马尔、总理外事顾问特里萨巴蒂、对外文化关系委员会主席纳加拉特、印中协会德里分会主席拉伊教授,及上议院和下议院议员共141 人。

晚8:30,印中协会秘书长潘马哈巴特拉和 K. S. Jain(商人)在阿克巴尔(Akbar)饭店为代表团举行晚宴。

## 4 月 4 日(星期一)

上午,参观国际穆斯林文化学会、药物实验室和药物学院。

下午1时,穆斯林文化学会主席 H. A. H. Saheb 举行午宴欢迎代表团。

下午3时,赴机场,飞拉贾斯坦邦首府斋普尔访问。潘特主席、印中协会德里分会秘书长夏尔马及申健大使、朱岩参赞到机场送行。

4时起飞,4:50 到达斋普尔,随即游览斋普尔市容。

## 4 月 5 日(星期二)

上午,在拉贾斯坦邦公共关系和大学教育部长维雅斯、国会议员恰特维迪、邦议员库马尔等共进早餐。早餐后参观斋普尔古城堡、古邦王宫及博物馆,此地有文化传统,建筑宏伟壮丽。乘大象上山。

中午,拉贾斯特邦新闻和公共关系部长维雅斯、税务部长到旅馆送行,并赠送礼品。

5时,乘飞机赴古吉拉特邦首府艾哈迈德巴德市访问,住

State Hotel。年过七旬、因病留在德里的潘特主席专程赶到斋普尔,并陪同代表团去艾哈迈德巴德市。此地有甘地纪念馆,甘地曾在此被判刑6年。

住在邦政府招待所,晚宴后有文艺演出,表演古典及现代歌舞。

### 4月6日(星期三)

上午,到医院看望抱病从德里赶来陪同代表团,而又因病患住医院的印中协会主席潘特,对其表示慰问。

随后参观伊斯兰教的古墓及甘地故居(甘地1918—1930年曾在此居住)及甘地纪念馆。又参观"阶梯井"(Steer Well),有阶梯六层,闻为400年前古吉拉特邦的女王所建,全邦有三座,此井为最大者。参观印度教六个教派之一的锡纳教派的教堂,其石雕精美。

游览古吉拉特邦首府艾哈迈德巴德市中心。据云,古吉拉特邦全邦人口3000万,艾市人口约140万,其中40%的人信伊斯兰教。印度全国,信印度教者占人口的90%。

中午,艾市市长谢克陪同午餐,并赠送礼品(清真寺木雕模型)。

下午,参观纺织工厂和管理学院及伊斯兰教的清真寺。

晚,印度中央政府农业部长巴格瓦纳从德里赶来欢迎代表团,并代表古吉拉特邦政府主席举行宴会欢迎代表团。

### 4月7日(星期四)

到距离艾市约90公里的阿南达参观牛奶生产合作社,晤印度全国牛奶加工工业发展局局长章利安(亦称库林),据云,为印度“白色革命”[①]的创始人。

参观农村，有群众欢迎大会，男女老幼排队欢迎，并放鞭烟火，吹长号，俨如盛大节日。午宴后，参观阿南达农村管理学院，学生歌舞欢迎。

晚，乘飞机赴孟买，邦礼宾部长到机场欢迎。孟买银行界及商业人士举行晚宴，到多人。

**4月8日(星期五)**

早午有宴会。

午后，航阿拉伯海一小时，抵象山参观山腰石窟，雕刻湿婆神等巨型雕像，颇宏伟精致。

晚，邦政府举行盛大宴会，到各界代表人物及知名人士。

**4月9日(星期六)**

部分代表团成员参观纺织厂及制糖厂。

**4月10日(星期日)**

上午，全团到马哈斯特拉邦首席部长 V. D. Patel 官邸拜会，并共进早餐。

中午，离开孟买，赴泰米尔纳杜邦首府马德拉斯访问。抵达

---

① “白色革命”：印度从1977年起，培育、推广优良水牛品种，建立牛奶生产合作社，停止进口奶制品；现在，印度牛存栏数达2.7亿头，占世界总数的20%，列世界第一。80年代后期印度已成为世界上第三大产奶国。

时，该邦礼宾部长及邦议员多人到机场欢迎。住泰姬陵旅馆。

下午，印中协会副主席拉马克里希南陪同游览市容、印度教寺庙和海滩（称世界第二大海滩）。

**4月11日（星期一）**

印中协会副主席拉马克里希南到旅馆看望并交谈。

**4月12日（星期二）**

上午，参观 Simpson 汽车制造厂的展览厅。

中午，离开马德拉斯，乘飞机赴加尔各答，会见西孟加拉邦各界人士。

晚8:30，全团乘飞机离开加尔各答经曼谷（停留一小时）赴香港。

**4月13日（星期三）**

香港时间清晨7时到达，来接者亚洲旅行社主任郑文同志，乘汽车经海底隧道由九龙到香港新华社分社招待所。午后，新华社香港分社编辑主任罗云海陪同游览宋城。其创始人为华商邱德根，模仿《清明上河图》所建。服务人员并着宋人服装，其建筑陈设、园林布置、字画古物、用具设备颇具匠心。经理黄宝潮出面招待饮茶，并参观蜡像馆，内有历代帝王、名人蜡像，并有毛主席、周总理及鲁迅蜡像。并看古代结婚典礼及杂技表演。外宾及华侨游人颇多。门票收费为60元，我与罗云海及司机等三人免费参观。

车中,罗云海同志略谈香港、澳门及华侨情况。

**4 月 14 日(星期四)**

离开香港回到北京。

### 访问印度感赋

巍峨珠峰恒水长,同为古国又新邦。
慈悲普度赞佛祖,智勇传经颂玄奘。
畅叙旧情怀往事,喜逢新友迎曙光。
大心共济挽时运,中印善邻两自强。

# 跋

在《民盟历史文献》丛书付梓之际，掩卷回首，民盟先贤们的音容笑貌挥之不去，不绝如缕，久久难忘。在编辑此丛书的过程中，我们每每被他们为信仰、为理想奋斗的坚定精神所感召和感动。

人不能没有理想和信仰，一个民族也不能没有自己的理想和信仰。我们的先辈们，正是怀揣民族富强、人民福祉的赤诚之心，身先士卒、鞠躬尽瘁；凭借自身高尚的人文品格和社会良知，与中国共产党团结合作，为中国社会的前途和命运探索了一条新的宪政之路；和平、民主是人类社会的两大主题，也是中国共产党人和各民主党派所共同追求的理想。

如今，面对着他们的拳拳之心和丰功伟绩，我们感叹！赞叹！怀念！更要继承！

《民盟历史文献》在整个创作和出版过程中，得到了来自社会各界人士的关注和厚爱。我们要特别感谢为此丛书孜孜不倦地考证、核实、梳理、完善的各位专家、学者，是他们的认真严谨，才使此丛书能够客观地展现历史的真貌；更要特别感谢中共中央统战部与民盟中央给予我们的鼎力支持和重视，没有他们的指导和帮助，我们不可能完成如此厚重的出版工作任务；还要感谢各省、市、地区的民盟组织，为搜集、挖掘、抢救民盟的历史文献资料做出的不懈努力和贡献；感谢每一本书的作者，是他们的辛勤笔耕和一点一滴的忠实记录，才集成了民盟历史的全貌；感谢为此丛书付出辛劳的编辑以及所有工作人员，感谢你们辛勤的劳动和无私的奉献。

谨以此丛书献给所有伟大的民主革命先驱者；献给为共和国诞生抛洒了智慧和热血的先贤们；献给那一段筚路蓝缕、以启山林的峥嵘岁月。

《民盟历史文献》编委会